本书主要荣获以下项目资助
西北大学哲学社会科学繁荣发展计划优秀学术著作出版基金
西北大学研究生质量提升工程项目
西北大学公共管理学科建设项目

中国社会治理十讲

雷晓康 马子博 等著

中国社会科学出版社

图书在版编目（CIP）数据

中国社会治理十讲 / 雷晓康等著 . —北京：中国社会科学出版社，2019.10（2020.10 重印）

ISBN 978 - 7 - 5203 - 5151 - 5

Ⅰ. ①中⋯　Ⅱ. ①雷⋯　Ⅲ. ①社会管理—研究—中国　Ⅳ. ①D63

中国版本图书馆 CIP 数据核字（2019）第 200894 号

出 版 人	赵剑英
责任编辑	孙　萍
责任校对	夏慧萍
责任印制	王　超

出　　版	中国社会科学出版社
社　　址	北京鼓楼西大街甲 158 号
邮　　编	100720
网　　址	http://www.csspw.cn
发 行 部	010 - 84083685
门 市 部	010 - 84029450
经　　销	新华书店及其他书店
印　　刷	北京明恒达印务有限公司
装　　订	廊坊市广阳区广增装订厂
版　　次	2019 年 10 月第 1 版
印　　次	2020 年 10 月第 3 次印刷
开　　本	710×1000　1/16
印　　张	16.25
插　　页	2
字　　数	220 千字
定　　价	78.00 元

凡购买中国社会科学出版社图书，如有质量问题请与本社营销中心联系调换
电话：010 - 84083683
版权所有　侵权必究

前　言

中国特色社会主义进入新时代，人民日益增长的美好生活需要和不平衡不充分的发展之间的矛盾成为社会主要矛盾。社会主要矛盾的变化要求我们在继续推进经济发展的同时，着力推进社会事业发展，满足人民群众的社会需要，消除社会事业发展不平衡不充分问题。改革开放40年来，中国社会治理变革经历了行政管理—社会管理—社会治理三个主要阶段，在各领域取得了显著成就。中国特色社会主义社会治理体制、运行机制、治理能力明显提升，人民群众幸福感不断增强。但在新时代，机遇与挑战同在。随着我国经济社会发展，社会利益关系更为复杂，社会矛盾更为多发，社会治理也面临一些需要重视的问题。如，社会主体的持续互动仍然缺乏科学的机制设计，社会活力的深度激发仍然缺乏系统的制度安排，社会主体有效参与的渠道和方式仍在摸索。经过长期实践探索，从宏观到微观，人们对社会治理理念已经形成一些共识。但随着人民美好生活需要不断增长，社会治理面临的具体问题更为复杂，在不同领域如何切实推动公众参与、形成有效社会协商，如何在激发社会活力的同时维护社会秩序，仍需要继续在理论和实践上深入探索。

良好的社会治理是满足人民对美好生活向往的重要条件。新时代的社会治理创新要求我们，必须打造共建共治共享的社会治理。在党的十八届五中全会上，习近平总书记首次提出"构建全民共建共享的社会治理格局"的思想。随后，党的十九大报告中，习近平总书记再次将"共建共享"深入阐发为"共建共治共享"，并提出打造这一社会治理格局的总体规划。共建共治共享治理理念的提出彰显出一种新的改革取向，即构建以人民为中心，以多元治理为导向，以提供公共服务为重点的社会治理模式。"共建""共治""共享"，三者都具有一个"共"字，其中寓意深刻，内涵丰富。所谓"共建"，就是要坚持人民主体地位，依靠全体人民共建发展成果。加强和创新社会治理，必须充分尊重人民的意志，反映人民的意愿，充分发挥人民群众创造历史的巨大智慧和决定力量。所谓"共治"，就是要坚持依靠人民群众治理国家和社会，优化多元的社会治理主体格局，支持人民群众参与社会治理，保证人民当家做主落到实处。所谓"共享"，就是要坚持让全体人民共同享用发展和治理成果，着力解决好人民群众最关心、最直接、最现实的利益问题。可以说，共建共治共享治理理念的提出，彰显了新时代社会治理理念的新发展，是新时期我们党对当代中国社会治理规律认识的进一步深化。因此，如何构建共建共治共享的社会治理格局，理应是社会治理理论研究的题中之意。特别是在"共享"上升到"十三五"发展的指导理念高度时，如何在理论上首先破题"共建共治共享"的意涵和构建机制，更具迫切性。为此，本书将聚焦"共建共治共享"治理理念，以治理与善治、公共性理论和共享价值理论等为理论基础，着力探讨"全民共建共享社会治理格局"中蕴含的理论与实践问题。

　　本书从当前最新的社会治理研究和实践出发，明晰共建共治共享社会治理的主体结构要素，界定共建共治共享治理的内容要素，阐释共建共治共享社会治理机制的工具要素，并在统一价值理念的指引下，提出共建共治共享社会治理格局的建构路径与策略。本研究的主要内容包括以下几个方面：第一部分（第一、二讲）从整体上阐释共建共治共享社会治理格局的框架结构，重点探讨构建共建共治共享社会治理格局的环境背景，通过回顾社会治理的相关研究为理解共建共治共享的社会治理格局提供了研究基础，并从理论层面审视共建共治共享的社会治理格局所包含的要素结构，对其内涵与外延进行抽象概括与阐释。第二部分（第三、四、五、六、七、八讲）以共建共治共享社会治理格局建设理论为分析框架，以当前社会治理生态为基本依据，结合共建共治共享视角，综合构建共建共治共享统挈下的公共安全治理体系、社会心理服务体系、社区治理体系、人民政治权利建设体系、公共服务多元供给体系以及"美好生活"体验评价体系。依托协同治理、社会资本、制度主义等理论视角，联系社会治理困局，分别从共建共治共享社会治理格局六大核心体系当前治理现状出发，深入探析典型案例，精准甄别治理难题，溯源提取关键影响变量，凝练总结突出矛盾，进而改革优化、创新提升社会治理的路径和策略，以实现各体系的熔融共生、社会治理格局的共建共治共享。第三部分（第九、十讲）在对共建共治共享的社会治理格局进行系统分析的基础上，从宏观角度明确共建共治共享社会治理的运行机制，并提出共建共治共享社会治理的实现路径。同时，重新审视在新时代背景下社会治理发展面临的挑战和时代环境，由此探究新时代社会治理的趋势和发展路径。

目 录

第一讲 导论 …………………………………………（1）
 第一节 问题的缘起 ……………………………（2）
 第二节 研究回顾 ………………………………（9）
 第三节 对本书的鸟瞰 …………………………（20）

第二讲 社会治理的内涵与要素结构 ……………（30）
 第一节 共建共治共享社会治理的理论渊源 …（30）
 第二节 整合化：多源理论系络下的共建共治共享
    社会治理 ………………………………（40）
 第三节 概念释义与要素结构 …………………（42）

第三讲 社会治理的环境要素 ……………………（50）
 第一节 公共安全体系共建共治共享的理论和
    现实背景 ………………………………（50）
 第二节 共建共治共享的公共安全体系的内涵与
    内容要素 ………………………………（56）
 第三节 传统公共安全体系存在的主要问题 …（63）
 第四节 传统公共安全体系存在问题的原因 …（67）

第五节　共建共治共享公共安全体系的建构路径 ………… (71)

第四讲　社会治理的内生要素 ……………………………… (81)
　　第一节　共建共治共享视阈下的社会心理服务治理的
　　　　　　内涵及内容要素 ……………………………………… (82)
　　第二节　社会心理服务治理的现状分析 ………………… (90)
　　第三节　社会心理服务治理的问题探究与溯因 ………… (93)
　　第四节　社会心理服务治理典型案例探析 ……………… (97)
　　第五节　共建共治共享视阈下的社会心理服务治理
　　　　　　路径与策略构建 …………………………………… (100)

第五讲　社会治理的支点要素 ……………………………… (102)
　　第一节　相关研究现状与述评 …………………………… (102)
　　第二节　新时代共建共治共享视域下的社区治理
　　　　　　内涵及内容要素 …………………………………… (108)
　　第三节　当前中国社区治理存在的现实问题 …………… (113)
　　第四节　当前中国社区治理问题的制约因素 …………… (116)
　　第五节　新时代共建共治共享视阈下的社区治理
　　　　　　创新路径 …………………………………………… (119)

第六讲　社会治理的内核要素 ……………………………… (126)
　　第一节　共建共治共享的社会治理视域下人民政治
　　　　　　权利的理论和现实背景 …………………………… (127)
　　第二节　共建共治共享的社会治理视域下人民政治
　　　　　　权利的内涵与内容要素 …………………………… (129)

第三节　社会治理过程中人民政治权利赋予、行使与
　　　　　　效力现状 ………………………………………… (136)
　　第四节　社会治理过程中人民政治权利体系建设问题
　　　　　　甄别与溯因 ……………………………………… (139)
　　第五节　共建共治共享的社会治理视域下人民政治权利
　　　　　　体系建设的路径与策略 ………………………… (141)

第七讲　社会治理的工具要素 ……………………………………… (145)
　　第一节　公共服务多元化供给的理论与现实背景 ………… (145)
　　第二节　公共服务多元化供给的内容要素 ………………… (150)
　　第三节　公共服务多元化供给的问题与溯因 ……………… (156)
　　第四节　典型案例分析 ……………………………………… (160)
　　第五节　共建共治共享视域下的公共服务多元化
　　　　　　供给的路径与策略构建 ………………………… (164)

第八讲　社会治理的标尺要素 ……………………………………… (167)
　　第一节　人民"美好生活"评价的理论和现实背景 ………… (167)
　　第二节　"美好生活"体验度评价的内容要素 ……………… (172)
　　第三节　"美好生活"体验度评价的现状与问题甄别 ……… (195)
　　第四节　"美好生活"体验度评价的指标体系构建 ………… (199)

第九讲　走向共建共治共享的社会治理新格局 …………………… (204)
　　第一节　共建共治共享社会治理的内涵的再审视 ………… (204)
　　第二节　共建共治共享社会治理的机制运行 ……………… (208)
　　第三节　共建共治共享社会治理的实现路径 ……………… (213)

第十讲　新时代社会治理发展的挑战、趋势与因应 …………（218）

　　第一节　新时代社会治理的环境与挑战………………（218）

　　第二节　新时代社会治理的发展趋势……………………（223）

　　第三节　新时代社会治理的发展因应……………………（228）

　　第四节　结语………………………………………………（231）

参考文献 ………………………………………………………（232）

后　记…………………………………………………………（247）

第一讲

导　论

党的十九大报告指出，中国特色社会主义进入新时代，中国社会主要矛盾已经转化为人民日益增长的美好生活需要和不平衡不充分的发展之间的矛盾。进入新时代，人民美好生活需要日益广泛，不仅对物质文化生活提出了更高要求，而且在民主、法治、公平、正义、安全、环境等方面的要求也日益增长；同时，中国发展的不平衡不充分，已经成为满足人民日益增长的美好生活需要的主要制约因素。因此，我们要在继续推动发展的基础上，进一步加强和创新社会治理，而新时代对于社会治理的要求就是要打造共建共治共享的社会治理新格局。

所谓"新"体现在新理念、新格局、新机制、新工具等方面。新理念意味着社会治理新格局必须坚持以人民为中心的治理理念，这是新时代共建共治共享的社会治理新格局的核心与关键；新格局则强调由原来的政府垂直化、单一的治理格局向纵横伸延、多元化的治理格局转变，突出"全民"在参与社会治理方面的重要性和必要性；新机制表明既要坚持党和政府的领导，又要坚持人民当家做主，充分调动广大群众当家做主、依法参与社会治理以及自我管理的积极性；新工具体现为由传统单一的管控规制方式向多元化的协作共建共治方式转变，实现从"政府本位"走向"社会本位"的转变，而这些新变化无疑都需要共建共治共享的社会治理模式来实现。

第一节　问题的缘起

"社会治理"作为当前中国公共行政创新实践中最活跃的元素，其话语的产生及探讨深受西方治理理论和社会发展实际的影响。20世纪80年代以来，复杂型社会的莅临导致公共事务的不可治理性增加，政府在管理中出现的一系列问题促使其治理范式的转变成为可能。随着公民意识的觉醒和社会民主的扩散，公民政治参与的诉求日益高涨，中国情境下的国家治理能力与治理体系现代化的提出，社会各界正探索建立新型社会治理的图式，以求在回应中国当下的治理关键领域和治理困境中，为"社会治理"格局的实现提供一个构建框架和发展视域。

自党的十八届三中全会提出社会治理的改革理念之后，社会治理理念取代了社会管理概念。党的十八届五中全会在关于加强和创新社会治理的论述中，又提出了"推进社会治理精细化，构建全民共建共享的社会治理格局"的战略部署，全民、共建、共享等一系列新理念的提出为社会治理格局的建设路径指明了方向。党的十九大报告指出："加强社会治理制度建设，完善党委领导、政府负责、社会协同、公众参与、法制保障的社会治理体制……打造共建共治共享的社会治理格局。"至此，社会治理格局新的建设方向实现了向共建、共治、共享的转变。

一　复杂型社会的莅临：公共事务的不可治理性增加

20世纪80年代以来，人类社会进入了全球化、后工业化进程中。与全球化、后工业化运动相伴随的，是社会的高度复杂性和高度不确定性。应当看到，全球化、后工业化既是对资本主义世界化以及工业社会的否定，也是整个工业社会历史阶段全部政治、经济、文化发展的结果。特别是资本主义精神，造就了这样一个高度复杂性和高度不确定性的时代。

全球化是当今世界发展最引人注目的重大趋势。它是经济、政治、文化、社会关系、社会矛盾以及解决矛盾与实现方式等各种因素相互联系、相互影响的过程与结果，具有超越国界和意识形态的普遍性。全球化推进了社会的复杂性和不确定性，要求政府切实承担起公共事务治理的职责，加大对社会风险治理的防控。在全球化时代，建立"有限政府"已成为必然趋势，全球化的行政管理需要广阔的视野去面对全球公共问题，需要运用现代通信、信息等技术手段去处理全球公共问题，建立起透明的、高效的、负有责任的行政管理系统。

"后工业社会"的提出者贝尔认为，后工业社会的经济基础从生产经济转变为服务经济，后工业社会是超越了传统的大工业生产而以服务业为主体的经济形态，以回应消费对象为特征，满足个性化需求。后工业社会中大规模的服务业发展首先对产业组织产生了影响，人们开始抨击政府的规模和效率，要求政府应以顾客为导向，政府的公共服务应以公众满意度为取向。[1] 正如奥斯本所言，"今天的环境要求各种体制机构对顾客做出反应，提供多种多样的服务选择，不是靠下命令而是靠说服和奖励刺激来实现领导，给他们的雇员以使命感和控制感"[2]。

在高度复杂性和高度不确定性条件下，在全球化、后工业化进程中，日渐衍生出以民主改革、社会建设和良政善治为核心的公共话语体系。我们越来越强烈地感受到，"持续而无所不在的监督、泰勒式

---

[1] [美]丹尼尔·贝尔：《后工业社会的来临——对社会预测的一项探索》，商务印书馆1985年版，第21页。

[2] [美]戴维·奥斯本、特德·盖布勒：《改革政府》，上海译文出版社2013年版，第111页。

的严格的规章制度和严厉的制裁措施,所有这些都需要众多的行政办公室和庞大的军队去守卫已占领的地盘"①。在政府这里,就是以"规模的膨胀"这一屡次改革无法解决的问题出现的。只要存在着管理及其控制追求,无论私人部门还是公共部门,都会遇到强烈的机构和人员增长压力,只不过私人部门的成本核算能够使它在被迫做出权衡后而放弃一些管理和控制冲动,而公共部门则缺乏这种抑制力量。正是由于这一原因,在承认管理型政府的历史合理性前提下,学界正在试图探索新型政府治理图式的构想,目的就是希望政府从思想观念上与管理活动中放弃对管理和控制的追求。在高度复杂性和高度不确定性的条件下,按照管理和控制的思路去看社会,将会发现:社会需要管理和控制的事项十分繁杂,而且每日每时都爆炸性地涌现新的需要管理和控制的事项,人们正处于一个风险型社会之中。所以,我们首先需要解决的问题就是让政府从管理和控制的惯性中解脱出来。总而言之,复杂社会已经莅临,公共事务的不可治理性正在增加。

二 政府绩效赤字与信任危机:政府治理范式的转变

传统公共行政模式在其发展与运行中存在着一系列的问题,主要表现在由于政府是服务的唯一提供者,因而缺乏有效竞争,导致政府效率低下和绩效赤字,公众难以进入政府的公共事务管理中,难以形成有效的问责和监督系统,最终产生了政府绩效赤字和信任危机等问题。

20世纪80年代以来,在世界范围内来看,一种新的治理范式正在形成——新公共管理。任何新的范式都需要具备与先前研究所与众不同的预设。相较于传统公共行政,新公共管理的内涵变化很大,经济合作与发展组织(OECD)列举了它的主要观点。

---

① [英]齐格蒙特·鲍曼:《被围困的社会》,江苏人民出版社2006年版,第12页。

在大多数成员国，公共管理改革已涉及重大的文化变迁以适应一种新的公共管理典范，它试图把现代管理方法和经济学的逻辑规范结合起来——尽管仍然保持公共服务的核心价值。这种新的管理典范强调结果，尊重金钱的价值，运用目标管理方法完成任务，运用市场与市场机制、竞争与选择，通过权利、义务、责任的协调一致向工作人员下放权力。

在我国社会治理的情境下，新管理范式可以被吸收和借鉴，其特点如下。

第一，变政府导向为民众导向。传统的政府治理模式是一种自上而下政府主导型的管理过程，民众对政府绩效没有发言权，仅处于被动接受地位，这就排除了民众在公共领域中的作用。在现代民主政治体制下，虽然民众有了通过自己的代理人（议会代表）表达意愿的机制，但政治家们试图在政治行政二分法下通过政治责任机制与行政责任机制的衔接解决公共责任问题，实现民主治理的目的。

第二，变对公共事务垄断为对公共事务竞争。传统的政府治理模式中，政府既是公共政策的制定者，又是公共物品和公共服务的生产者和提供者，形成了对公共物品和公共服务的垄断局面，而公民在公共物品消费中具有不可选择性，政府部门及其公务员缺乏来自外部的竞争压力，最终导致服务质量低下。兴起的新公共管理则主张，应实现政府政策职能与管理职能的分离，也就是"掌舵"和"划桨"分开，政府着重制定公共政策，在此基础上引入竞争机制，实现公共物品和公共服务供给的多元化。

第三，变集权为分权。虽然长期以来存在着民主和参与的呼声，存在集权还是分权的争论，行政权在政治体系中受到来自其他机构和选民的制约，但总的来说，在官僚体制内的行政权一直体现为一种集权，权力往往集中于各种类型和层次的金字塔体制的上层，分权只是一个暂时的现象。在信息时代的今天，这种集权的体制就显得难以适应了。因此，新公共管理的倡导者主张进行适度的分权或授权，赋予管理者有效的管理权威，让管理者从繁文缛节中解放出来，在财政、人事、采购和审计等方面解除不必要的规制和控制。通过分权，使一线管理者能更灵活和快速地对社会需求做出迅速的反应，以此激发他们的士气，增强其责任感，提高效率。

三 公民意识觉醒与社会民主扩散：公民政治参与的诉求

公民意识的觉醒与社会民主扩散很大程度上体现为公民权利意识的觉醒，体现为公民政治参与诉求的提升。公民意识的觉醒是公民政治参与的心理基础和内在动力，同时也制约和影响着公民政治参与的过程与程度。由于历史传统、经济、文化、制度等原因，在过去的较长时间里，中国公民的权利意识较淡薄。但近十年来，尤其在这几年，公民的权利意识不断觉醒。与之伴随的是改革开放的不断深入及社会转型，政治组织、政权组织、经济组织、社会组织等逐步走向结构分化、形式多样化和功能专门化。民众从计划经济时期的群众向市场经济时期的公民转变，权利意识日益高涨。一个相对独立于政府和市场的公民社会正在悄然出现。社会管理主体应从国家作为唯一主体的一元管理走向政治组织、政权组织、经济组织、社会组织、社区组织和公民个人等多元主体的合作治理。

党的十六届四中全会正式提出了"建立和健全党委领导、政府负责、社会协同、公众参与的社会管理格局"。社会管理四方面主体相互联系，相辅相成，形成科学的社会管理网络。各社会管理主体各在其位，各尽其职，发挥各自的特定功能。管理主体从一元到多元的转变既有利于发挥国家的主导作用，又有利于激发社会和公民个人的自主性和参与潜力，实现更有效的社会管理。另外，在一元化管理模式下，国家对社会的管理实际是一种管理和控制相结合的管控模式，管控思想严重、服务意识淡薄。这种管理方式手段单一，主要采用行政性手段和强制性手段解决社会矛盾和问题,刚性有余而柔性不足。这在利益结构单一、社会相对封闭、人民权利意识淡薄的状态下尚可为继,也有助于增加可控性,实现社会稳定。但随着社会转型,利益结构分化,利益矛盾突出,公民权利意识和利益意识日益觉醒,人们的诉求由单纯物质诉求发展到物质和精神双重诉求。在这种状态下,原有单向度的管控方式已难以适应社会权利的增长,并逐步失去其正当性。从一定意义上说,过去的社会管理主要是控制人、约束人,追求的是一种绝对服从的社会秩序与稳定,其结果往往是社会缺乏活力,甚至死水一潭。随着社会结构的变化、利益主体的多元化、公民权利意识的增强,社会管理要尊重人、信任人、服务人、依靠人,目的是调动群众的积极性、主动性、创造性,为社会装上不停息的"发动机",激发社会活力。社会活力不断增强,是和谐社会的重要特征和现代社会的重要标志。[①]

四 中国情境下国家治理能力与治理体系现代化:新型社会治理图式的渴求

"国家治理"是一种实现公共事务有效治理的活动与过程,它涉及治理权威、治理形式、治理规则、治理机制和治理水平等内容,在此基础上形成的与之相关的所有主体、客体与资源以及各种正式与非正式的制度关系和制度能力构成了国家治理体系与治理能力。党的十八届三中全会决议明确提出:"全面深化改革的总目标是完善和发展中国特色社会主义制度,推进国家治理体系和治理能力现代化。"国家治理现代化这一命题的提出,为新型社会治理图式提供了发展方向和目标指引。

"国家治理"作为中国共产党执政的新型理念,在未来中国政治

---

① 参见曾秀兰《公民权利意识觉醒下社会管理之应变》,《广东社会科学》2013年第2期。

和社会发展过程中将发挥独特的作用，其必要性体现在：从人类社会的发展进程看，为了缓和日益复杂的社会事务与相对集中的公共权力之间的矛盾，从20世纪80年代开始，世界上许多国家和地区开始尝试重新配置公共权力，试图通过向社会组织、私营部门等开放权力的方式来提高国家管理的弹性与韧性。这股潮流被学术界总结为由"统治"向"治理"的转变。治理理论的魅力不仅在于其将民主、参与、协商、分权、责任、人权、平等、合作等诸多美好的价值融入其中，而且在实践过程中展现出其相对于垂直统治的巨大灵活性，在一定程度上降低了国家管理的成本与风险。因此，治理理论和实践不仅被西方发达国家所推崇，而且被世界银行、经济合作与发展组织、联合国开发计划署等国际组织系统总结并向发展中国家推广。

对中国而言，中国的国家治理体系是中国共产党在领导全国人民建设和发展社会主义的过程中建立的一系列与西方不同的制度体系、体制和机制。从历史发展看，中国国家治理体系和国家治理能力基本上适应了中国国情和发展要求，从根本上保障着中国的社会稳定、政治和谐与民族团结以及各项事业的发展。推进国家治理能力与治理体系现代化，涉及国家与社会、政治与行政等诸多要素的根本性变革，其改革的目标、内容、范围和边界，其涉及的深层次的矛盾和问题，其在中国社会历史进程中所扮演的角色和意义，已经远远超过了传统意义上和西方意义上的政府改革或公共部门改革的范畴，这是一场真正意义上的社会再造运动。但是随着中国社会进入社会利益与价值日益分化、社会矛盾集中凸显时期，进一步推进国家治理体系与国家治理能力现代化的必要性和紧迫性毋庸置疑。推进国家治理体系与国家治理能力现代化是一项极为复杂的系统工程，不仅涉及国家治理的所有领域，也涉及所有与公共事务相关的过程，任何一个环节的国家治理都需要进行反复研究和探索。而在中国情境下，构建与政治体制相调和、与社会文化相适应、与经济结构相匹配的社会治理体系更加迫在眉睫。

第二节 研究回顾

社会治理是适应社会转型、优化社会结构、转变政府执政理念、提高政府执政能力的必然要求,围绕这一问题,各领域的专家学者进行了大量的学术研究,产生了丰厚的研究成果。通过文献梳理,可以发现学者们的研究主要集中在以下几个方面。

一 有关社会治理的主体研究

我国当前所提倡的社会治理要求加强党委领导,发挥政府主导作用,鼓励和支持社会各方面参与,实现政府治理和社会自我调节、居民自治良性互动。可见,在主体上我国要构建的是一种"一主多元"式的治理结构。

"一主"是指党委领导、政府主导。党委、政府要真正发挥"一主"功能,关键要真正实现从管理向治理的理念转变。一是在行动理念上,实现从管理到服务的转换。在1921—1978年间,我们党解决了革命问题;而1978年至今,我们通过经济上的空前成功,基本解决了发展问题;未来我们还要解决服务问题,因为在前两个时期,管理甚至控制都是常态,而服务型政党则是一个新命题,尤其是在这种本身就具有硬控制色彩的社会治理领域内,首先要做的就是理念更新。正如2011年习近平总书记在省部级主要领导干部"社会管理及其创新"专题培训班讲话中所指出的,社会管理主要是对人的服务和管理。一切社会管理部门都是为群众服务的部门,一切社会管理工作都是为群众谋利益的工作。二是在行动主体上,实现从"绝对一元"到"相对一主"的转换。正如习近平总书记所指出的,在社会治理创新中,要加强党委领导,发挥政府主导作用,同时更要注重动员组织社会力量共同参与，发动全社会一起来做好维护社会稳定工作。三是在行动取向上，实现从管控—专断到协商—合作的转换。习近平总书记指出，治理与管理一字之差，体现的是系统治理、依法治理、源头治理、综合施策。正因如此，习近平总书记要求在促进国家治理体制和治理能力现代化的进程中，提高党和国家机关、企事业单位、人民团体、社会组织的工作能力。"一主"与"多元"之间，更多的是要进行平行式的沟通，进行协作与协商，而不再是垂直式的简单的命令—执行关系。

"多元"主要是指企事业单位、基层自治组织、人民团体、社会组织等。要真正在"一主"背景下做到"多元"，关键有两点。首先，多元主体要进行角色调适。只要有进有退、有取有舍，定位准确后才能与其他主体进行明确的分工界限。在当代中国社会治理中，这种分工的基本界限是：数以千万计的企业和130万家事业单位都要发挥优势积极参与，60多万个村（居）委会等基层自治组织要实现自我治理功能的真正回归，700万家人民团体及其外围组织要在工作中体现出作为"人民"团体的功用；近50万社会组织要充分发挥"帮手"功能，不能进行"麻烦制造者"的角色定位。其次，才是各自独立功能的充分发挥问题，在做到占位而不越位后，多元主体之间的良性互动才有可能。当前，"多元"社会治理主体的社会治理功能发挥都有其不足之处，未来的重点工作很多，譬如，积极鼓励人民团体参与社会治理，在联系草根组织、促进和谐就业等方面发挥更大的作用；夯实社会治理的社区基础，寓管理于服务之中，使社区成为社会治理的综合性平台，目前部分地区尤其是欠发达地区小城镇及农村地区社区创新社会治理难度大，需要在人力、物力、财力以及理念、方法技术等方面加强支持；在社会组织体制上，加快实施政社分开，推进社会组织明确权责、依法自治、发挥作用，激发社会组织参与社会治理的活力，等等。①

二 有关社会治理的客体研究

转型时期的社会发展是"现代性全球之旅的长波进程和本土社会转型的特殊脉动这两股力量交织扭结而产生的现实结果"②。在这两股力量的叠加影响下，转型时期的社会发展呈现"时空压缩型""速度赶超型"的双重表征。在快速的社会转型时期，整个社会面临着深刻的社会关系调整，由于短期内无法做到有效消化，从而出现了诸如人口老龄化、就业、群体性事件、艾滋病防治、水污染治理、空气污染治理、重金属污染、社会保险、食品安全、邻避冲突等一系列"棘手化"社会问题。不同于传统的社会问题，转型时期的社会问题之所以称为"棘手化"，主要在于：问题难以清晰地阐释；问题之间存在依赖关系且有多重动因；处理此类问题的结果难以预知；问题始终保持动态变化；问题通常没有明晰的解决方案；问题具有社会复杂性；责任模糊，很难将责任完全归结于任何一个组织；问题涉及不断变化的个体行为；一些问题以长期的政策失灵为表征。一言以蔽之，社会问题的"棘手化"没有明确的解决方案；更确切地说，它们在内在本质上属于一种根本性矛盾，这种矛盾虽然可以通过可能性计算得以缓解，但难以实现根本性消除。针对棘手化社会问题的治理，由于受行政程序僵化的束缚，传统的科层治理模式往往整齐划一有余而治理弹性不足，从而很容易陷入社会治理失灵的境地，正如张康之指出的那样，在棘手化社会问题的治理上，无论行政官员主观上有着多么美好的愿望，但如果固守行政程序的合理性原则，都会造成社会治理过程

---

① 王道勇：《加快形成"一主多元"式社会治理主体结构》，《科学社会主义》2014 年第 2 期。

② 参见郑杭生、邵占鹏《中国社会治理体制改革的视野、举措与意涵》，《江苏社会科学》2014 年第 2 期。

中的事与愿违。社会问题的"棘手化"要求治理手段必须充满弹性、多样化，换言之，治理手段应该改变过于倚重以政府为单一中心的行政手段，走向以政府、市场、社会等多中心主体共同参与的网络化治理模式上来。然而，纵观转型时期中国社会治理手段的基本情况，通常会发现：行政手段成为主要手段，经济手段还没有得到充分运用；阶段性开展运动式治理的情况还比较常见，制度化治理的进程还有待推进；部门之间习惯于运用自上而下的纵向推动，部门之间横向协作联动治理的尝试较少；运用管制、控制等硬性治理手段相对较多，运用协商、对话等软性治理手段还不充分；管理手段运用较多，服务手段运用较少；政府倚重于政府部门之间的内部合作，政府、市场、社会等多元主体广泛参与的治理网络运用还比较初级。一言以蔽之，尽管转型时期中国社会治理过程中存在大量的"棘手化"社会问题，但目前的治理手段却乏善可陈，从长远来看，推动社会治理现代化的发展，需要探索更多的、能够提高"棘手化"社会问题可治理性的手段，构建复合型的治理手段体系。[1]

三 有关社会治理的机制方法研究

转变社会治理理念，明确社会治理方向。第一，实现由"托底型"社会政策向"发展型"社会政策的理念转变，建立积极的社会政策发展观。中国"适度普惠型"社会的建立正是英国福利普惠理念的一部分。第二，树立动态化治理理念，不断适应社会治理需求。从英国政党交替上台执政并不断调整自身治理理念的发展历程来看，不论英国还是中国，社会问题在不断变化，公民对于社会治理的需求在不断增多。第三，坚持以人为本，落实全面小康。公民社会理念在英

---

[1] 参见陈亮《走向网络化治理：转型时期中国社会治理的复合困境及破解之道——基于"理念—主体—客体—介体"的系统分析视角》，《内蒙古社会科学》（汉文版）2017年第3期。

国社会治理政策的制定和政策受益的选择方面发挥了积极作用。公民社会理念中包含有以人为本的意涵，英国普遍的福利权利实现，民主的社会治理参与机制等给我们近期全面小康建设提供了有益经验。

建立多元共治机制，增强社会治理活力。第一，建立社会组织参与机制，增加社会组织活力。英国的社会组织历史早、数量多、服务对象广泛，在英国的社会治理体系中发挥了重要作用。第二，建立社区治理机制，增强基层组织的社会治理能力。在英国福利国家的建设和改革进程中，社区治理作为国家基层治理的重要手段，在社区服务提供、社区资源分配、社区环境优化、社区居民融入等领域发挥重要作用。第三，引进经济机制，全面提升社会治理效率。在英国福利国家的改革中，政府通过向私人部门购买社会服务的方式强化公民个人责任，并优化社会服务供给机制。英国不仅通过相关经济机制来提高自身的社会治理能力，还能通过法律和合约的方式对私营部门进行管理并形成合作关系。第四，建立社会信任机制，提高社会协同治理能力。英国的社会治理有完备的组织体系和权责划分体系，完备的法律机制和公共监督机制，这是减少英国社会治理冲突的保障。

拓展治理领域，形成全面治理格局。英国福利国家的社会治理经验不仅仅局限在福利治理领域，英国在舆论治理、网络治理、信息增值共享治理、危机应对治理等方面都有值得我们学习的地方。目前我国刚好处在经济社会转型时期，各种社会问题同经济、环境问题相互交错，大大增加了治理的难度。政府、社会都要不断地拓展治理领域，在事前风险的应对方面形成各自的治理手段和方法。行业之间的合作、信息共享、政府与市场的沟通等要及时，提前建立风险防范机制。尽快结束在面对互联网诈骗、微信非法集资、快递物流市场混乱、信息传播无序、大气雾霾、流行病传播等新的社会问题时，出现的政策失效、各参与主体无能为力局面。所以要提前拓展社会治理的领域，主动建立社会治理的事前预防机制，形成全面共建共治共享的社会治理格局。

四 有关社会治理的体系研究

社会治理的结构体系。社会治理的结构体系解决的是主体是谁以及相互之间关系的问题。一般来说，社会治理主体主要分成三大门类，分别是广义的政府、市场和社会。在此基础上，中国社会治理主体又可相对细分为中国共产党组织、各级政府、事业单位、市场主体（企业）、广义社会组织（含一般性社会自组织、民办非企、群团组织、民主党派等）、普通公众（一般透过各类组织参与治理）六大类。他们几乎囊括了各类社会组织和群体，因而具有最广泛的多元性、代表性。特别需要强调的是，比照传统社会管制或管理活动，社会治理中政府作为引导者、促进者和合作伙伴的角色大为增强，因而说国家（政府）的作用在转型而不是退缩更为恰当准确。更有一种称为"以国家为中心的关系治理观"，认为国家透过增强其制度和法律能力，发展与非国家行动者的更紧密关系增强其治理能力；社会治理安排主要是国家创造并精心编排以利于治理社会；有效的治理常常需要国家与一系列非国家行动者构建战略关系，从社会吸纳额外的规制资源，允许政府所及范围延伸但不必扩张其规模。这样一个参与或加入的过程甚至可以称作"非政府部门的政府化"（governmentalization）。因此，多元主体之间虽然具有相对平等的关系，但在资源、权力和地位方面又具有非对称性。我国提出的"党委领导、政府负责、社会协同、公众参与"社会治理格局就是这种平等而又非对称的主体关系的直接表述。

社会治理的组织体系。社会治理的组织体系解决的是社会公众和各类群体何以平等参与的问题。这又包括几个层面的组织体系。首先是社区组织体系。我国当前的社区其实还是一种基于管理幅度不断调整的行政管理体系，考虑的是基层政府权力辐射范围、管理能力限度和管控的便利，但缺乏对社会学意义上社区基本要素的考虑。社区之为社区而非行政管理区乃是基于两个本质规定——共同利益和共同价值观（共同意识），因而又可以称为共同体（community）。因此，在考虑社区组织体系变革时不妨借鉴我们乡村地区普遍存在的自然村及传统城市街区——社会学意义上的纯正社区——的组织体系。其次是社会自组织体系。就是如何让原子化的社会个体重新自发自觉组织起来，集中表达各种诉求与关切，参与社会政策咨询决策，在统筹协调各方利益的决策和行动中推动社会和谐、稳定、进步。中国已经明确当前应该重点培育和优先发展行业协会商会类、科技类、公益慈善类、城乡社区服务类社会组织。最后是需要转型的群团组织。群团组织本质上属于群众组织，是中国共产党实践群众路线的平台和产物，当然也是一种社会组织，只因它们担当了特别重要的任务和角色，其地位也就一直很高、很特别。广东省在社会体制改革中将其规定为"枢纽型（社会）组织"，这是十分恰当的。将社会组织改革为类似新加坡那样的法定机构，提供足够的财政支持，明确赋予进一步发动群众、组织群众参与社会治理的法定责任，也许是中国各地可以大胆尝试的一个重点方向。

社会治理的动员体系。社会治理的动员体系解决群体和公众参与协商、决策、行动和监督的积极性和主动性问题。这实际上属于激励机制，是一种制度和组织安排，旨在激励和引导社会组织、普通公众参与社会治理的政策制定和实施（行动）。要使群体和普通公众摆脱依赖全能型政府的惯习，就必须让社会知晓参与具有实质内容和真实效果。如果社会治理的各个主体均能够平等参与到有关社会资源在不同社区和群体之间的配置、公共政策设计、政府公共开支的评价和监管，社会动员机制就有了坚实的基础。国外学者在总结和分析诸多发展中国家推行参与式治理机制成效的基础上提出了推而广之的理据：提升公共服务的品质、给公民赋权、深化民主。更令社会公众感兴趣的是，它能够提升地方政府的响应性（responsiveness）、强化问责（accountability），继而提升公共服务供应、社会秩序维护和社会环境优化的有效性和可持续性，使公共服务和公共产品与公众的偏好更好地匹配和趋同。

社会治理的服务体系。社会治理的服务体系解决治理主体的基本需求问题。基本公共服务无法保障和满足时，相当一部分社会治理主体将无法正常参与，甚至会变为搅局者的角色。不少基层单元由于基本公共服务得到满足和改善实现由乱到治的转变就充分证明了这一点。从这个意义上讲，服务体系的确是社会治理体系的组成部分，是实现社会治理目标的重要依托。社会治理服务体系本身又需要财政和预算体系支持，需要从需求识别和定位、数量和品质确定、经费筹集和预决算、服务供应商选择（招投标或服务外包等）、评价与监督等各个方面统筹考虑，形成一个独立完整、公开透明的开放体系。在当今公共财政资金和政府能力有限，但社会公众需求旺盛且迫切的大背景下，PPP模式应当成为这类服务体系建设的主要路径和模式选择。

社会治理的评价体系。社会治理的评价体系关注和解决社会治理的绩效、问责和变革（方向）问题。社会治理体系指向社会问题或社会问题易发高发领域，比如社会矛盾、社会秩序、公共安全、人口流动（移民）、劳动关系、公共产品和公共服务配置与供应等，涉及社会治理各个主体的切身利益。社会矛盾和社会问题是否得到缓解、所涉领域的发展或变革是否符合社会进步的大方向、是否满足社会治理主体的共同利益或偏好，或者说受到社会公众的支持和认可等，是社会治理体系评价的基本准则。具体到社会治理评价体系，则必须解决谁来评价、怎样评价、结果反馈等基本问题，也就是说，评价谁主导、谁负责、谁执行，评价重点是什么，评价指标选哪些以及如何构建完整指标体系，评价结果结论鉴定、发布、使用等，这些是构成社会治理评价体系的主要内容。从当前研究进展来看，治理以及社会治理的考核评价还在探索阶段，以定性分析和主观评价为主，研究机构和各地各层级政府对发布社会治理指标指数都相当谨慎。

社会治理的制度体系。社会治理制度体系关注和解决社会治理的正当性、法理性和规范性问题。社会治理的制度体系一般包括法律体系、激励与约束体系、规则体系三大部分。法律法规体系要明确社会治理主体及其各自责任、义务和地位，他们之间的相互关系；国家（政府）、市场和社会的边界和相互关系，三者内部纵向和横向关系；社区和社会自组织发展、运行和监管以及群团组织改革与发展的基本要求，等等。激励与约束体系涉及社会治理绩效评价的法制化和规范化，明确哪些行为和做法会受到激励以及怎样的激励，哪些行为和做法会受到惩戒以及怎样的惩戒，确保各个主体都有确定的预期。社会治理的规则体系则涉及重塑社会主体乃至整个社会的价值体系、思维和行为习惯，包括政府及其官员是什么、该干什么以及怎么干，社会公众是什么以及有怎样的权利和义务，社会事务、公共事务该怎么决策怎样行动怎样评价等，都需要有一套相应的治理规范，不再是政府唯我独尊、我说你听、单打独斗，也不是社会公众个人或群体各人自扫门前雪、一盘散沙，而是按照责任、平等、协商、合作、多赢的原则思考和行动。[1]

五　研究述评

全民共建共享是社会治理研究的新课题。作为社会治理创新的新课题，构建全民共建共享的社会治理格局，已成为当前全社会关注的热点话题。自党的十八届三中全会提出社会治理的改革理念之后，社会治理理念取代了社会管理概念，一字之别却蕴含着全新改革理念的转换与升华。党的十八届五中全会在关于加强和创新社会治理的论述

---

[1]　参见左晓斯《中国社会治理体系及其评价研究》，《社会科学》2016年第4期。

中，又提出了"推进社会治理精细化，构建全民共建共享的社会治理格局"的战略部署。"全民""共建""共享"等一系列突破性新理念的提出，不仅蕴含着当前和未来社会治理改革的诸多理论与实践命题，而且引导着由"党委领导、政府负责、社会协同和公众参与"的社会管理格局向"党委领导、政府主导、社会协同、公众参与、法治保障"的全民共建共享的社会治理格局的转变。这些全新理念都为未来我国社会领域的改革创新描绘了美好的愿景，提供了全新的蓝图。贯彻落实以"全民共建共享"为核心的社会治理新理念，既需要新理念指引下的理论研究方面的跟进与创新，还需要体制机制和具体举措上的支撑与革新。因此，如何构建全民共建共享的社会治理格局，理应是社会治理理论研究的题中之意。特别是在"共享"上升为"十三五"发展的指导理念高度时，如何在理论上首先破题"全民共建共享"的意涵和构建机制，更具迫切性。从理论层面看，由于全民共建共享的社会治理格局的提法刚刚出炉，梳理相关文献就会发现，学术界对其的研究与讨论多数还停留在理念宣导层面，对"全民""共建""共享"的内涵和逻辑也缺乏阐释，更遑论体系化的理论或模式建构。因此，如何通过理念的探讨和解析，定位"全民共建共享"社会治理的系统理论基础，对于理解为什么要全民共建共享和怎样实现全民共建共享，无疑具有一定的理论价值。

从理论文献上看，关于全民共建共享的社会治理格局的研究几乎空白。本书探讨了全民共建共享的社会治理格局的理论基础和如何理解全民共建共享机制内涵的概念框架。由于"全民""共建""共享"指向的都是社会治理主体、过程和结果的共性要素，因此，本书超越过去公共管理研究多考察政府、市场、社会两两互动关系的做法，从政府、市场与社会三个部门多维互动及共性角度出发，建立起政府—市场—社会的多维互动框架，分析政府、市场、社会三个部门在社会治理中的边界及互动，梳理出政府、市场和社会三大部门在社会治理中体现的共治性、公共性和价值共享性，从而为全民共建共享的社会治理新格局建构起治理理论、公共性理论和价值共享等理论基础，并在此基础上为理解全民共建共享机制内涵，建立起概念框架。围绕社会治理的逻辑起点，"全民共建共享"体现了政府、市场与社会在解决社会问题、满足社会需求和创造社会价值的社会治理实践中所具有的共治性、公共性和价值共享性。通过考察政府、市场与社会的边界与互动关系发现，正是由于社会问题的复杂性、社会需求的多样性和社会价值的共享性，构建全民共建共享的社会治理新格局，既要求在面对政府失灵、市场失灵和志愿失灵的时候，需要多元主体共同参与公共事务的管理和服务共治性，也需要充分认识和发挥政府、市场和社会各自所具有的公共性特点，服务于公共利益和公共价值（公共性）；更需要遵循政府、市场和社会所创造的公共价值的共享性特点（共享性）。在此基础上，共治性、公共性和价值共享性构成了理解全民共建共享机制内涵的概念框架。然而，要推动社会治理格局变迁，需要纠正理念上的误区和认识上的偏差。一方面，作为一个囊括现代国家治理参与主体的广义概念，"全民"不是全体人民或者全体公民的简称，更不是民间社会的代称，而是体现政府、市场与社会三大治理主体作为结构性力量的整合，既要消除"全民＝全体人民""全民＝全体公民"或"全民＝民间"的狭义理解，也要破除"非官即民"的二元思维，必须充分认识到政府、市场和社会在社会治理实践中所扮演的必不可少的角色。另一方面，"共享"不是片面追求改革成果的平均分配过程，而是致力于实现公共利益、公共价值和公共精神共享的社会治理过程，因此必须避免和消除平均主义的旧观念，要求政府、市场和社会三方治理主体秉持公共精神、恪守公共价值、致力公共利益，在构建起社会有机共同体的基础上实现社会治理成果的共享。而在"全民"与"共享"之间，政府、市场、社会多元主体通过什么样的方式与途径，去参与公共服务提供和公共事务管理与共治，则成为最为关键的一环。值得指出的是，政府、市场和社会的共治性、公共性和价值共享性，为理解全民共建共享的社会治理格局提供了理论基础和概念框架。

第三节　对本书的鸟瞰

一　环境要素：公共安全体系

随着经济社会发展和人民生活水平的提高，人们对公共安全提出了更高的要求。从某种意义上讲，公共安全是最大的民生。党的十九大报告在"打造共建共治共享的社会治理格局"部分提出的"树立安全发展理念，弘扬生命至上、安全第一的思想，健全公共安全体系，完善安全生产责任制，坚决遏制重特大安全事故，提升防灾减灾救灾能力"的要求，标志着党和国家对公共安全工作的认识水平和重视程度均提高到了一个前所未有的新高度。归纳而言，新时代我国公共安全体系建设主要体现出以下几个方面的新特点：一是突出公共安全体系作为总体国家安全观重要组成部分的战略性；二是突出公共安全体系建设中要打造共建共治共享模式的创新性；三是突出公共安全体系建设要推动风险治理、安全管理与应急管理全面融合的系统性；四是更加突出公共安全体系建设是为了提升人民群众安全水平、确保人民安居乐业的根本性。这就要求树立安全发展理念，弘扬生命至上、安全第一的思想，改革完善安全生产管理、防灾减灾救灾体制机制，坚决遏制重特大安全事故。要健全公共安全体系，加强预测预警预防，建立生产安全事故风险防控体系。

本章内容从共建共治共享视阈下的公共安全治理的理论和现实背景出发。首先，阐释公共安全治理的内涵与内容要素，具体包括公共安全预警体系、公共安全预防体系、公共安全事件处置体系以及公共安全善后体系。其次，多角度分析我国传统公共安全体系所暴露出的一系列问题和漏洞，明确指出目前我国真正意义上的公共安全体系尚未形成，在此基础上，探究传统的公共安全体系存在问题的原因。最后，提出共建共治共享视阈下的公共安全治理路径与策略构建。在明确共建共治共享的公共安全体系的价值定位的前提下，结合我国传统公共安全体系存在的问题，根据总体国家安全观要求，分别从主体体系、资源体系、行动体系等角度提出我国共建共治共享的公共安全体系建设路径。

二 内生要素：社会心理服务体系

心理健康问题是关乎国家繁荣发展的重大民生议题，我国仍面临着社会心理服务水平相对滞后，治理的政策法规不完善、体制机制不健全的问题。与衣食住行相关的基本生活需求问题与人民大众息息相关，反映了一些消极社会心态。如，物价上涨、食品安全、医疗、教育、大学就业创业、人口老龄化等生存发展问题让民众产生焦虑感。信息湮没与社会变迁引起普遍的浮躁情绪蔓延，深阅读和深思考的时代已渐行渐远。贫富差距大，权力腐败等导致社会情绪偏激，民众的相对剥夺感严重。不同社会阶层呈现出较为明显的群体性冲突，如官民关系、警民关系、医患关系、城乡关系、劳资关系等广泛的社会关系。看客式冷漠事件屡见不鲜，深刻反映出因信仰淡化、价值观模糊和人文关怀缺失而凸显的道德冷漠心理。社会环境中的各种压力和潜在危机也让一些人不可避免地产生消极悲观情绪。针对现代社会容易产生的各种情感、心理、精神性疾患，必须高度重视开展心理疏导、心理干预等手段，培训心理知识，指导心理健康，调节社会情绪，构筑社会心理防线，有效维护社会稳定。同时，要切实找准解决我国现实存在的社会心理问题之突破口，依托专业团体和专业人士，搭建社会心理综治工作平台，建设和完善社会心理服务、疏导、危机干预机制，不断提高社会心理服务的针对性和有效性。

本章首先明确共建共治共享视阈下的社会心理服务治理的内涵及内容要素，通过整合社会心理治理的内涵、内容要素以及各要素的结构机理，进一步探究当前我国社会心理服务治理的现状，并从理论研究方向提出需要完善之处。其次是本章重点研究内容，主要以党的十九大报告提出的共建共治共享理念为背景，梳理当前社会心理服务治理存在的问题，主要包括：服务受众范围有待扩大、心理服务方式的多样性有待丰富、心理服务制度建设不健全、心理健康服务的考核监督机制尚未建立、心理服务认证体系不完善等。最后，结合典型案例分析，为社会心理服务的深入开展提供借鉴，最终分别从价值定位、体制架构、运行机制三个方面构建了共建共治共享视阈下的社会心理服务治理路径与策略。

三　支点要素：社区治理

社区是基本的社会生活单元和平台，加强社区治理不仅是现代国家建构的重要内容，更是社会发育的必然要求。实现社区的有效治理事关党和国家大政方针的贯彻落实，事关人民群众获得感、幸福感的提升，事关城乡基层和谐稳定，对于建设中国特色社会主义事业具有特殊重要意义。进入新时代以来，以习近平同志为核心的党中央秉持"人民对美好生活的向往，就是我们奋斗的目标"的宗旨，强调"从解决人民群众最关心、最直接、最现实的利益问题入手""建设具有中国特色的社会主义社会治理体系""不断加强和改善民生"，并在党的十九大报告中明确提出"打造共建共治共享的社会治理格局"，要求"推动社会治理重心向基层下移"。这些重要论述为做好新时代社区治理工作提供了根本准则。近年来，中国的基层治理不断取得进步，在社会治理过程中更重视发挥社区的作用，但社区职能与优势的进一步发挥却面临着相当大的困境。一方面，我国正处于改革攻坚期，社会治理存在诸多复杂的新矛盾与新问题。另一方面，随着基层社会治理的微观模式由"街居制"向"社区制"的转变，社区不断承接了许多附加的工作，其工作负荷大大加重。但与此同时，社区建设发展还不平衡、治理主体较为单一、社区管理与服务相对落后等都制约着社区功能的进一步发挥。以"共建共治共享"为核心的全新社会治理理念，是对社会发展规律认识不断深化的结果。

本章内容由以下几个方面组成：首先，通过梳理国内外相关研究，立足共建共治共享视阈下的社区治理理论和现实背景，分析共建共治共享视阈下社区治理体系的内涵与外延，明确社区治理的四大核心要素，即社区公共服务、社区治安、社区政治活动、社区网络与文化；其次，从共建、共治、共享三个角度对社区治理的现状进行阐述和分析，并指出当前我国社区治理问题的制约因素，从而得到目前社区治理存在的一些不足和值得突破的地方；最后，针对社区治理的问题，从模式创新、机制创新两个方面出发提出社区治理的路径与策略。

四 内核要素：人民政治权利现实化

在社会治理中，虽然公民权利政治法律的定型基本保持下来，但存在较大的发展空间，特别是随着时代的发展和社会进步引发对新公民权的探究，如大数据时代公民隐私权的扩展，这些新型权利有待进一步明晰确认和赋予。另外，赋予的社会权利存在不同阶层之间的差别，如社会福利权利存在对弱势群体的忽视问题。社会治理中的公民权利形式过于单一，过于强调物质福利享有权利，未能有效深入和推进公民参与公共事务的权利形式。关于公共权力侵犯公民权利，以及公民对社会治理监督权利不明确，社会治理中的政府权力清单制度较好地规范了公职人员，但社会治理其他主体权责模糊性，致使社会治理中公民的监督权仅仅落在政府一头，而且监督的途径方法过于传统。在社会治理中公民权利被侵犯现象较为普遍，如暴力拆迁、暴力执法的过程往往伴随着公民权利的受损，公民权利的救济渠道、形式较为狭窄，司法救济虽然成为最后一道保护墙，但其成本过高，延迟了公民权利的保护，降低了公民自我维权的动力。加之当前中国进入特色社会主义新时代，社会主要矛盾已经转化为人民日益增长的美好生活需要和不平衡不充分的发展之间的矛盾。社会治理要化解这种不平衡不充分需要以共治为手段，动员人民群众参与到社会治理当中，最终实现改革成果的共享。

本章首先基于中国特色社会主义新时代大背景，解释了共建共治共享的社会治理视阈下人民政治权利的理论和现实背景，探讨了人民政治权利的内涵与内容要素，具体包括公民的政治资源获得权、政治参与权、政策议程影响权、政治评价权等方面；其次，回应现实状况，分析社会治理中政治权利如何得以转化和实现，以及政治权利如何在社会治理中得到运用，并对社会治理产生影响，这种影响构成了政治权利行使的效力状况；再次，甄别在社会治理过程中，人民政治权利体系建设中会遇到哪些问题，以及产生这些问题的原因；最后，找出关键因素，明确社会治理过程中人民政治权利体系建设的价值定位，在此基础上，分别从政治权利界域、政治权利的效力、政治权利运用的保障机制等方面，提出共建共治共享的社会治理视阈下人民政治权利体系建设的路径与策略。

五 工具要素：公共服务的多元化供给

所谓公共服务是面向公民提供的，用于满足共同需要的公共产品和服务，具有公众性、公用性和公益性等特点。根据人的需求层次，公共服务可分为生存服务、发展服务、环境服务、安全服务几个类型。中国政府提出了基本公共服务均等化的目标，包括三个基本点：一是保障人类的基本生存权，政府及社会为每个人都提供基本就业保障、基本养老保障、基本生活保障等；二是满足基本尊严和基本能力的需要，政府及社会为每个人提供基本的教育和文化服务；三是满足基本健康的需要，政府及社会为每个人提供基本的健康保障。随着工业化、城镇化进程的不断加快，城乡居民不仅对其享有的生存服务、基本发展权利等基本公共服务的均等化程度提出了更高需求，同时对人身安全、生活环境等公共服务的多样化需求也日益增长。然而，目前我国公共服务大多是由政府供给，存在供给模式单一、供给成本高而效率低、供给的数量和质量不足、供给的城乡差距明显等问题，公共服务的提供已远不能满足社会需要。从理论和实践发展的层面来看，政府不再是公共服务的唯一供给者，私营组织、第三部门等是可以在某些公共服务领域发挥重要的供给作用并显著提高其供给效能的。因此，加快建立政府、市场（私营组织）和第三部门（非营利社会组织）三大供给主体为主的、现代多元化的公共服务供给模式，对加快转变政府职能，提高公共服务供给质量和效率具有重要意义。

　　本章主要围绕以下几个部分展开：首先，在阐释公共服务多元化供给的理论与现实背景的基础上，明晰公共服务多元化供给的内容要素，包括供给边界（即非基本公共服务）、主体网络（政府、市场和社会）以及工具方法（PPP、BOT等公私合作模式）；其次，从实际出发，多角度分析公共服务多元化供给的现状，表明政府在社会治理过程中正面临着越来越多的公共服务挑战，它既要解决传统领域如教育、医疗和社会保障的公共服务问题，又要为新增加的服务投入更多的资源和精力，因此政府的公共服务成本不断攀升，这又对共建共治共享的社会治理提出了新的挑战；最后，针对这些突出问题与挑战，在吸收公共服务供给模式先进经验的基础上，立足于当前我国国情，打破公共服务政府供给垄断现状，构建多元化的公共服务供给模式。

六　标尺要素：人民"美好生活"体验度评价

党的十九大报告宣告中国特色社会主义进入了新时代，新时代的社会主要矛盾是人民日益增长的美好生活需要和不平衡不充分的发展之间的矛盾。新时代中国人民的"幸福感"，较之以往其需要已经发生了很大的改变。人民美好生活需要，跟随时代的发展也在同步"日益增长"，不只有物质文化的要求，也有精神文化的要求；不只有基本范围的要求，也有基本层次的要求；不只有个体社会化的个性要求，也有个体社会化的共性要求。随着人们需求层次的提高，"人民美好生活需要"的"美"和"好"，其客观标准已不是新民主主义革命时期的标准，不是社会主义革命建设时期的标准，甚至也不是中国改革开放初期的标准，而是习近平新时代中国特色社会主义思想中所明确指出的"不断促进人的全面发展、全体人民共同富裕"的标准和要求。这就是说，人民美好生活需要的满足是体现在一个全面性和全体性上的，只有做到人的全面发展、社会的全面进步、全体人民的共同富裕，才能真正满足"人民日益增长的美好生活需要"。从另一方面讲，共建共治共享社会治理正是强调形成有效的社会治理、良好的社会秩序，促进社会公平正义，让人民群众安居乐业，获得感、幸福感、安全感更加充实、更有保障、更可持续，可以说实现人民所向往的美好生活正是共建共治共享社会治理所追求的终极目标，因此，我们认为人民对美好生活的感知度、体验度直接决定了共建共治共享社会治理的水平的高低。

本章内容主要集中在以下几个方面：首先，基于党的十九大提出的"人民对美好生活的向往就是我们的奋斗目标"，梳理人民"美好生活"评价的理论和现实背景。其次，重点明晰"美好生活"体验度评价的内容要素，即人民的获得感、公平感、幸福感。在党的十九大报告中，习近平总书记首次将人民获得感、幸福感、安全感并列提出，深化了对改革目的和发展归宿的认识。那么，能否提高人民群众的获得感、幸福感和安全感必将成为衡量共建共治共享社会治理效果的关键指标。再次，通过明确"美好生活"体验度评价的现状，分析当前人民对美好生活的需求，进而识别出当前共建共治共享社会治理的盲区，为进一步提出治理对策奠定基础。最后，分别从经济发展、政治建设、文化建设、社会建设和生态建设五个角度构建"美好生活"体验度评价指标体系。

七 路径选择：走向社会治理新格局

当前，我国的社会主要矛盾已经发生变化，这是党制定正确路线方针政策的基本依据，也是推进社会治理创新、打造共建共治共享社会治理格局的现实依据。经过改革开放40年的发展，我国社会生产力水平总体上显著提高，但行业间、地区间发展不平衡不充分的问题依然存在。社会建设领域也存在不少问题，如城乡区域发展和收入分配差距依然较大，社会文明水平尚需提高，社会矛盾和问题交织叠加等。人民美好生活需要日益广泛，不仅对物质文化生活提出了更高要求，而且在民主、法治、公平、正义、安全、环境等方面的要求日益增长。这些都对社会治理提出了新挑战新要求，迫切需要我们进一步加强和创新社会治理，努力打造共建共治共享的社会治理格局。但是，走向共建共治共享的社会治理新格局，并不意味着各个社会治理主体地位相等、作用相同、功能一致。习近平总书记多次强调，创新社会治理体制，要坚持完善党委领导、政府主导、社会协同、公众参与、法治保障的体制机制，这就意味着社会治理要由过去偏重追求经济增长转向更加重视推动人的全面发展和社会全面进步，参与主体从政府主导转向社会多元主体共同治理，治理方式从自上而下的单向管理转向多元主体良性互动。

本章包含以下三部分内容：第一，基于利益相关者理论，对共建共治共享社会治理的内涵重新审视，指出"共建"的关键在于发现社会治理利益相关者网络，"共治"的关键在于高效促进社会治理利益相关者参与、合作和创新，"共享"的关键在于精准回应社会治理利益相关者的利益诉求。第二，从宏观角度明确共建共治共享社会治理的运行机制，其中，共建机制包括公众参与机制、公共财政机制、公共伦理机制；共治机制包括合作联盟制、合同外包、项目制、定向委托制；共享机制包括利益协调机制、矛盾化解机制以及社会保障机制。第三，从理论、程序、交易三个层面出发，提出共建共治共享社会治理的实现路径，即构建社会治理利益相关者网络体系、建立各主体间的共治规则、保障各主体共享治理成果。

八 未来发展：社会治理的发展趋势

社会环境的发展影响着社会治理形态。随着以网络性、多元性、高度复杂性为特征的网络社会、多元社会、复杂社会的发展，社会治理要善于运用多种方式方法，实行综合治理，其中现代科技为日益复杂的社会治理创新提供了工具和手段。现代科技越来越发达，对人们的生产生活的影响越来越大，为解决社会问题、社会矛盾、利益纠纷、公共安全提供了便利的条件和手段。但是，现代科技的快速发展也是许多社会问题和社会矛盾产生的根源，带来诸多新兴社会风险。只有趋利避害、顺势而为，才能体现科技发展的应有之义。互联网、物联网、人工智能、云计算、大数据技术等现代信息技术的发展，就是现代科技发展成果的一个代表，它们既为人类带来福祉，也引发诸多社会问题，同时也在改变着社会治理方式，为解决社会治理问题提供便利条件。随着互联网特别是移动互联网发展，社会治理模式正在从单向管理转向双向互动，从线下转向线上线下融合，从单纯的政府监管向更加注重社会协同治理转变。我们要深刻认识互联网在国家管理和社会治理中的作用，以推行电子政务、建设新型智慧城市等为抓手，以数据集中和共享为途径，推进技术融合、业务融合、数据融合，实现跨层级、跨地域、跨系统、跨部门、跨业务的协同管理和服务。

本章重点探讨新时代社会治理发展的挑战和趋势。首先，从时代环境背景出发，明确指出我国进入了以网络性、多元性、高度复杂性为特征的网络社会、多元社会、复杂社会，这一时代背景给当前的社会治理在治理域、治理观与治理术等方面带来了挑战。其次，新的环境与挑战也在呼唤新的社会治理，基于我国社会的网络性、多元性、高度复杂性和不确定性的分析，未来我国社会治理将不断趋于信息化、社会化、复杂化。最后，面对网络社会、多元社会、复杂社会的环境与挑战，在科学研判社会治理的信息化、社会化、复杂化等发展趋势基础上，说明新时代社会治理的发展因应是走向网络社会的大数据治理、多元社会的参与式治理和复杂社会的整体性治理。

第二讲

社会治理的内涵与要素结构

"打造共建共治共享社会治理格局"是习近平总书记在党的十九大报告中提出的最新论断,是中国共产党治理理论本土化、中国话语体系下社会治理发展的新思路、新模式。共建共治共享社会治理是一个复合理论框架,其融合了治理网络、协作治理、元治理、制度主义、资源依赖等诸多理论观照。那么,是否存在着一个整合的理论框架能有效涵摄共建共治共享社会治理的要素结构和运行规律呢?本章将重点构建这一整合的理论框架。

第一节 共建共治共享社会治理的理论渊源

一 协同治理理论与共建共治共享社会治理

协同治理理论应该具有这样几个特征。

第一,治理主体的多元化。协同治理的前提就是治理主体的多元化。这些治理主体,不仅指的是政府组织,民间组织、企业、家庭以及公民个人在内的社会组织和行为体都可以参与社会公共事务治理。由于这些组织和行为体具有不同的价值判断和利益需求,也拥有不同的社会资源,在社会系统中,它们之间保持着竞争和合作两种关系。因为在现代社会没有任何一个组织或者行为体具有能够单独实现目标的知识和资源。同时，随之而来的是治理权威的多元化。协同治理需要权威，但是打破了以政府为核心的权威，其他社会主体在一定范围内都可以在社会公共事务治理中发挥和体现其权威性。

第二，各子系统的协同性。在现代社会系统中，由于知识和资源被不同组织掌握，采取集体行动的组织必须要依靠其他组织，而且这些组织之间存在着谈判协商与资源的交换，这种交换和谈判是否能够顺利进行，除了取决于各个参与者的资源之外，还取决于参与者之间共同遵守的规则以及交换的环境。因此，在协同治理过程中强调各主体之间的自愿平等与协作。在协同治理关系中，有的组织可能在某一个特定的交换过程中处于主导地位，但是这种主导并不是以单方面发号施令的形式。所以说，协同治理就是强调政府不再仅仅依靠强制力，而更多的是通过政府与民间组织、企业等社会组织之间的协商对话、相互合作等方式建立伙伴关系来管理社会公共事务。社会系统的复杂性、动态性和多样性，要求各个子系统的协同性，只有这样才能实现整个社会系统的良好发展。

第三，自组织间的协同。自组织是协同治理过程中的重要行为体。由于政府能力受到了诸多的限制，其中既有缺乏合法性、政策过程的复杂，也有相关制度的多样性和复杂性等诸多原因。政府成为影响社会系统中事务进程的行动者之一，在某种程度上说，它缺乏足够的能力将自己的意志加诸在其他行动者身上。而其他社会组织则试图摆脱政府的金字塔式的控制，而是要求实现自己控制——自主。这不仅意味着自由，而且意味着自己负责。同时这也是自组织的重要特性，这样自主的体系就有更大程度上自我治理的自由。自组织体系的建立也就要求削弱政府管制、减少控制甚至在某些社会领域的政府的撤出。这样一来，社会系统功能的发挥就需要自组织间的协同。虽然如此，政府的作用并不是无足轻重的，相反，政府的作用会越来越重要。因为，在协同治理过程中，强调的是各个组织之间的协同，政府作为嵌入社会的重要行为体，它在集体行动的规则、目标的制定方面起着不可替代的作用。也就是说，协同治理过程是权力和资源的互动过程，自组织间的协同离不开政府组织。

第四，共同规则的制定。协同治理是一种集体行为，在某种程度上说，协同治理过程也就是各种行为体都认可的行动规则的制定过程。在协同治理过程中，信任与合作是良好治理的基础，这种规则的重要性就犹如协同学中的序参量，这种规则决定着治理成果的好坏，也影响着平衡治理结构的形成。在这一过程中，政府组织也有可能不处于主导地位，但是作为规则的最终决定者，政府组织的意向在很大程度上影响着规则的制定。在规则制定的过程中，各个组织之间的竞争与协作是促成规则最后形成的关键。

最后一点需要指出的是，协同治理的基本逻辑建立在对理性世界的信仰之上，相信理性的力量可以化解冲突。但是当人的不理性导致冲突各方的根本利益和原则立场不可调和的时候，协同治理的理念也就失去了它的作用。在某种意义上说，协同治理理论的诞生源于对治理理论的重新检视。而协同学的相关理论和分析方法则为这种检视提供了知识基础和方法论启示。在这里，本书借用"协同治理"（Synergetic Governance）这个词来表明对治理理论的重新检视。因为，治理理论的核心特征就是"协同"（竞争与协作），"协同治理"这个词正好能够反映治理理论的核心特质。用一句话来说，协同治理就是寻求有效治理结构的过程，在这一过程中虽然也强调各个组织的竞争，但更多的是强调各个组织行为体之间的协作，以实现整体大于部分之和的效果。

二 资源依赖理论与共建共治共享社会治理

资源依赖理论涉及以下几个重要假设：首先，组织最重要的是关心生存；为了生存，组织需要资源，而组织自己通常不能生产这些资源，结果组织必须与它所依赖的环境中的因素互动，而这些因素通常包含其他组织；生存建立在一个组织控制它与其他组织关系的能力基础之上。因为组织依赖它的环境中的因素来获得资源，这些因素能够对组织提出要求，而组织也许发现自己正试图满足这些环境因素所关切的事情。组织所需要的资源包括人员、资金、社会合法性、顾客，以及技术和物资投入等。其次，一个组织对另一个组织的依赖程度取决于以下因素：一是资源对于组织生存的重要性，组织内部或外部一个特定群体获得或处理资源使用的程度；二是替代性资源来源的存在程度，如果一个组织非常需要一种专门知识，而这种知识在这个组织中又非常稀缺，并且不存在可替代的知识来源，那么这个组织将会高度依赖掌握这种知识的其他组织。最后，资源依赖理论的一个重要特点是依赖可以是相互的，正如一个组织依赖于另一个组织，两个组织也可以同时相互依赖。当一个组织的依赖性大于另外一个组织时，权力变得不平等。吸收霍利的人类生态学观点，费佛尔和萨兰奇科区分了竞争性互依（在同一市场中运行的组织的特点）与共生性互依（交换资源对于各自生存极其重要的组织的特点）。组织能够采取许多策略来处理它们的互依性。这些策略包括合并、购并、合资企业和其他的联盟形式，以及通过交叉董事会等机制来委派组织代表加入公司的决策部门。伯特吸收了齐美尔、费佛尔和萨兰奇科的理论，进一步提出了"结构自主性"模式来解释共同抉择和公司绩效。伯特认为，社会网络中的行动者将会受益，只要他们避免依赖其他人，在社会结构中占据相对稀疏的（非竞争性的）位置并且受到那些占据相对拥挤的位置的行动者的依赖。应用于产业分析，伯特认为，一个产业将会有利可图，只要它是集中的（即它的成员占据相对稀疏的位置），其他产业在销售或采购上高度依赖于这个产业，而这个产业在销售和采购上所依赖的那些产业是竞争性的（即它的成员占据相对拥挤的位置）。伯特指出，具有这些特点的产业，即具有较高结构自主性的产业比具有较低结构自主性的产业能够获取更多的利润。相反地，只要一个产业高度依赖于另一个高度集中的产业，那么可以说后者限制着前者的发展。利用交叉作为共同抉择的指标，伯特发现，和他的假设一致，产业将试图与那些限制它们的产业成员共同抉择。

三 社会资本理论与共建共治共享社会治理

近年来，社会资本理论（social capital theory）已成为社会学、经济学和政治学等诸多学科理论分析的重要视角。社会资本这一概念已为各学科中的社会科学家所广泛认可，它被认为是用来解释经济增长和政治稳定等现象的一个关键性因素。对于社会资本理论的研究，不同的学者有不同的观点。

（一）双维度：以"结构"和"关系"为内容的社会资本

以奥斯特罗姆为代表的学者在研究社会资本时指出，信任不是社会资本存在的具体形式，而是社会资本的形式与成功的集体行动相作用产生的后果。奥斯特罗姆将信任看作是在参与网络、制度规则反复作用于集体行动的过程中而逐渐产生、强化。当然，信任是否作为网络合作和集体行动成功的价值基础而先于网络、规则的产生也值得进一步商榷。总之，奥斯特罗姆认为信任并不是社会资本语义范围内的一项具体内容，信任作为社会资本被期待的一种功能产物而产生于社会资本诸多元素相互作用的过程中。信任也会巩固社会资本，促进社会资本的再生产。

（二）三维度：以"认知""结构""关系"为内容的社会资本

部分学者主张认知维度的信任、结构维度的网络以及关系维度的规范共同构成了社会资本的内容。这部分学者指出，"信任"到底是社会资本的结果还是社会资本的起因，这个命题缺少考量的理论基础和现实依据。毋庸置疑的是，信任产生和深化是一个过程，它不是直接产生于网络和规范相互作用的诱导之中，而是与参与网络的拓展和规范约制对象的扩大是同步进行的。信任又可以扩大网络的交互半径，提升制度规则的规制功能。在这样一个循环往复的过程中，信任和网络、规则处于同一时空域，它们之间是一种互相促进的关系，因而有理由将网络、规范以及信任同时看作是社会资本的存在形式。此外，有的学者认为社会资本包含的内容比较宽泛，网络、信任、互惠以及规范等都是社会资本的具体存在形式。笔者认为，虽然社会资本内容会因具体社会结构的不同而发生变化，但是，网络始终是社会资本得以产生和发挥功效的载体，互惠、规范是社会资本生产的投入要素，而信任是社会资本的实质性内容。

（三）社会资本的测量

有关社会资本的测量一直是学者们诟病社会资本的存在价值的焦点问题。的确，社会资本包含了太多价值层面的东西，而且社会资本会因研究主体的不同、环境的不同而发生变化，社会资本的测量凸显出较大的不可量化性和动态性。然而，要想测量社会资本，就必须把概念化的抽象名词具体化为一些可度量的指标。那么，构成社会资本内容的网络、规范和信任就成为测量社会资本的基本指标体系。

网络的测量。普特南认为网络是诸如邻居、联谊会、合唱团、合作社、俱乐部等民间组织以及他们之间相互联结的内部机理，即网络节点形态。网络可细化为民间组织数量、社会参与率、组织成员的资格等具体化的指标。由于数据的可获得性，网络常常被作为社会资本的一项重要指标而被加以测量。值得指出的是，诸如民间组织数量、社会参与率等这些可量化的指标测量的仅仅只是网络的规模和形态，并没有测量出网络联结的内部机理。

规范的测量。规范的建立是为了让网络内的互动行为更具预测性。规范指明什么样的行动是合乎体统或正确的，规范的实施常伴以某种激励措施，奖励遵守规范的人而惩罚违反规范的人。规范作为社会资本的一项测量指标，界定其内容边界较为容易，但是规范很难进行量化，因此鲜有学者采用这个指标。

信任的测量。普特南指出信任是社会资本的核心组成部分，具体指社会组织成员间的相互依赖。一般情况下，学者们将组织之间的合作频率、组织成员的相互认可度以及组织成员行动的一致性作为测量信任的操作化指标。由于信任是社会资本的核心内容，一些学者还将其单独作为社会资本的测量指标。但是，信任属于价值层面的概念，其可能根据考量主体的不同、社会结构的不同而具有不同的概念集合。因此，在将信任进行操作化的测量时，要根据具体情况的不同选择不同的细化指标。

四 新制度主义理论与共建共治共享社会治理

新制度主义理论的核心特征可通过与制度主义理论的对比中加以阐释。

（一）从正式制度到非正式制度

新制度主义者认为，现代政治、经济和社会生活中的主要行动者当属各种正式的组织，如国家、政党、议会、官僚机构与利益团体等，它们主导着当代政治、经济生活。但是制度不再等同于政治组织，制度也被学者理解为在人类活动中长期形成的习俗、习惯、信仰与惯例等非正式制度，甚至被社会学制度主义流派解读为文化，从而大大拓展、深化了政治制度的理解。新制度主义者认为，非正式制度可以强化正式制度，有时候非正式的惯例还可能支配正式制度。

（二）从宏观制度到中观乃至微观制度

旧制度主义时期，学者们主要致力于政府的正式制度和与此相关的宪法文件或法律研究，如运用历史比较方法、描述归纳方法与形式法律方法来讨论国家、主权、宪政体制与联邦制度等。新制度主义者则希望政治研究朝着与政治理论紧密结合的方向发展，而并非回到历史学的历史描述与法律学之法制的制度主义的传统中去。他们转而借鉴了经济学、社会学中的公共选择理论、理性选择理论、组织理论、社会资本理论来理解或解释中观层次的组织现象（如部门、次级部门、团体决策等）以及微观层次的个体行为（如理性算计等）。他们十分重视镶嵌在各种政治经济体系中建构人际关系的正式规则与非正式的程序、习惯、规范与惯例，从而打破了旧制度主义的整体主义观。也就是说，新制度主义不再从整体视角来比较、描述政治制度，而更多地从中观、微观层面来分析制度对不同层面的政治行动者的影响，如劳资结构、政府间关系、工团组织等。

（三）从静态的、独立的制度实体到动态的、嵌入的制度实体

制度因其结构性特征或作为人类长期活动的一种产物而具有相对稳定性。在新制度主义者眼里，制度不仅是一个不变的"东西"，而且更多地表现为一个动态的过程。不过，新制度主义主张，制度不再是完全独立的实体，而是嵌入特定的环境中，如"嵌于各种政治经济体系中建构人际关系的正式规则或非正式程序、习惯、规范与惯例"等[①]；又如历史制度主义流派的路径依赖观、理性选择制度主义流派的制度互动观以及社会学制度主义流派的文化嵌入观点等。

（四）从结构主义到制度主义

旧制度主义倾向关注政治体系宪法意义或者正式意义上的结构特征，如总统制或是议会制，联邦制度或是单一制度等。假如人们能够辨别出某一个政治结构的显著特征，他们就能对政治系统行为做出预测，因为他们认为"结构实际上决定着行为"，而新制度主义认为，是"制度建构了个人选择方式以及对行为的有效塑造"。也就是说，在解释、描述或预测政治行为及其后果时，是"制度攸关"而不再仅仅强调结构的重要性。制度之所以攸关，是因为政治行为是镶嵌在制

---

① ［韩］河连燮：《制度分析：理论与争议》，中国人民大学出版社2015年版，第38页。

度之中，受制度制约或受益于制度所提供的便利。这些制约或便利主要体现在制度界定了行动者的权力、利益偏好、资源与动机等行为的"手段—目的"与"条件—规范"。

（五）从偏好漠视到偏好重视

新制度主义在诠释制度与行为关系时，政治行动者的偏好始终被不同流派作为一个重要的中间分析变量，观念与制度、利益三者的结构性关系一直是历史制度主义流派的关怀核心，社会学制度主义流派更是把不同形式的价值观纳入其分析框架。对于制度变迁的研究，新制度主义认为，要么是因为价值观念的改变，要么是制度与观念之间的冲突。公共治理结构——不同个体的进出与政策工具的选择——不是价值中立的，而是镶嵌在并支撑着政治价值观。总而言之，从"制度"与"制度主义"的视角来看，与旧制度主义相比，新制度主义的确可谓是一个崭新的制度理论。它不仅拓展了制度的内涵与外延，而且提高了制度研究的解释力，在很大程度上克服了"结构与行为"这一经典社会科学问题之争，并且使得制度回归了主流政治学家的视野，推动了行为主义向后行为主义的转变。诚然，在新制度主义发展过程中，依然需要走向新的新制度主义，因为在新制度主义的若干文献中，不同分析途径在方法论上似乎没有交集，对于制度与政治（政策）之间的关系分歧显著，对于产生不同政治（政策）后果的制度也存在着差异。①

五 公共能量场理论

著名学者福克斯和米勒（Fox and Miller）在《后现代公共行政——话语指向》一书中，首次将物理学的"能量场"概念引入公共行政领域并赋予其独特的学科内涵——公共能量场。作为话语理论

---

① ［韩］河连燮：《制度分析：理论与争议》，中国人民大学出版社2015年版，第9页。

的核心概念，公共能量场的提出源于两位学者对官僚制的批判性反思。在福克斯和米勒看来，官僚制的封闭性、自大式话语阻滞了社会话语间的自由对话，导致公共行政沦为官僚"独白式对话"。因此，有必要打破官僚制话语霸权，实现各种不同意向性的话语间的交流互动。他们指出，在以多元参与、责任伦理、去权威化为特征的后现代公共行政语境下，以官僚制为根基的传统公共行政模式已难以适应，公共事务的治理只有依托于能够尊重并包容各种不同话语间自由交流的公共能量场才更为可行。由此，他们提倡公共行政模式从官僚制转向公共能量场，认为"公众感兴趣的话语网络——超越了层级的制度——为公共行政提供了一个可行的模式"[①]。

基于官僚制的缺陷及其在后现代语境中的修正，福克斯和米勒在吸收西方现代哲学尤其是现象学、物理学、构成主义、结构化理论的基础上提出了"公共能量场"。首先，其中"公共"一词挪用和混合了阿伦特（Hannah Arend）和哈贝马斯（Habermas）的"公共领域"概念。但由于包含情境、语境及历史性，"公共能量场"相比"公共领域"一词更为具体和生动。其次，"能量场"是对由人的意向性控制的现象学的在场或当前的描述，即在某一特定情境中谋划未来的积淀性行为（意图、情感、目的和动机）的集合。简言之，公共能量场指涉的是公共政策过程的特定场境，有着意向性的各种话语和能量进行彼此间的互动。

（一）作为公共政策过程的能量场

"最好把公共政策的形成、实施和管理理解成能量场，它是形成围绕着'下一步我们该做什么'这一问题而松散地组织在一起的人类

[①] ［美］福克斯、米勒：《后现代公共行政——话语指向》，中国人民大学出版社2002年版，第144页。

意向性的交叉点。"① 显然，能量场贯穿于公共政策过程的始终。从"公共能量场是表演社会话语的场所，公共政策在这里制定和修订"中不难看出，福克斯和米勒更为强调公共政策前端即决策中的能量场作用。他们指出，相比于传统精英式决策命令或诱导人们服从，公共能量场中却呈现出源头多元化的公共氛围，有利于打破官僚垄断和优选政策方案。

（二）作为多元行动者参与互动的能量场

能量场"把人引向建构理解过程的社会互动"。针对官僚制的"独白式对话"，福克斯和米勒提出了三种对话形式："少数人的对话"仅是精英们的话语场；"多数人的对话"，容易导致表达的无政府状态，不能产生实质性贡献；介于二者之间的"一些人的对话"，虽然存在限制参与之缺点，但突出优点是切合情境的意向性和真诚性。在他们看来，基于公共能量场的对话能实现多元行动者间的参与互动，促成话语间的对抗性交流与协商共融。

第二节　整合化：多源理论系统下的共建共治共享社会治理

综上所述，社会资本理论强调网络的弥合、制度的建立以及信任的发生；协同治理理论的核心在于多元主体的设置、网络自组织的运行以及合作行为的推进；资源依赖理论主张资源获取和交换的行为动机和资源适度依赖的良好状态；而新制度主义则注重制度的历史路径依赖、个体的理性选择以及社会文化的嵌入和形塑。将社会资本理论

---

① Sorensen E. & Torfing J., *Theories of Democratic Network Governance*, NewYork: Palgrave Macmillan, 2007, p. 112.

（Social Capital）、协同治理理论（Collaborative Governance）、资源依赖理论（Resource Dependence）整合到公共能量场理论（Common Energy Field）中，我们构建了一个能有效涵摄共建共治共享社会治理诸要素变量的理论框架：RISC-P 理论框架。其中，共建共治共享社会治理的作用点为公共事务；主体系统的核心特征在于多元的复合化主体；组织架构形式为网络自组织；动力系统涵盖理性选择、资源获取、制度规范、社会文化以及合作协力；目标在于改变公共政策的轨迹；而它们处于对既有政策的路径依赖、各主体间的资源不对称依赖以及政策倡议的情境中。这些要素的具体作用逻辑如图 2-1 所示。

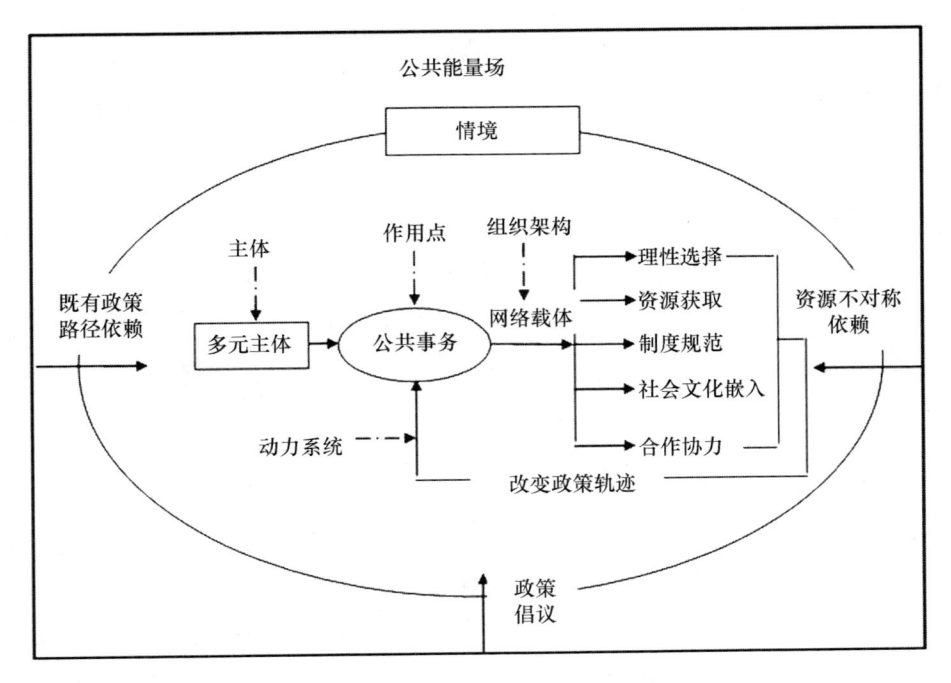

图 2-1 共建共治共享的 RISC-P 理论整合框架

第三节　概念释义与要素结构

一　共建共治共享社会治理的内涵与外延

（一）共建共治共享社会治理的内涵

所谓社会治理，就是特定的治理主体对于社会实施的管理行为。具体来说，共建共治共享社会治理是指政府、社会组织、企业以及公民个人等地位平等、共同参与的主体，运用合作、协调、沟通等治理方式，依法对社会事务、社会组织和社会生活进行引导和规范，最终实现社会稳定和利益协调的过程。

在中国，共建共治共享社会治理指的是在中国共产党的领导下，政府主导，鼓励和支持社会组织等多方治理主体共同参与，对社会公共事务进行的治理活动，这是以实现和维护群众权利为核心，发挥多元治理主体的作用，针对国家治理中的社会问题，完善社会福利、保障改善民生，化解社会矛盾，促进社会公平，推动社会有序和谐发展的过程。[①] 根据党的十九大报告所指出的，中国的社会治理要求党委领导、政府负责、社会协同、公众参与、法治保障，提高社会治理社会化、法治化、智能化、专业化水平。具体来看，在主体上，共建共治共享社会治理是一个包括了政府、社会组织、公民个人等在内的多方共同参与社会事务治理的过程；从客体上看，共建共治共享社会治理的客体具有客观性、复杂性和可控性，是一系列日益复杂的社会事务；从目标上看，共建共治共享社会治理旨在通过多方参与，化解社会矛盾，激发社会活力，实现社会的和谐稳定；从手段来看，共建共

---

①　参见姜晓萍《国家治理现代化进程中的社会治理体制创新》，《中国行政管理》2014 年第 2 期。

治共享社会治理有别于传统的行政管制和社会管理,主张以合作、沟通以及协调的方式解决现实问题。一言以蔽之,共建共治共享社会治理本身就是一个社会多方参与的合作协调解决社会事务的社会行动过程,在这一过程中逐渐形成党、政府、社会、人民对社会治理各司其职、各负其责、不缺位、不越位、合力共谋的治理格局。

(二) 共建共治共享社会治理的外延

社会治理之共建。共建即社会各方共同参与社会建设、治理与发展。共建包括三个层面的内容,即社会事业建设、社会法治建设以及社会力量建设。社会事业建设方面,包含了教育、就业、医疗、卫生、社保等在内的基本公共服务建设,在这一过程中,共建体现为政府通过政策引导,鼓励、支持包括公民、社会组织在内的各种社会力量和各类市场主体参与公共服务建设,推动社会事业向前发展。社会法治建设方面,党的十九大报告提出,要坚持以人民为中心的发展思想,使人民获得感、幸福感、安全感更加充实、更有保障、更可持续,但是人民的幸福感、获得感、安全感需要制度的保障。因此,政府在相关法律法规以及政策制定过程中,要充分考虑公民的意愿,除了担当领导者、主导者的角色之外,必须形成社会各方以及广大人民群众的民主参与机制。社会力量建设方面,一方面,要求社会组织自身要提高社会参与的积极性,发挥参与社会建设和治理的主动性;另一方面,社会组织的良好发展离不开政府的支持与帮助,党和政府应该进一步认识到在进入新时代的背景下,社会治理的现代化建设需要更多社会力量的参与才能实现,而社会组织作为政府部门与社会力量互动的关键支点,是参与政府管理的重要伙伴,是公共服务均等化的有效推动者,是社会和谐稳定的影响者。因此,促进社会组织健康发展,激发社会力量参与共建社会治理的能力和活力。

社会治理之共治。共治即社会各方共同参与社会治理。在当今社会,随着公民意识的觉醒,人们的权利保障、价值实现受到极大的关注，更多的人愿意发挥自身力量、参与到社会治理过程中去。正如马斯洛需求理论所展示的那样，当人们较基础的其他需要都得到满足之后，人们对自我实现的需要就会更加强烈，表现为当前人们对民主、法治、公平、正义和个人价值实现的渴望。打造共建共治共享社会治理首先就要为人民创造共治的条件。一是调整政府与社会力量的对比，真正实现社会治理的社会化。根据当前社会治理面临的形势，党的十九大报告从推进制度建设的角度，提出了打造共建共治共享的社会治理格局的思路和要求。报告强调指出，要加强社会治理制度建设，完善党委领导、政府负责、社会协同、公众参与、法治保障的社会治理体制。但整体来看，在治理过程中依然存在政府过多领导、主导的现象，社会力量参与的被动性、薄弱性较为明显，只有取长补短，发挥各方优势作用，才能实现"共治型"社会治理。二是支持社会力量在供给侧改革方面发挥作用，应该看到随着供给侧改革的深入推进，社会组织培育将成为其中重要的一个环节。因此，在社会治理、公共服务供给过程中，政府通过购买社会服务积极与社会力量互动，支持和引导社会力量在社会治理中承担更多的责任与义务。三是社会治理共治要充分考虑基层的自治能力，积极落实基层群众自治制度，实现民主选举、民主决策、民主管理、民主监督的规范化、制度化、科学化，进一步保障公民的社会参与权利，推动基层社会治理的共治化。

　　社会治理之共享。共享即治理成果由全民共同享有。习近平总书记指出，党和政府追求的发展是造福人民的发展，追求的富裕是全体人民共同富裕。但是也要看到，治理成果跟地区的经济发展水平息息相关，不同的家庭、群体、城乡、地域之间依然存在较大的差距。因此，社会治理是否取得长效成果，是以全体人民是否共同享受到了治理成果作为判断标准的。要实现治理成果的共享，一是要政府拥有克服一切困难的决心，正如习近平总书记所指出的，"只要还有一家一户乃至一个人没有解决基本生活问题,我们就不能安之若素;只要群众对幸福生活的憧憬还没有变成现实,我们就要毫不懈怠团结带领群众一起奋斗"。二是政府拥有治理的清晰思路,按照"守住底线、突出重点"的原则,保障低收入群体和弱势群体的基本生活,推动基本公共服务的均等化,使治理成果能够普惠社会大众。三是治理成果的共享需要坚实的制度保障。有效的社会治理需要多方面多层次的制度保障,既包括迫使人们服从的正式制度和规则,例如明文规定有严格惩奖措施的法律和各种规章制度,也包括人们同意或认为符合大家利益的各种非正式的制度安排,例如伦理道德规范、风俗习惯、村规民约、社区公约等。只有实施良好的、规范性、可操作性的制度保障,才能使人民群众在幼有所育、学有所教、劳有所得、病有所医、老有所养、住有所居、弱有所扶上享受到社会治理所带来的好处。

二 共建共治共享社会治理格局的要素结构

(一) 治理主体的多元参与

随着经济社会的快速发展,社会各主体之间的利益关系越来越多元化、个性化和复杂化,这为推动社会治理现代化增加了不少难度。我们通常将治理的主体分为国家、社会和市场三类,但由于现代社会事务的复杂性、多样性,使得社会治理开展起来千头万绪,因此政府除了自身发挥主导作用之外,还必须协同社会组织、公民等共同参与社会公共事务的治理,形成有序、稳定、联动的治理局面。特别是非营利性的社会组织,它们在社会治理过程中具有举足轻重的作用,其所具有的自愿性、非营利性、自治性等可以很好地弥补政府的不足,从而填补政府治理的空缺,同时非正式组织也能更好地反映公众利益诉求。公民个人作为治理主体进行社会事务的管理,能够提高他们的参与度,有助于真正解决与他们密切相关的社会问题。因此,面对社会组织等各种社会自治力量的快速发展,政府需要正确引导其发挥自身优势作用，鼓励其积极参与社会治理领域，增强社会发展活力和提高社会治理水平。因此，党的十九大明确指出，"加强社会治理制度建设，完善党委领导、政府负责、社会协同、公众参与、法治保障的社会治理体制，提高社会治理社会化、法治化、智能化、专业化水平"。这是顺应经济社会发展的必然选择，有助于推动形成由政府、社会组织、志愿者等多元主体共同参与的社会治理格局。但是，在共建共治共享社会治理格局中，相对于以政府为单一主体的社会治理模式，多元主体在共同参与的社会治理模式中所扮演的角色有实质性的变化，这表现为政府实现了从"行政管制"到"服务供给"的转变，而社会力量从"被动接受"转变为"主动参与"，这就使得在社会公共事务治理过程中，各个社会治理主体通过合作或政府主导社会协作来共同解决社会各种矛盾与利益冲突，在不断平衡与调整中达到各自的利益目标。

（二）治理客体的多元复杂

在某种程度上，国家治理的过程就是治理主体领导和组织社会成员贯彻实施国家治理要求的过程。治理客体，是相对于治理主体而言的。人是社会实践活动的主体，但是，聚焦到国家治理活动领域，社会成员既不是绝对的治理客体，也不是绝对的治理主体，甚至可以说，大多数社会成员在国家治理中处于客体地位。治理体系是对国家行为的规定与支撑，是对个体行为的规范与制约。[①] 可见，在遵循治理体系基础上实施国家行为的主体，在治理活动中处于治理主体地位；而进行个体活动的社会成员，在治理活动中处于治理客体地位。治理体系总是由具体的人来操作的，治理活动终究也是由人来掌控的，所以，在某个治理领域，有些社会成员肯定处于主体地位，另一

[①] 参见包心鉴《论治国理政新理念新思想新战略的现代化价值指向》，《中共杭州市委党校学报》2016年第2期。

些社会成员则处于客体地位。但在另一治理领域，情况可能会相反。从宏观层面来看，治理主体和治理客体二者之间并没有明确的界限，而具体到某个治理活动和领域，则可以明确哪些社会成员属于治理主体，哪些社会成员属于治理客体。国家治理的对象包括很多内容，但最基本的治理单位还要落实到人，尤其是对人的行为约束上。人的行为是由人的思想支配、素质支撑的，国家治理固然可以强制约束人的行为，也可以通过制度设计规范人的行为，但是，在治理活动中使社会成员的思想观念符合国家治理的理念、公民素质符合国家治理的要求，才是实现国家治理现代化的治本之策。简言之，推进国家治理现代化，无疑还得由公民的现代化思想观念和素质来支撑。因为无论哪个社会成员，不可能在所有治理活动中处于治理主体地位，所以，治理客体在多层次、多领域的范围中包含一个国家的所有公民。[1]

（三）治理工具的多元配合

国家治理体系就是规范社会权力运行和维护公共秩序的一系列制度和程序。[2] 治理体系的基本功能，就是维护和构建社会秩序，它不仅是对治理客体的约束，也包含对治理主体的规范。因此，治理体系是否科学、合理，对一个国家能否实现有效治理起着决定性的作用。一个国家的治理水平，是由治理体系的现代化程度来体现的。如果在现代化进程不断推进的社会，治理主体仍然用传统的治理工具处理当今面临的复杂治理问题，不仅是不合时宜、与现实脱节，而且解决问题时不能发挥作用甚至起反作用。第一，治理工具为治理客体提供行为规范和要求，以使其遵循治理理念和要求而"不逾矩"，在此基础上保障社会有序运行。第二，治理工具同样也制约治理主体的行为，

---

[1] 参见张伟伟《推进国家治理现代化的三条主线——治理主体、工具、客体研究》，《中共云南省委党校学报》2015年第4期。

[2] 参见俞可平《衡量国家治理体系现代化的基本标准》，《北京日报》2013年12月9日第5版。

使其合理运用自身权力，而不侵犯治理客体的权利。因此，治理工具的现代化，不仅是社会政治经济现代化的必然要求，也是政治现代化的重要标志；不仅是实现国家治理现代化的重要抓手和根本要求，也是中国特色社会主义现代化事业发展的重要保障。为此，必须"从制度上保证党和国家政治生活的民主化、经济管理的民主化、整个社会生活的民主化，促进现代化建设事业的顺利发展"。但是，实现治理工具的多元配合，并不是治理主体所能独立完成的，需要治理客体一同致力于治理工具的创新、完善和发展，以使其更加适应现代社会的发展和需要，保障全体社会成员的权益。

（四）治理过程的多元互动

共建共治共享社会治理必须强调"过程"，在这里，"过程"的含义是社会治理的动态性、发展性和延续性。也就是说，社会治理是在不断发展变化的社会经济背景下进行的，所以需要多元主体共同参与，强调各主体之间的"互动"。与此同时，多元主体共同治理并不是以往的政府行政管制模式，可见它不是采用命令—服从的方式，并不是自上而下的过程，它要求政府在社会治理过程中扮演的是引导者的角色，这是一个多元互动的过程。各治理主体在治理过程中相互合作包容，为处理社会公共事务共同努力，能够得到事半功倍的效果。因此，政府必须引导社会成员在一个广泛的基础上达成利益共识，使多元主体都能合理表达自身的利益诉求，鼓励其在相互沟通协作过程中达成共识，由此构建起适合多元主体参与的治理框架。只有各主体在治理过程中都能积极发挥自身作用，相互沟通配合，共同为公共事务治理发挥作用，共建共治共享社会治理的新格局就能取得新进展。另外，党的十九大报告明确指出，"必须坚持人民主体地位，坚持立党为公、执政为民，践行全心全意为人民服务的根本宗旨，把党的群众路线贯彻到治国理政全部活动之中"。因此，以人民为中心的治理思想应当贯穿治理的全过程，在各主体多元互动的过程中要确保基于人民群众的利益角度去制定治理策略。此外，通过加快社会主义协商民主的建设，也可以促进协商形式的多样化和协商内容的丰富性，提升协商水平，以此调动群众在社会治理中的积极性和主动性，从而在社会治理过程中实行多层次、多渠道、多方位的协作互动。

（五）治理效果的多元保障

多元共治涉及多个治理主体，使得其能够实现较为全面的权利保障，而不再局限于以往的公权力，私权和公私权的混合都可以得到很好的实现。因此，在处理一项社会公共事务时，可以很好地做到权利主体间的协商，及时沟通以及责任分配和采取及时的救济措施等，这相对于管制型治理模式而言是一个非常具有竞争力的优势。首先，确立社会治理的宗旨，使其走上制度化的轨道，树立全民共同协作的理念和目标。政府需要充分调动和发挥公民在社会治理过程中的自主性，明确实现以人为本的社会发展过程为我国政府社会管理的根本目标。政府的一切权力来自人民的授予，政府的作用就是保障公民正常行使权利，社会治理应该实现政府与社会想合作的状态。其次，治理主体多元化之后就自然而然出现了责任谁负这样的问题，因此要确立治理主体责任化。虽然这是非常重要且必不可少的一项，但是不可否认，对于责任的确定、对于责任制的规范真是太难了。社会治理强调合作、强调互动，其治理主体就有很多，除了党、政府、社会组织等还包括一些自治组织以及民众，所以说从主体上就很难确定各主体承担责任的大小及范围。最后，应当强化依法治理理念，善于用法治思维和法治方式治理社会，按照法治观念和法治逻辑去观察、分析和解决社会治理中遇到的问题，自觉将法律付诸社会治理实践，推动形成办事依法、遇事找法、解决问题用法、化解矛盾靠法的法治氛围，而不应通过法定程序外的机制解决纠纷。应当创新依法治理方式，依据法律规定的权限履行职责、行使职权，确保一切执法司法活动于法有据，实现社会治理方式从管控规制向法治保障的转变。

第三讲

社会治理的环境要素

公共安全是社会治理的重点,党的十九大报告中谈到的化解社会矛盾、实现安全发展、加强防灾减灾、完善社会治安防控体系等,均是构建公共安全体系的重要内容,并在报告第八部分"提高保障和改善民生水平,加强和创新社会治理"进行详细阐释。党的十九大报告提出"打造共建共治共享的社会治理格局"的思想,为新时代加强和创新社会治理、完善公共安全体系指明了方向。

第一节 公共安全体系共建共治共享的理论和现实背景

一 公共安全体系共建共治共享的理论背景

(一)风险社会理论

"风险社会"一词的提出者是德国社会学家乌尔里希·贝克(Ulrich Beck),最早于1986年出现在其出版的《风险社会》一书中。贝克使用"风险社会"来形容从工业社会过渡到后工业社会所面临的各种风险,他在对人类的生存发展、社会结构的变迁所遇到的风险进行深刻的思考后,提出了其核心理论——风险社会理论。

贝克的风险社会理论将"风险"(risk)视为最基础的概念,是建构其理论的基石,也是其社会学思想的核心内容。在《自由与资本主义》一书中,贝克剖析了"风险"的本质:"风险概念是一个现代性的概念,是个指明自然终结和传统终结的概念",换言之,"在自然和传统失去它们的无限效力并依赖于人的决定的地方,才算得上风险"①。贝克认为"风险至少是产生于工业社会时期,甚至也有可能出现于人类社会刚刚诞生时期。一切具有主体意识的生命,都能够感受到死亡的危险。人类社会历史上各时期的社会形态,从某种意义而言都是一种风险社会"②。

贝克将风险社会划分为两个阶段:工业社会和风险社会。第一阶段,他称之为工业社会。在此阶段,"它作为民族国家的工业社会在进步乐观主义盛行的情况下否认一切风险。在公众的认知里,占据主导地位的仍然是进步的观念、财富生产、工业生产、保障就业岗位,而其他的一切都遭到否认"③。第二个阶段,他称为风险社会。在此阶段,"风险意识已经普遍被认可,一切后果都是由现代化、经济化和技术化发展不断加剧所造成,这些后果毋庸置疑地让那种试图通过制度使副作用变得能够预测的做法受到挑战,并使它成了问题"④。

贝克认为风险社会是社会现代性的必然产物,现代制度、个人主体性以及科学技术在全世界的快速蔓延导致了风险社会的产生。风险社会认为工业化所造成的副作用具有一定的可控性,因此风险社会是一个通过精妙设计的制度化解决方法来预防不可预知事情的反思程序,是一个经过巧妙设计的控制社会,它将针对现代化所造成的风险

---

① [德]乌尔里希·贝克:《风险社会》,江苏人民出版社2004年版,第54页。
② [德]乌尔里希·贝克、约翰内斯·威尔姆斯:《自由与资本主义——与著名社会学家乌尔里希·贝克对话》,浙江人民出版社2001年版,第131页。
③ 同上书,第160页。
④ 同上书,第125页。

而进行的控制要求扩展到未来社会。[1] 贝克在《风险社会的再思考》一文中对风险社会进行重新梳理，总结了八个要点：（1）既非毁坏也非信任（安全），而是真实的虚构；（2）"一直"与事实相反的是，一种具有威胁性的未来成为当前行为的影响参数；（3）在"数字化的道德"中，它们结合了事实声明与价值声明；（4）在"人为的不确定性"中表现出控制或缺乏控制；（5）在认识或重新认识冲突中显示出来的知识或无知；（6）全球和本土由于风险的"全球性"同时重构；（7）知识、隐藏的矛盾和有症状后果的差异；（8）失去自然和文化二元性的人为的混合世界。[2]

贝克将当今社会视为"风险社会"，现代化、技术化和经济化快速发展所带来的负外部效应，对构建公共安全体系提出了更高要求。十九大报告提出要打造共建共治共享的社会治理格局，其核心是完善公共安全体系，而风险社会的发展更加促进了共建共治共享思想的产生，风险社会理论为共建共治共享的公共安全体系提供了理论基础。

（二）危机管理理论

美国危机管理专家罗伯特·希斯（Robert Heath）于1998年在《危机管理》一书中提出了著名的危机管理"4R理论"，他认为危机管理是指对危机事前、事中、事后所有方面的管理，将危机管理的过程划分为四个阶段，即缩减力（Reduction）、预备力（Readiness）、反应力（Response）、恢复力（Recovery）[3]，这一理论后来被广泛应用于企业、地方政府公共安全体系的设计。不同学者对于危机管理过程的划分无论是三个阶段、四个阶段抑或五个阶段，其核心思想不过是对希斯四个阶段的分解或合并，都没有脱离希斯的"4R"内涵。

---

[1] 参见［德］乌尔里希·贝克、约翰内斯·威尔姆斯《自由与资本主义——与著名社会学家乌尔里希·贝克对话》，浙江人民出版社2001年版，第124页。

[2] 参见［德］乌尔里希·贝克《从工业社会到风险社会》（上篇），《马克思主义与现实》2003年第3期。

[3] 参见［美］罗伯特·希斯《危机管理》，中信出版社2001年版，第300页。

我国于 2007 年 11 月 1 日实施的《中华人民共和国突发事件应对法》将突发事件的应对分为预防与应急准备、监测与预警、应急处置与救援、事后恢复与重建等活动，也是基于希斯的"4R"理论。

公共安全系指公众的生命安全、公私财产的安全和社会的安定，公共安全关系到社会的和谐稳定和健康发展。[①] 完善的公共安全体系是应对各种危机的基础保障，是中国特色社会主义进入新时代的客观要求，是解决新时代我国社会主要矛盾的现实需要，是全面建设社会主义现代化强国的必然选择。因此，如何在希斯的"4R"理论基础上，完善共建共治共享的公共安全体系需要进一步的思考。

二 公共安全体系共建共治共享的现实背景

（一）总体国家安全观的提出

2014 年 4 月 15 日，习近平总书记在主持召开中央国家安全委员会第一次会议时，提出了"总体国家安全观"，党的十九大报告中再次强调总体国家安全观的重要性。总体国家安全观是统领，公共安全是总体国家安全观的核心组成部分，与其既密切联系又相互作用。

何谓总体国家安全观？首先要厘清"国家安全""国家安全观""传统安全观""非传统安全观"的关系。国家安全是在第二次世界大战之后，才逐渐出现在国际政治研究中的一个概念，我国 2015 年 7 月 1 日通过的《中华人民共和国国家安全法》将国家安全界定为：国家政权、主权、统一和领土完整、人民福祉、经济社会可持续发展和国家其他重大利益相对处于没有危险和不受内外威胁的状态，以及保障持续安全状态的能力。国家安全观从某种意义上讲体现了观念的作用和国家安全现实之间的互动，可将其理解为一种保障国家安全的政策观。主权国家之间的利益经常是互相矛盾甚至是互相抵触的，各个

[①] 参见闪淳昌、薛澜《应急管理概论——理论与实践》，高等教育出版社 2012 年版，第 179 页。

国家往往有着不同的安全利益，而对国家利益的不同诉求又导致了在维护国家安全利益时的不同行为模式，从而产生各国对国家安全的不同认识。① 传统国家安全观主要涉及主权国家最基本的生存和安全问题，包括军事安全、政治安全、领土和主权安全等。传统安全观将国际社会视为一种无政府的状态，认为国家是安全的最基本主体，所有安全问题必须围绕国家这一中心。与传统安全观相比，非传统安全观并非只关注和研究非传统安全问题的观念和理论，而是以非传统的安全思维来全面认识并研究非传统安全问题和传统安全问题的观念和理论，从某种意义而言，它是对传统安全观的一种扬弃，是在更高层次上的提炼升级。②

20世纪90年代末，中国政府逐渐由传统安全观向非传统安全观转变。党的十八大报告指出，我国面临着"传统安全威胁和非传统安全威胁相互交织"的情况。2014年4月15日，习近平总书记提出"总体国家安全观"。总体国家安全观不仅关注和强调各种非传统安全问题，也对各种传统安全问题进行了非传统性思考，形成了一种对传统安全问题的非传统性认识，是一种高级形态的非传统国家安全观。③ 换言之，总体国家安全观既强调传统安全又重视非传统安全；既强调外部安全又重视内部安全；既强调国土安全，又重视国民安全；既强调自身安全，又重视共同安全。

公共安全体系的构建，需要充分认识到我国面临着诸多不稳定因素引发的安全问题，将传统安全和非传统安全高度统一于一体，为构建共建共治共享的公共安全体系提供了顶层制度保障和方向指引。

---

① 参见丛鹏《大国安全观比较》，时事出版社2004年版，第95页。
② 参见刘跃进《不成立的"非传统安全"一词》，《华北电力大学学报》（社会科学版）2014年第1期。
③ 参见刘跃进《总体国家安全观视野下的传统国家安全问题》，《当代世界与社会主义》2014年第6期。

（二）转型期的多风险性

在国家现代化建设过程中，存在新旧体制的更替和转变、社会结构的变动和社会形态的变迁，这一过渡时期被称为社会转型期。社会转型需要长时期的过渡，因此必然存在一种"传统"和"现代"交织并存的状态，学术界称为"二元社会结构"。社会的动荡和危机极易产生于社会转型期的过渡阶段，因此，社会转型期成了公共安全问题的频发期，公共安全已经成为转型期国家高度关注的民生问题。

当代中国正处于从计划经济向成熟市场经济转型、从农业化社会向工业化社会和知识型社会转型、从同质单一性社会向异质多样性社会转型的关键时期，伴随着政治、经济、文化与社会的变革，必然存在一系列的风险。[①] 有学者将风险的产生因子称为风险源，包括自然风险源、科技风险源和社会风险源。中国属于多灾害国家，早期灾害防治的重心主要基于传统的自然风险。随着科技的飞速发展，社会矛盾的不断激发，科技风险和社会风险也产生了较大的负面影响。传统的灾害处置模式相对单一，忽略了转型期多种风险源串发和并发的特征，灾害防治的效果和效率低下。以较为常见的地震为例，一次大地震可能会引起泥石流、山体滑坡、房屋倒塌、交通阻塞、生产事故、传染病等多种灾害，如果灾害处理不及时，又可能导致食物哄抢、暴乱等群体性事件。因此，由传统的自然风险诱发了社会风险、科技风险等，对公共安全提出了更高的要求。有学者基于此提出了全面风险治理，即全视域分析、全类别关注、全过程治理、全主体参与、全工具运用的治理模式。[②] 转型期的多风险性，对公共安全体系形成了巨大挑战，全面风险治理重新构建了灾害防治的新模式，其中蕴含着共

[①] 吴金芳、郭镜：《贝克风险社会理论及其对构建和谐社会的意义》，《合肥学院学报》（社会科学版）2006年第1期。

[②] 李尧远、曹蓉：《全面风险治理：灾害防治模式的理想形态——兼论总体国家安全观的学术启示》，《中国行政管理》2008年第2期。

建共治共享的思想。

第二节 共建共治共享的公共安全体系的内涵与内容要素

一 共建共治共享的公共安全体系的内涵

（一）公共安全体系

构建公共安全体系，首先要弄清何谓公共安全。清华大学范维澄教授认为公共安全是指社会公众的生命安全和财产安全，是社会公众从事正常的生产、生活、学习所依赖的安全环境，核心目标是保障人民生命财产安全、社会环境安定有序和经济社会系统的持续运行。[1]

公共安全体系是指政府根据相关法律法规建立的、旨在为社会公众提供安全的生存与发展环境的、确保社会公众生命和财产安全的一整套体制机制，它包括食品药品安全监督机制、安全生产监管体制、社会治安防控体制、应急管理体制等内容。浙江大学余潇枫教授对公共安全体系从"空间逻辑"和"内容逻辑"进行了不同的划分，从"空间逻辑"上将其划分为"国防""境防"和"灾防"，即军事性的、保护主权不受侵犯的"国防安全"，进行出入境口岸非军事性执法的"境防安全"，维护国内各类公共领域的"灾防安全"；从"内容逻辑"上将其划分为生命安全、财产安全、生产安全、公共产品安全和公共场所安全。[2]

（二）共建共治共享

共建共治共享作为创新社会治理的理想目标，体现了执政党治理

---

[1] 参见范维澄《公共安全体系发展与安全保障型社会》，《中国工程科学》2017 年第 1 期。
[2] 参见余潇枫《公共安全体系建构需树立"总体公共安全观"》，《探索与争鸣》2014 年第 8 期。

理念不断深化的过程。从1998年《关于国务院机构改革方案的说明》中首次提出的"社会管理",到党的十八届三中全会首次提出的"社会治理";从党的十七大报告中"实现发展成果由人民共享",到十八届五中全会中"构建全民共建共享的社会治理格局";再到党的十九大报告中"打造共建共治共享的社会治理格局",这一系列的变化,彰显了党和国家领导人社会治理理念的不断发展,是对现实变化和时代特征的精准把握。对于社会治理而言,共建共治共享分别指政府、社会组织、企业和公民等各类主体共同参与社会建设、共同参与社会治理和共享社会治理和发展成果。

（三）共建共治共享的公共安全体系

共建共治共享的公共安全体系是指由政府、非政府组织、企业、公民共同参与建设,共同参与治理,共同享有治理成果,与人们生命安全、财产安全、生产安全、公共产品安全和公共场所安全相关的一套预警、预防、处置与善后的体制机制。共建共治共享三者相辅相成,不可分割,共同作用于公共安全体系建设与效能发挥的整个过程中。共建共治是手段,共享是目的;共建共治是为了实现共享,共享又必须依赖共建共治。[①] 共建与共治二者相互作用,共建是前提,共治是保障,缺乏共建的治理是脱离实际的,缺乏共治的建设也是站不住脚的。因此,共建离不开共治,共治也离不开共建。

二 共建共治共享的公共安全体系的内容

公共安全体系的内容构建从不同的维度可以有不同的界定。按照"空间逻辑"标准,可以分为国防体系、境防体系和灾防体系;按照"内容逻辑"标准,可以分为生命安全体系、财产安全体系、生产安

[①] 参见龚维斌《打造共建共治共享的公共安全体系》,《中国社会科学报》2017年12月15日第3版。

全体系、公共产品安全体系和公共场所安全体系；如果按照管理流程标准，可以划分为公共安全预警体系、公共安全预防体系、公共安全事件处置体系、公共安全善后体系。由于空间逻辑标准和内容逻辑标准都有专门的学科进行研究，本书按照惯例流程标准进行界定。

（一）公共安全预警体系

《中华人民共和国突发事件应对法》第四十二条强调，国家建立健全突发事件预警制度，将可以预警的自然灾害、事故灾难和公共卫生事件的预警级别，按照突发事件发生的紧急程度、发展势态和可能造成的危害程度分为一级、二级、三级和四级，分别用红色、橙色、黄色和蓝色标示，一级为最高级别。第四十四条规定，可以预警的自然灾害、事故灾难或者公共卫生事件即将发生或者发生的可能性增大时，县级以上地方各级人民政府应当根据有关法律、行政法规和国务院规定的权限和程序，发布相应级别的警报，决定并宣布有关地区进入预警期，同时向上一级人民政府报告，必要时可以越级上报，并向当地驻军和可能受到危害的毗邻或者相关地区的人民政府通报。借鉴突发事件这种非传统安全预警体系建构的方法，可以将其扩展到军事、外交等传统安全领域，从而构建符合所有安全领域的公共安全的预警体系。

预警体系的核心是建立畅通的信息收集和传递渠道、科学的分析和处理模型以及权威的决策机制。[①] 传统的预警体系主要依赖于政府的信息管理系统，主体单一，忽视了非政府组织、企业、公民在预警体系中的作用，并且信息管理层级过多，信息传递效率低，往往存在一定的弊端。在公共安全预警体系中，政府与非政府组织应该相互合作，取长补短。但是从目前的实践而言，非政府组织、企业、公民参

---

① 宋洁：《大数据时代城市公共安全预警体系的构建》，《河南工程学院学报》（社会科学版）2015年第4期。

与严重不足。2009年谷歌公司通过对美国几十亿条互联网搜索记录进行分析,成功地预测出甲型H1N1的爆发,而官方要在其爆发之后才能得知。由此可见,企业在公共安全预警体系构建中也应发挥重要作用。

有效的预警体系必须依赖完善的信息管理系统,它能监测潜在的公共安全危险源,及时向社会传递各种预警信息,从而保证各种力量对有关公共安全危险源迅速做出反应,以最大程度减少危机带来的损失。共建共治共享的预警体系构建的是一个范围更广的信息管理系统,强调主体多元化,为非政府组织、企业、公民在危机预警中都能起到相应的作用提供保障。公共安全预警体系关系到社会安全、经济安全、环境安全、生产安全、食品安全等生活的方方面面,而且各种不同类型的安全事件之间,以及不同时间阶段的安全事件之间等都存在密切联系。基于互联网大数据共建共治共享的预警体系,对公共安全事件诱因和演变过程信息进行监测、判断、预警、控制,能够整合、完善、共享公共安全信息资源,规范预警信息的收集、存储、处理、传递、使用、回馈等程序,从而构建一种防御型的安全预警体系。

预警可分为长期、短期和紧急预警,长期和短期预警可以为应对危机留有相应的准备时间,而紧急预警则是针对发生概率极高事件的警报或对已造成危机的报警,它要求立即响应,并启动应急处置系统。显而易见,上述两种预警需要两种不同的安全管理体系:预防体系和处置体系。

(二)公共安全预防体系

东汉政论家荀悦在《申鉴·杂言》中说:"进忠有三术:一曰防;二曰救;三曰戒。先其未然谓之防,发而止之谓之救,行而责之谓之戒。防为上,救次之,戒为下。"在中国古代,人们都懂得预防是解决危机的上策的道理,强调防患于未然。劳伦斯·巴顿在其著作

《组织危机管理》中曾反复强调，组织危机管理预防工作最重要，预防可以将危机扼杀在摇篮之中，降低已发生危机的损失。[①]

传统的预防体系主要是由国家制定的应急预案体系，《突发事件应对法》第十七条明确规定，国家应急预案体系包括国务院制定的总体应急预案和专项应急预案；国务院有关部门根据各自的职责和国务院相关应急预案，制定的部门应急预案；地方各级人民政府和县级以上地方各级人民政府有关部门根据有关法律、法规、规章、上级人民政府及其有关部门的应急预案以及本地区的实际情况，制定相应的突发事件应急预案。

传统的预防体系主要是由政府从宏观的角度制定的战略，虽然也有强调非政府组织、企业、公民等参与，但多处于被动状态，缺乏实际的参与途径，更多的是上传下达、上令下行，难以保证效果。共建共治共享的预防体系其核心在一个"共"字，即强调除了政府外，非政府组织、企业、公民等具有同样的地位，提供了顶层设计的制度保障。共建共治共享的预防体系既要求国家树立危机管理意识、制订危机管理计划、建立危机管理团队、重视危机管理文化建设、加强危机管理知识宣教培训和演练，也要求社会和个人主动参与危机管理工作、树立主人翁责任意识和危机意识、共同参与公共安全预防体系的构建以及危机预防工作的实施。

（三）公共安全事件处置体系

当公共安全受到威胁之后，如何快速地处置危险或危机，降低危机造成的损失，防止事态扩大和次生、衍生事件发生至关重要。《突发事件应对法》第四十八条规定，突发事件发生后，履行统一领导职责或者组织处置突发事件的人民政府应当针对其性质、特点和危害程度，立即组织有关部门，调动应急救援队伍和

---

① 参见[美]劳伦斯·巴顿《组织危机管理》，清华大学出版社2002年版，第305页。

社会力量，依照本章的规定和有关法律、法规、规章的规定采取应急处置措施。

传统的应急处置体系包括先期处置机制、快速评估机制、决策指挥机制、协调联动机制和信息发布机制。[①] 中国建立的是以"属地管理"为主的应急管理机制，地方政府在应急工作中发挥着直接性的作用。经过实践检验，传统的应急处置体系取得较大成效，成功应对了一系列威胁公共安全的事件。但是，转型期的多风险性，危机事件的串发和并发等使得传统的应急处置体系时效性不足，因此构建共建共治共享的处置体系是保障新时期公共安全的新方向。

党的十九大报告指出："加强社会治理制度建设，完善党委领导、政府负责、社会协同、公众参与、法治保障的社会治理体制。"其思想蕴含着强调政府、非政府组织、企业和公民共同参与公共安全应急处置，公共安全的核心是个人的安全，因此离不开个人的参与。构建共建共治共享公共安全处置体系需要传统安全维护力量如军队、外交和非传统安全维护力量的共同参与，从而构建起军队、外交、政府、非政府组织、企业、公民共同参与的公共安全事件处置机制。

（四）公共安全善后体系

《突发事件应对法》第五十九条规定，突发事件应急处置工作结束后，履行统一领导职责的人民政府应当立即组织对突发事件造成的损失进行评估，组织受影响地区尽快恢复生产、生活、工作和社会秩序，制订恢复重建计划，并向上一级人民政府报告。传统的善后体系包括恢复重建机制、救助补偿机制、心理抚慰机制、调查评估机制和

[①] 参见闪淳昌、薛澜《应急管理概论——理论与实践》，高等教育出版社 2012 年版，第 199 页。

责任追究机制。

当影响公共安全的突发事件得到控制或消除后,善后工作即开始。传统的善后体系主要是地方政府负责,上级政府协助的模式,更多强调的是政府参与的善后工作。共建共治共享的公共安全善后体系不仅强调政府的主体地位,同时也明确非政府组织、企业和公民在善后工作中的责任和义务。在恢复和重建工作中,非政府组织、企业和公民同样占据着重要的地位,他们可以提供人力、财力和物资。共建共治共享的善后体系强化了非政府组织、企业和公民的主人翁意识,共同参与危机的善后工作。

共建共治共享的善后体系要求根据突发事件的影响程度,重点做好受伤人员的救助、事发地的重新修建、财产损失的弥补、新闻的发布、舆论的回应、社会情绪的安抚、经验教训的总结、应对策略的完善等工作。对事件造成的财产经济损失,严格依据相关法律法规核实和清偿。政府、非政府组织、企业和公民共同参与事发地的清理和修复工作,政府通过媒体及时回应社会民众对事件的关注,一些社会组织和专业人士,可以通过心理辅导深入事发地做好情绪安抚工作。古人云:"吃一堑,长一智""遭一蹶者得一便,经一事者长一智""前车之鉴"。在善后工作中,要不断总结经验教训,全面提高科学判断、应对复杂局面的能力。

共建共治共享的公共安全体系的构建要坚持以人为本的原则,从全社会、全灾种、全过程、全方位的视角统筹公共安全体系建设,从全国救灾向全国防灾、减灾转变,从政府包揽向政府主导、社会协同、公众参与转变,从事发地政府部门应对突发事件向区域合作、综合协调、军地联动转变。①

---

① 参见闪淳昌《提高应急管理能力 健全公共安全体系》,《中国应急救援》2015 年第 1 期。

第三节 传统公共安全体系存在的主要问题

公共安全以保障人民生命财产安全、社会安定有序和经济社会系统的持续运行为核心目标。[1] 党的十九大报告中从安全、国家安全等角度明确阐述了公共安全体系建设的重要性、意涵以及特征，并对社会生产、社会安全等方面做了工作安排，由此可以看出国家对公共安全体系建设的重视。公共安全关乎整个国家和社会的发展，同时它也与公众的切身利益相关。公共安全问题主要包括国防问题、自然灾害、事故灾害、公共卫生事件、社会安全事件等，并且已经扩展到社会各个领域，关系到每个人的现实生活。当今，中国的公共安全虽然呈现出总体稳定的态势，但面临的风险和问题却在急剧增多：一方面要应对全球化带来的各种冲击以及风险，另一方面要应对国内社会转型带来的不稳定性与脆弱性，[2] 公共安全形势不容乐观。面对如此复杂的情形，传统的公共安全体系暴露出一系列的问题和漏洞，无法适应社会的发展，满足人民的需求。

一　真正意义上的公共安全体系尚未形成

传统意义上的公共安全体系大多着眼于对公共安全事件的处置，而并非真正意义上的公共安全体系。一方面，公共安全事件的处置，只是一种公共安全事件发生后的消极应对，这是一种传统的公共安全理念。但是现代公共安全体系的重点应该是事件的预警与预防，并且

---

[1] 参见刘奕《公共安全体系发展与安全保障型社会》，《中国工程科学》2017年第1期。
[2] 参见余潇枫《中国社会安全理想的三重解读》，《新疆师范大学学报》（哲学社会科学版）2013年第5期。

积极主动、有意识地对公共安全事件的事前、事中、事后进行连续、有计划的治理。另一方面，传统的公共安全体系存在着灾种、部门、条块等方面的"碎片化"倾向，"体系"要求的高度关联性尚未形成。所以，传统的公共安全体系并非现代真正意义上的公共安全体系。

二 公共安全治理主体较单一

当前，我国正处于经济转型、社会变革的阶段，具有高度的复杂性、不确定性、综合性等特点的自然灾害、事故灾难、公共卫生事件和社会安全事件等公共安全事件时有发生。这些事件所带来的损失无法估量，给我国的公共安全体系建设带来了很多挑战。在各类公共安全问题治理的过程中，政府的角色和作用被过度凸显和依赖，而企业、公民个人的"公共责任"并没有充分体现出来，公共安全问题治理主体的"一元化"特征过于明显。长期以来，民众也习惯于在各类公共安全问题发生后去指斥政府的失责与疏忽，在很大程度上忽略了法律对其他诸如非政府组织、企业和公民提出的责任和义务要求。公共安全治理较主体单一，不利于全方位整合社会资源，利用其他社会力量进行治理。

三 公共安全治理专业化程度低

公共安全治理虽然属于公共管理的范畴，但其专业化程度远高于普通的公共事务管理。不论是传统安全事件管理如军事指挥还是非传统安全事件管理，如自然灾害、公共卫生事件等都需要专门的理论和技术，也需要高度专业化的队伍。除了以前零散地分布于各个系统之内的公共安全治理专业队伍以外，我国专业化公共安全队伍尚未形成。在2003年之后我国建立起来的应急管理体系内，很多管理人员从其他公共管理队伍中转移过来，一方面，他们缺乏公共安全管理的系统教育，也缺乏规范化持续性的公共安全管理培训；另一方面，公共安全管理队伍没有被纳入职业化行业化建设行列，管理人员流动性过高，队伍不稳定，专业管理人员的缺乏导致我国公共安全治理的专业化程度偏低。

四 公共安全治理体系"碎片化"明显

公共安全基础设施及资源"碎片化"。公共安全基础设施以及相关资源是整个公共安全系统正常运转的保证。基于我国当前公共安全应急基础设施发展状况，可以发现大部分的基础设施能够形成专业化、网络化运转，但是在一些小的区域仍然存在着分割化的问题，比如公共安全治理中的水电气设施属于不同的行政部门管理，存在着治理"碎片化"问题，无法达到整体合力的效果。同时，在资源方面，政府、市场、社会以及国际资源缺乏整合，存在"碎片化"问题。尤其是政府所掌握的应急资源与市场、社会上的应急资源难以达到共享，不利于公共安全事件的处置。

公共安全救援力量"碎片化"。公共安全救援力量的整合有助于公共安全救援顺利开展。在救援的过程中，需要政府不同部门的力量、政府与其他主体的力量进行整合，达到最佳救援效果。但是在当前"条块分割"的体制下，不同的公共安全事件如火灾、抗洪、疾病传染等事件都属于不同的行政部门管理，即使这种管理方式能够提升专业化水平，但是不利于救援力量的整合，导致"碎片化"问题；同时，政府与市场、社会上的救援队伍力量不均，难以协调和整合，也使得公共安全救援力量"碎片化"。

公共安全治理政策、标准的制定与执行"碎片化"。公共安全政策、标准和法律是公共安全治理的基本依据。自2003年以来，我国公共安全政策、标准、法律建设日益完善，逐渐形成了多部门、多层次的政策标准和法律体系，使得我国公共安全治理有法可依。但是，当前的政策、标准以及法律之间存在很多冲突和矛盾，连接性差，"碎片化"问题严重，使得政策、标准以及法律在执行过程中难以协调，影响了整体合力的发挥。

五　公共安全管理预案效果偏差

当前，我国公共安全应急预案数量庞大，但表现出"上下一个样""走形式做花样"可操作性差等特点。[①] 首先，从省级政府到县乡基层，公共安全应急预案相似度高，越到基层层面，预案大多是照搬照抄上级的预案，没有针对性可言；其次，公共安全应急预案覆盖面窄，尤其是在存在安全生产风险的企业，预案体系的完整性不够，很多事件缺乏应急预案；再次，不少公共安全预案属于"僵尸预案"，没有进行及时必要的更新，一旦灾害发生，就不具有实用性；最后，对于一些巨灾、重特大安全事件、国际安全事件、境外安全事件的预案编写仍然停留在初始阶段，这就使得我们无法积极处置和应对该类事件。

六　基层公共安全体系建设相对薄弱

公共安全的预警预防工作应该从基层做起，基层也是处理公共安全事件最重要的环节之一。但是在传统的公共安全体系建设中，基层的公共安全体系建设并没有得到国家的重视，成了一个比较薄弱的环节。首先，基层的相关应急预案大多搬自上级的预案，并且基层预案大多一编了之、束之高阁，没有很强的实践性和可行性，当面临公共安全事件时可操作性弱；其次，基层相关公共安全机构人员少、编制少，很多人无法"进入"，但是公共安全相关事务较多，使得"人少事多"的情况经常发生；再次，国家对于基层的公共安全体系建设没

[①] 参见钟开斌《中国应急预案体系建设的四个基本问题》，《政治学研究》2012 年第 6 期。

有完全重视，缺乏专项资金来保证其持续发展；最后，基层对于上级的指令、信息接收速度较慢，无法第一时间获取相关信息，使得事件处理效率低。

七 国际公共安全问题缺乏关注

随着全球化的发展，中国在国际社会的地位越来越高且在国际社会中扮演的角色也越来越重要，对于全球的发展中国要充满使命感。当前，世界发展面临很大的不稳定性，各国人民贫富差距日益加大，地区问题频发，恐怖主义、网络犯罪等非传统安全给国际社会带来了巨大的挑战，这就要求中国不仅要关注自身的安全，也要密切关注全球的安全，为全球的发展贡献中国力量。但是在传统的公共安全体系下，我们只是狭隘地关注到当前的国内的公共安全问题，并没有把目光转移到世界范围内，较少关注一些非传统安全问题，缺乏"人类命运共同体"的意识。一方面，不利于中国"走出去"战略的实行，维护我国海外利益；另一方面，缺乏对于将国际公共安全与国内公共安全联系起来进行分析和体系建设的制度设计与实践，不利于总体国家安全观的践行。

第四节 传统公共安全体系存在问题的原因

一 缺乏现代公共安全治理理念

缺乏公共安全预防意识。首先，长期以来政府都习惯于社会的常态化管理，对于非常态的公共安全事件处置缺乏准备及经验，同时在公共安全事件应对过程中，政府容易抱有"重处置轻预防"的思想，这就不利于公共安全预警预防系统的构建。从早期的公共安全事件处理实践可以发现,很多事件的爆发都是由于政府对于某些安全风险的忽视和缺乏对风险的预防而导致的;其次,社会群众对于公共安全事件大多抱有侥幸心理,对公共安全事件的高危性认识不足,这就使得群众缺乏事前预防的意识,面临公共安全危机时无法迅速、及时地采取自救措施,浪费最佳救援时机。

缺乏协同治理理念。首先,在政府方面,由于长期以来受到官本位思想的影响,政府官员法治观念淡薄,担心公共安全事件相关信息公开会给社会民众带来恐慌和压力,所以当发生事件时宁愿将信息隐瞒,同时政府对非政府组织、企业、个人等主体存在错误的认识,认为其没有能力共同应对公共安全事件,从而忽略非政府组织、企业、个人等主体具有的优势,使得传统的公共安全管理主体较单一;其次,在非政府组织、企业、个人等主体方面,他们一直将自身定位为政府管理的对象并从属于政府,被动性强,没有认识到自身是公共安全体系中十分重要的一部分,缺乏参与的主动性和积极性。

"人类命运共同体"的理念尚未深入人心。随着全球化的发展,中国在国际社会的地位日益提升,中国与世界的联系更加的紧密,中国是全球化受益者,也是全球化的推动者。[①] 因此,中国不仅要关注国内公共安全问题,同时也要将注意力集中到全球性的公共安全问题上。但是当前,我国的政府、公众、社会组织、企业等管理主体都缺乏"人类命运共同体"的价值理念,缺乏使命感,没有将全球人民看成一个完整的主体,割裂了中国人民与世界人民的关系,使得当前我国缺乏对国际公共安全的关注。

二 公共安全治理机制滞后

社会参与机制滞后。我国的公共安全治理工作主要以政府为中心

---

① 龚维斌:《打造共建共治共享的应急管理体系》,《社会治理》2017年第10期。

和核心来展开,实践中公共安全治理主体较单一。而社会对突发公共事件教育和培养的长期疏忽,也导致非政府组织、企事业单位和社会公众的参与意识和能力都不足,表现为专业化水平低、无协调和决定权、防范意识薄弱等。公共安全事件处置过程中屡屡出现社会力量不但无法有效参与,甚至被视为"添乱"的尴尬,显示了我国公共安全治理中缺乏社会力量与政府组织进行高效合作、沟通协作的制度化渠道。社会力量参与机制建设滞后影响和降低了我国公共安全治理工作的整体质量和绩效。

信息资源共享机制滞后。在大数据时代,公共安全信息共享能力建设应成为发展战略的重点,而目前仍存在信息共享受阻、业务协同障碍大等问题,符合治理需求的共享机制尚未建立。① 一方面,在政府各部门间,缺乏信息资源共享机制。首先,缺乏完整的公共安全信息基础数据库,特别是一些关于巨灾、重特大突发性事件的数据。当公共安全事件发生时,政府部门很难获取专业的、准确的、及时的数据,不能在第一时间做出判断和应对,从而影响了处理事件的效率。其次,各部门间缺乏信息资源共享平台。在政府内部,各部门基本呈纵向隶属管理,大都听从于上级指令,相互独立,各自为政,缺乏应急联动,难以建立联合指挥机构,无法进行有效的沟通协作,使得信息资源流动性弱,同时由于各部门间工作准则不一、网络沟通不畅、科技水平不够、安全信息保密等原因,目前难以搭建统管共享的信息平台,导致信息无法实时共享。另一方面,在政府与其他管理主体之间,政府对其他主体缺乏信任,担心信息泄露,同时也因为缺乏信息分享平台,无法第一时间将相关信息共享给其他主体,不利于政府与其他管理主体间共同协作。

协调机制不畅。一方面,在政府各部门间缺乏沟通协调机制。其

---

① 参见李明《大数据技术与公共安全信息共享能力》,《电子政务》2014 年第 6 期。

一，缺乏有效沟通、协调的平台。应对公共安全事件时，政府部门大多采取联合会议的形式商讨，在一定程度上可以实现联合决策，但是在救援救助过程中，政府部门的行动大多听命于上级的指挥，自成体系，从而影响了救助的效率。其二，在应对公共安全事件时，每个部门间的通信、组织等运行机制各不相同，各个指挥系统的嵌合度较低。另一方面，在政府与其他管理主体之间，缺乏协调机制。在政府和其他主体间缺乏共同协商的平台以及缺乏协调两者的机构，使得政府与其他主体在公共安全事件的预防、预警、处理、善后等阶段无法高效协作，从而不利于事件的及时处置。

三 法律法规不完善

明确的法律制度是应对公共安全事件的依据，但是在当前情况下，我国的公共安全法律体系并不完善，体现在以下几个方面：首先，我国虽然已有《防震减灾法》《突发事件应对法》《防洪法》《安全生产法》《国家安全法》等相关的法律法规，但是很多公共安全领域并没有相关法律法规，比如我国目前并没有制定关于国际恐怖活动、国际疾病传染、大型群体性事件方面的法律。其次，我国的相关立法层次不高，立法不集中，缺乏协调统一，权威性不强；并且立法内容过于僵硬，缺乏量化与实际的操作细则，没有与实际情况相联系，操作性和规范性不强，整体协调性差，影响了使用。最后，公共安全预案、质量、设备、程序等标准缺乏，这也是导致公共安全治理质量不高的原因之一。

四 保障乏力

公共安全相关基础设施建设薄弱。一方面，我国城市中的诸如应急避难场所、消防设施、危险源近区应急设备等建设缺乏规划，对于次级风险源缺乏关注，系统性的公共安全基础设施建设不到位；另一方面，我国传统的食品、药品、烟花爆竹、煤矿、建筑等行业入门门槛较低，产业结构不合理，企业规模小、数量多、分散广，产业的集约化程度较低，产业素质不高，企业难以应用先进的管理方式、技术设备等，使得企业的安全难以得到保障。

公共安全科技支撑体系薄弱。由于我国经济发展较晚，使得国家的科技水平不及发达国家，限制了公共安全治理的能力。我国的经济基础和公共安全研究基础薄弱，这些年来，我国在公共安全方面的研究取得了很大的成效，但是我们仍无法完全把握事件发生的机理，对公共安全事件的风险识别、分析和评价水平有限，在应急救援设备的研发、预警平台的建立等方面都缺乏专业性的研究，不能有效地识别、评价存在的风险。因此，无法从最大限度上杜绝或减少公共安全事件的发生，无法将事件造成的损失降到最低。

公共安全资金投入不足。由于我国的公共安全体系建设起步晚、欠账大，在公共安全体系建设的资金需求与供给之间存在巨大的资金缺口。各级政府在进行财政预算时，虽然也规划了一定数量的公共安全体系建设资金或灾害防治准备金。一方面，其数量难以满足现实需要；另一方面，这些资金要么难以足额投入，要么常被挪作他用，这是导致装备落后、技术缺乏、基础设施薄弱的原因。同时，引入社会资金进入公共安全体系的渠道狭窄，巨型灾害的保险机制尚未建立，都在一定程度上制约了公共安全体系建设的资金规模。

第五节　共建共治共享公共安全体系的建构路径

当今世界上任何一个政府，能不能有效地应对危机和风险，能不能维护正常的社会秩序，能不能保障人民群众的生命财产安全，已经成为检验政府能否取信于民的重要标志，成为检验政府是否对人民群众负责的试金石。① 面对传统公共安全体系的困境，面对国家治理能力现代化的要求，建立共建共治共享的公共安全体系成为当前各级政府的迫切任务。

一 价值定位：最基本的民生与人类命运共同体

从国内角度看，自20世纪50年代以来，我国的主要矛盾一直是人民群众日益增长的物质文化需要与落后的生产力之间的矛盾，物质文化需要仅仅包含人民对物质、文化的需求，内容较少。改革开放之后很长一段时间内，我国的主要任务就是让人民摆脱贫困，解决人民温饱问题，但是随着我国经济的发展和腾飞，人民的温饱问题已经得到妥善解决，主要矛盾也发生了变化。当前，在我国全面建设小康社会的关键时期，中国特色社会主义发展进入了新时代，人民群众日益增长的美好生活需要与不平衡不充分的发展之间的矛盾就成为我国现阶段的主要社会矛盾。人民群众日益增长的美好生活需要不仅包含了物质文化的需要，同时也体现了人民对民主、法治、安全、公平等方面的需要，民主、法治、安全、公平成了社会建设的重要部分。2015年5月29日，党的十八届中央政治局进行了集体学习，习近平总书记发表了重要讲话，他提出了"公共安全是最基本的民生"，同时还强调，"要树立安全发展的理念，要基于最广大人民的根本利益来认识公共安全问题"。因此，就国内而言，要解决最基本的民生问题，就需要凝聚各个方面的力量，让各类主体全力参与公共安全问题的治理，践行总体国家安全观，构建共建共治共享公共安全体系。

从国际角度看，随着中国国际地位的大幅提升，中国与世界的联系越来越紧密，作为全球化的受益者、坚定推动者和负责任的大国，

---

① 参见闪淳昌《提高应急管理能力　健全公共安全体系》，《中国应急救援》2015年第1期。

中国把构建人类命运共同体作为自己的新使命。党的十九大报告曾经指出，当前世界处于大调整大变动时期，和平和发展仍是世界的两大主题，但是，目前世界发展有很大的不确定性、不稳定性，世界经济"萎靡不振"，地区问题此起彼伏，国际恐怖活动、疾病传染、跨国贩毒等非传统安全问题应接不暇，严重威胁着人类的生存。面对如此的挑战，有必要建立全人类共同参与的共建共治共享的公共安全体系，共同建设和谐、美丽、繁荣、开放的美好世界。

二 主体体系建设路径：角色厘定与分工合作

共建共治共享的公共安全体系首先需要厘清谁能参与、参与者承担什么角色和责任的问题。共建共治共享公共安全体系的主体就是指在构建共建共治共享公共安全体系过程中所涉及的具有权利和义务的组织和个人，他们都与共建共治共享公共安全体系的构建有深厚的联系。具有中国特色的共建共治共享公共安全主体体系需要包括政府、市场、社会、公众以及国际等五大主体，各主体的角色定位是：政府主导、市场补充、社会协作、公众参与、国际合作。整个主体体系可以分为政府内系统和政府外系统，政府外系统主要包括市场和社会两个领域，市场由企业和市场机制构成，而社会狭义上指的就是非政府组织主体，即 NGO。

第一，政府主体主导。政府是共建共治共享公共安全体系的主导者和领头羊，负担着制定总体发展战略，做出制度安排，攻关关键技术，培育与智慧主体救援力量（含军队），推进公共安全文化建设，保障公共安全治理成效，提高公共安全治理能力等重要职能，即带领共建共治共享公共安全体系的建设。共建共治共享公共安全体系的主体体系以国务院和各级地方政府为核心与主导，承担主要主体责任。

第二，市场主体补充。市场机制对于资源的优化配置起决定性作用，因此，构建共建共治共享公共安全体系应该要充分利用市场的作用，突破政府主体治理局限。共建共治共享公共安全体系的构建要尊重市场机制，利用市场经济手段解决保险机制建设、产品生产、技术研发、资金资源补给等问题。

第三，社会主体协作。随着社会的进步，非政府组织凭借自身的资源以及专业性优势在公共安全治理中发挥越来越大的作用，因此我们不能忽视其在公共安全体系建设中的重要作用。要着重培育非政府组织主体，加强政府主体与非政府组织的协作，充分发挥非政府组织在公共安全体系建设中的志愿者动员、灾后民众护理、救灾物资募捐、民间救助力量训练与调动等作用，共同促进公共安全体系社会化、专业化。

第四，公众主体参与。公众是公共安全治理的力量源泉，公众积极有序地参与政府的政策制定和执行，不仅有利于促进政府与公众间的团结，更有利于发挥群众的集体智慧推动社会公共安全的有效治理。[1] 利益受损群体为了维护自身安全利益而成为公众参与的主力军，关注公共安全问题，拥有公共安全意识和较强自我救助能力的公众越来越多，公共安全问题解决的效率就会大大提升。

第五，国际主体合作。从全球范围来看，公共安全治理主体还应该包括他国政府、国际非政府组织等。在国际的公共安全治理当中，不是某个国家积极推进，而是由各个国家政府、一些非政府组织共同推进。因此，在构建国内共建共治共享公共安全主体体系时，我们也要积极构建国际共建共治共享公共安全主体体系，注重两个主体体系的联系和衔接，加强国际合作，共同面对恐怖主义、全球变暖、跨国犯罪、经济危机等具有全球影响的公共安全事件。

---

[1] 参见王莹、王义保《社会公共安全治理中公众参与的模式与策略》，《城市发展研究》2015年第2期。

三 资源体系建设路径：多元参与与充分共享

公共安全体系建设的资源可以分为人力资源、物质资源保障和信息资源，人力资源是公共安全治理的"大脑"，信息资源是公共安全治理的"眼睛"，物质资源是公共安全治理的"手脚"。公共安全治理的成败，很大程度上取决于是否具备了健全的"大脑"、犀利的"眼睛"和麻利的"手脚"，只有真正做到"三位一体"才能使"大脑"想得到、"眼睛"看得见、"手脚"用得上。[①] 因此，建设共建共治共享公共安全资源体系，可以从人力资源、物质资源、信息资源三个方面来探讨。

（一）公共安全人力资源体系建设

人力资源系统是公共安全治理体系十分重要的一个组成部分，它的结构、功能、协作能力直接影响着公共安全治理的效能。根据不同人力资源角色定位不同，我们可以把公共安全体系中的人力资源系统分为决策指挥人员、应急救援人员以及非政府组织人员这三个主要部分。第一，决策指挥人员。公共安全危机事件的应急决策是指为了控制事件的继续蔓延，在有限时间、信息、法规的约束下，决策主体做出科学合理和符合灾情治理规律的救援方案的活动。决策指挥人员在公共安全治理系统中处于核心地位，通常都是政府部门的领导、灾害治理专家。灾害治理专家可能来自政府部门、企业单位、非政府组织或社会公众，也就是说，公共安全的决策主体也存在着"共同"的特征。第二，应急救援人员。应急救援人员可以分为两类，一类是专业救援人员，一类是综合救援人员。专业救援人员指具备专业的处理公共安全事件能力的人员，包括卫生、环保、农业、林业、海事、电

---

① 朱华桂、洪巍：《系统工程视角下的三大应急资源体系建设》，《江苏省系统工程学会第十一届学术年会论文集》，2009年6月，第78页。

力、电信等部门的专业应急救援队伍。这类型的救援人员有三种形成方式：一是政府组建，有编制和财政拨款；二是企业自行组建；三是由行业组建。综合救援人员是由公安、消防、武警、解放军、民兵等力量组成的，特别是公安消防部队。从发达国家的实践中我们可以发现，公安消防队伍是主要的救援力量。在有的国家或地区，也有社会志愿者组成的如消防、公共卫生等专业救护队伍。第三，非政府组织成员。非政府组织成员的主要功能是提供政府无法提供的公共物品，弥补政府在某些功能上的空白。在公共安全治理领域，由于政府在人员结构、资源配置等方面存在缺陷，所以要尽可能地鼓励、激励非政府组织成员积极参与公共安全治理，扩大政府的资源吸收能力。非政府组织成员在公共安全治理的不同阶段发挥不同的作用。在公共安全事件的预警预防阶段，非政府组织成员可以加大对公共安全事件的宣传，提升公众的公共安全意识，并且对公共安全事件进行监控，为公共安全事件的决策提供意见。在公共安全事件发生之后，非政府组织成员可以在人员救护、资金募捐、公众心理咨询、联系国际救灾组织等方面发挥自身的优势，弥补政府资源的不足。从以往的公共安全事件应对实践来看，非政府组织在公共安全治理的各个阶段都发挥了重要作用，与政府同心协力，互相合作，共渡难关。

（二）公共安全物质资源体系建设

从系统论角度来看，公共安全物质资源体系包括科学分析物资需求、物资筹集、物资配置以及物资调度四个流程。第一，科学分析物资需求。科学分析物资需求的第一步，就是对潜在的公共安全风险进行分析和评估，然后做出一定的物资需求预测。然后根据预测进行必要的公共安全物资储备。第二，充分筹集物资。物资的筹集主要采取以下几种方式：动用储备物资、社会捐赠、直接征用和市场购买。第三，优化配置物资。首先要选好物资储存的地址，其次规划实物储备、市场储备以及生产力储备，最后优化物资储备结构。第四，及时调度物资。物资的调度主体由指挥中心、物资供给方、物流中心构成。指挥中心根据公共安全事件的相关信息,指导物资的采购、运输、储备等。物资供给方众多且身份复杂,需要将物资加以整合再送至灾区。物流中心需要对物资进行分拣、加工、包装然后将物资配送到灾区,这样节省了一定的人力、物力,提高了物资从物流中心到灾民手中的效率。在公共安全物质资源体系建设的四个流程中,同样需要政府、非政府组织、企业和公民个人的共建共治,比如,在科学分析物资需求阶段,科学分析更需要统计、趋势预测、各行业灾害防治的专家等,这就可能涉及所有的主体类型;在筹集物资阶段,社会捐赠涉及公民个人、市场购买涉及企业、直接征用同时可能涉及任何相关法人和自然人;在优化物资配置阶段,市场储备和生产力储备都涉及公有企业和私营企业;在及时调度物资阶段,物资供给方可能涉及所有主体。

(三) 公共安全信息资源体系建设

信息是应急决策依据和充分调动社会资源的凭证,公共安全事件的应急响应机制从启动到终止都有赖于关键的信息畅通,畅通的信息传递能力是公共安全系统的"血液"。[①] 如果没有准确、及时的信息资源作为支撑,公共安全体系难以运行。从整体架构上,可以将公共安全信息资源体系分为:基础数据系统、信息联动系统以及应急指挥系统。第一,基础数据系统。基础数据系统有数据收集、分析、应用等功能,包含了基础信息数据(如人口、气象、经济、风俗、预案等数据)和应急信息数据(预案库、专家库、法律库、宣传教育资料库等)。第二,信息联动系统。中国传统的行政体制使得公共安全治理实践中出现了许多专门的系统,例如公共卫生事件系统、火灾系统、

---

① 程惠霞:《"科层式"应急管理体系及其优化:基于"治理能力现代化"的视角》,《中国行政管理》2016年第3期。

地震系统、安全生产系统等系统，这些信息系统并没有产生联动，由此出现了"信息孤岛"的现象。因此，建立信息联动系统，就要求我们突破部门间的障碍，利用科学技术建立跨领域、跨数据库的联动系统，将不同部门的信息资源整合在一起，通过联动平台达到信息资源共享、共同合作的效果。联动的信息包括数据、图像、语音等，联动系统为每个子系统提供统一的信息。在公共安全信息资源体系建设的过程中，政府主导的作用非常明显，除了因为有专门的统计部门外，还因为各个行业和职能部门的统计数据都可以在政府汇总，有的信息资源，政府也可以委托私人部门进行收集，单对公共安全信息资源的处理，除政府外，非政府组织、企业和专家则都可以共同参与。在公共安全治理的过程中，所有主体只有充分享有各自发挥作用必需的信息资源，其才能做出科学的决策，从而采取有效的行动，因此公共信息资源最重要的价值在于共享。

四 行动体系建设路径：文化培育与内外协同

要将共建共治共享的公共安全体系落到实处，要"软硬兼施"，"软"的方面，需要人们在理念上做出重要的改变，这需要培育公共安全文化；"硬"的方面，要使得各个主体能够实现"天衣无缝"般的配合与精准对接，产生协同效应。

（一）培育公共安全文化

公共安全文化是在公共安全理念与公共安全意识以及在其指导下的各种与公共安全有关的行为的总称。由此可见，培育公共安全文化，首先从树立正确的公共安全理念开始。公共安全理念，是社会公众共同接受的安全意识、公共安全的观念和价值标准，是公共安全文化的核心和灵魂。[①] 其一，政府、公众等要树立公共安全预防理念。

---

① 参见饶彩霞《我国公共安全体系风险与对策研究》，《江南社会学院学报》2013 年第 2 期。

长期以来，在社会上的各个群体中，从政府官员到普通民众，从公共部门到社会组织，风险与危机的预防意识严重不足。很多人也意识到这个方面的问题，但不断重复的相似性灾害悲剧的频繁发生还是警示我们，公共安全的预防意识并没有被唤醒，从而导致太多的本可避免的灾害却因为预防不足而不断发生，因此，重视预防的理念必须被树立。其二，公共安全治理主体要树立协作理念。随着社会发展的风险不断增加，公共安全事故日益复杂，同时"全能型政府"模式不适应社会发展，这要求其他主体需要参与公共安全治理中，与政府协作，共同构建共建共治共享公共安全体系，所以，各主体之间要树立积极的协作意识。对于政府来说，要改变传统的将非政府组织、个人等其他主体作为管理对象的想法，将其作为平等的合作对象对待，加强对非政府、个人等其他主体的培养，充分认识其他主体在公共安全治理中的具体功能和定位。对于其他主体来说，要改变传统的被管理者的角色定位，发现自身的优势，提升自身的能力，以更加积极、独立的姿态与政府开展合作。其三，要培育各类主体在公共安全问题治理中的行动能力。除了对政府、非政府组织、企业进行必要的针对其角色和任务分工的训练外，尤其要注意加强对公民的灾害知识教育，提升公民个体在各类公共安全事件发生的自救和互救能力，以最大限度地减少各类灾害性公共安全事件造成的损失。

（二）建立内外协同的运行机制

这里的"内""外"协同有两个方面的含义，一是指体制内主体与体制外主体之间的协同，二是指国内主体与国外主体之间的协同。可以说，"协同"是共建共治共享公共安全体系的灵魂，如果没有"协同"，所谓的共建共治共享不过是一如既往的一盘散沙，在公共安全体系运转的过程中其阻滞与扰乱成本远高于其参与带来的效益。要建立内外协同的运行机制，需要从以下几个方面努力。第一，要完善多元主体治理公共安全问题的法律法规，通过法律的形式界定不同主体的权利和义务，做到各个主体的行动有法可依。第二，建立协调机制。公共安全治理主体之间的协调与配合，关乎公共安全治理工作的高效、及时进行，加强各主体间的协调有利于各主体之间资源的整合，形成处理公共安全事故的合力。因此，构建共建共治共享公共安全体系需要在各主体间建立协调机制。其一，可以通过设立第三方机构，处理政府与其他主体间的日常联系工作，同时也能加强政府与其他主体间的联系；其二，可以定期召开联合会议，集中分析公共安全治理新形式，部署安排相关公共任务。第三，建立考评奖惩机制。构建共建共治共享公共安全体系需要建立政府对非政府组织、政府对企业的考评奖惩机制，政府通过对其考评后汇总信用等级，并根据信用等级对守信的主体进行奖励，而对于失信的主体进行处罚，以确保守法者获得利益，违法者受到制裁。第四，强化公共安全保障体系建设。各个主体能力的发挥有赖于必要的保障，一要完善公共生产安全基础，对一些高危行业实行严格市场的准入，对于一些不符合生产规定的企业不颁发经营执业执照，将公共安全放在十分重要的位置，全面排查重点行业和领域的安全隐患，全面排查治理重点行业和领域安全生产隐患，落实和完善安全生产制度，严格安全生产标准，提高企业安全水平和事故防范能力，坚决防范遏制重特大事故；二要加强科技支撑体系建设，一方面要加快公共安全技术方面的研究，另一方面，加强公共安全信息系统建设；三要加大资金投入，公共安全是第一公共产品，是创造隐性价值的关键基础，必须保证足够的财政投入。第五，加强国内外公共安全问题治理的合作，一要加强国际公共安全应急预案的制定，以便于我国政府、非政府组织等主体对国际公共安全事件的预防和迅速应对；二要加大对国际公共安全问题的研究，培育该领域的专家和专业人才；三要建立统一的国际公共安全问题协调机构，全面协调国内外的相关工作。

第四讲

社会治理的内生要素

党的十九大报告中简明有力的"共建、共治、共享"三词，是党和全国人民社会治理探索的智慧之结晶，它从根本上体现了人民的主体地位。经过党和全国人民的长期不懈努力，中国的主要矛盾也发生了深刻的变化，已转化为人民日益增长的美好生活需要和不平衡不充分的发展之间的矛盾，体现了国家领导人对人民大众的殷切关怀。

心理健康问题是关乎国家繁荣发展的重大民生议题，目前我国仍面临着社会心理服务水平相对滞后，治理的政策法规不完善、体制机制不健全的问题。此外，社会环境中的各种压力和潜在危机也让一些人不可避免地产生消极悲观情绪。[1] 因此，以"全民共建共治共享"为核心的全新社会治理模式应从单纯依靠政府进行管理向政府主导下的多元主体协同治理转变，从单纯依靠行政管理向注重协调、协商、合作转变，充分发挥人民群众在社会治理中的主体作用，依靠群众智慧和力量，不断推进社会治理创新。[2]

---

[1] 参见王俊秀《中国社会心态：问题与建议》，《中国党政干部论坛》2011年第5期。
[2] 参见崔绍亚《构建共建共享共治的社会治理新模式》，《群众》2016年第10期。

第一节　共建共治共享视阈下的社会心理服务治理的内涵及内容要素

从社会心理领域入手，深刻把握社会心理治理的内涵及内容要素有助于建设完善的社会心理服务体系，是为人民谋幸福、实现美好生活的基础。首先，深刻理解社会心理服务的内涵是社会心理服务实践的认识基础。在理论上，社会心理服务是运用社会心理学理论、知识和方法为社会和谐发展提供咨询和服务；在实践上，它需要认识、分析和解决社会现实生活中的一系列实际问题。① 共建共治共享的社会心理服务治理意味着多元主体的广泛、协同参与，既需要国家支持、政府主导，也需要社会组织团体及个人的积极配合，是社会心理学理论在实践中的应用。社会心理服务治理内涵有一定的广泛性，但主要可以从国家、社会和个人三个层面来展开描述。

一　国家心理认同与政治心理认同

国家认同感是一种复杂的认知结构和社会情感，是人们对其存在其中的国家的认可与服从，反映的是人与国家的基本关系。② 国家认同具有某些实在的功能性力量，在保证个人的本体性安全、维系国家和谐发展以及在全球化时代的"维新"国家认同上，都能够发挥非常重要的作用。③ 国外关于国家认同感的心理学研究认为国家认同感是

---

① 参见俞国良、王浩《社会转型：社会心理变迁影响社会舆论引导》，《西北师大学报》（社会科学版）2017年总第54期。
② 参见于海涛等《全球化时代的国家认同：认同内容及其对群际行为的影响》，《心理科学进展》2014年第5期。
③ 参见金太军、姚虎《国家认同：全球化视野下的结构性分析》，《中国社会科学》2014年第6期。

人们对自己的国家成员身份的知悉和接受,是一个包括许多成分的复杂心理结构系统,这些成分可以相对被区分为知识和观念亚系统、情感与评价亚系统,作为认知成分的前者包括了人们对自己国家和人群的知识和相关看法;后者作为情感成分,涉及人们对于自己国家和人群的情感、情绪和评价等方面。[1] 国家心理认同决定着国家的合法性基础,进而决定着国家的稳定与繁荣。而国家认同的核心,是把国家认同放在高于民族(族群)认同的地位,应该通过构造中华民族文化共同的文化基础和文化象征符号的重建,增加民族认同与国家认同的重叠内容,以形成统一的中华民族共同体;把经济社会的区域均衡发展置于今后工作的重心位置,并且通过人口的流动促进人民之间的交流与文化融合;强化国家认同还必须有政策和法规的支撑,譬如,共同的语言、政治仪式、文化符号等的规定。[2]

公民的政治信任与认同也影响国家的稳定与繁荣,对国家政治发展和政权稳定起着心理上的支撑作用。政治认同感即人们对社会主义制度、社会主义价值观、国家施政理念等体现出的情感倾向和态度,决定着人们在民主政治生活中的各种具体实践活动。[3] 政治认同是社会认同的一个重要组成部分,其本质是建立在信任基础上的心理认同,也是较为高级的社会认同。[4] 政治认同即特定的个体或者群体对政府在个体自身或者生活区域内行使的权利表示接受的一种认同感。随着国家经济发展、改革深入推进、素质教育提升、网络平台普及,公民的政治参与意识不断增强、政治效能感不断提高,民众对党和政

---

[1] 参见佐斌《论儿童国家认同感的形成》,《教育研究与实验》2000年第2期。
[2] 参见韩震《论国家认同、民族认同及文化认同——一种基于历史哲学的分析与思考》,《北京师范大学学报》(社会科学版)2010年第1期。
[3] 参见许珍《加强少数民族地区农民政治认同感的政策思考》,《湖北民族学院学报》(哲学社会科学版)2013年第5期。
[4] 参见孙留华《90后大学生政治认同感的影响因素分析》,《湘潮》(下半月)2010年第10期。

府充满了政治信任感和认同感,但对于较低层次的对象尤其是基层政府官员,其政治信任感基本上很低。因此,现阶段对我国公民的政治心理认同进行建构就显得尤为重要。政治决策所涉及的利益分配和整合符合大多数人认可的价值原则,健全的政治权力运行制度,对人民一定程度上的思想政治教育,都对赢得人们对政治体系的心理认同尤为重要。[1] 我国是人民当家做主的社会主义国家,鼓励人民广泛地参与政治,能使人民在国家政治生活中的主人翁地位得到充分体现,最终增强公民的政治认同感、责任感和效能感。

基于社会主义初级阶段的国情,爱国主义和社会主义是两面鲜艳的旗帜,对全民族起着引领作用,是国家心理认同和政治心理认同最深厚的心理基础。因此,要特别注意对社会成员的正面教育,提高全民族的政治素养。

二 社会安全感与公平感心理认知

社会安全感是社会学与心理学相互渗透而引出的概念。社会安全感是个体对社会安全与否的认识的整体反映,它是由社会中个体的安全感来体现的。[2] 安全需要是人类最重要的需要,美国人本主义心理学家马斯洛认为安全感是决定心理健康的最重要因素。社会安全感是反映社会治安状况的重要标志之一,也是衡量社会运行机制和人们生活安定程度的标志。[3] 社会安全感是社会公众对社会生存环境安全及社会内在价值的全面评价与体会,是人们在满足各方面物质及精神需

---

[1] 参见胡圆圆、王远河《现阶段我国公民的政治心理及认同建构》,《廊坊师范学院学报》(社会科学版)2011年第6期。
[2] 参见高岩《当代大学生社会安全感现状及对策研究》,硕士学位论文,沈阳农业大学,2016年。
[3] 参见陈蓉《社会安全福利法律制度研究》,硕士学位论文,重庆大学,2013年。

求后获得的内在确认的幸福感。[1] 与安全感联系最为密切的是人的生命、财产和权利,如财富的迅速增加或因下岗失业使经济收入的骤减、犯罪率的增加、危害人民生命财产的恶性案件的增加、人员流动造成环境的复杂化、人际亲和程度、人际信赖程度、个体对危险或不安全因素的耐受性等都可能影响人们的安全感。[2] 社会安全感的提高是一项长期且艰巨的社会工作,需要政法部门和全社会成员长期不懈地努力。

社会公平感是对社会、团体、组织中公平、公正、正义的认知和感受,反映的是人们根据现有的经济状况、政府政策以及财富分配状况所做出的判断。[3] 社会公平感对于社会的正常运行具有重要作用,而社会公平感心理认知是社会稳定和谐的重要心理基础。[4] 从个体层面来看,社会公平感是行为动机之一,作用于个体的身心健康和正常发展;而从组织层面看,成员的公平感状况与员工积极性、组织效率、凝聚力具有显著正相关;在社会层面,社会公平感对于社会稳定和谐、政府认同度、社会凝聚力具有重要影响。

三 自我发展与实现的心理满意度认知

社会满意度应是人们在对社会满足其需求的程度加以认知的基础上所产生的心理体验,社会满意度分为自身需求的满意度与环境需求的满意度。[5] 本书所探讨的心理满意度与李宁宁等人表述的社会满意度相似,但更加关注自我的发展与实现。

---

[1] 参见张艳煦《论提升社会安全感的法治路径选择》,硕士学位论文,东北师范大学,2016年。
[2] 参见王大为、张潘仕、王俊秀《中国居民社会安全感调查》,《统计研究》2002年第9期。
[3] 参见袁浩、顾洁《社会公平感、政治效能感与政治信任——基于2010年中国综合社会调查数据的分位数回归分析》,《甘肃行政学院学报》2015年第2期。
[4] 参见谢熠《论转型期社会公平感的解释路径与研究取向》,《重庆科技学院学报》(社会科学版)2016年第11期。
[5] 参见李宁宁、张春光《社会满意度及其结构要素》,《江苏社会科学》2001年第4期。

人的发展有其客观规律。就历史唯物主义关于人和社会共同发展的辩证观点来看,一个人的发展水平越高,意味着他自身所具有的品格、能力、社会关系、实践活动的性质和特点及其变化越适合社会的要求。① 在马斯洛看来,人的自我实现是人的最高层次的需要。所谓人的自我实现,是指人通过实践活动,自觉培养自身的个性,发展自身的能力,顺应社会的需要,以不断实现其人生价值和理想的过程,人的自我实现在本质上是人的自觉的存在状态和最高境界。人的价值是人的自我实现的基础,是社会价值与自我价值的统一。② 从这两个角度来看,个体的社会适应性越强,社会价值越被他人所认可,自我发展与实现的心理满意度就越高。

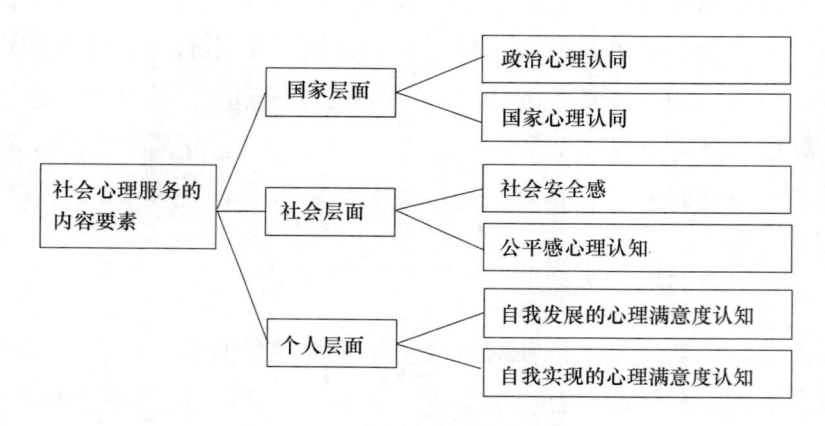

社会心理服务的内容要素：
- 国家层面
  - 政治心理认同
  - 国家心理认同
- 社会层面
  - 社会安全感
  - 公平感心理认知
- 个人层面
  - 自我发展的心理满意度认知
  - 自我实现的心理满意度认知

图 4-1　社会心理服务的内容要素

社会心态反映社会心理。关于社会心理治理的内容要素（如图4-1所示）,不同学者就社会心态的指标体系提出了相似但不完全一致的看法。杨宜音将社会心态的心理层次由表及里表述为社会情绪

---

① 参见吴倬《人的社会责任与自我实现——论自我实现的动力机制和实现形式》,《清华大学学报》（哲学社会科学版）2000年第1期。
② 参见马捷莎《论人的自我实现》,《黑龙江社会科学》2007年第1期。

基调、社会共识及社会价值观。① 马广海确定社会情绪、社会认知、社会价值观和社会行为意向这几个方面为社会心态测量的基本纬度。② 王俊秀则选取了一些具有代表性的社会心理学和社会学概念，将社会需求、社会认知、社会情绪、社会价值和社会行动作为社会心态的指标体系。③ 由此可见，关于社会心态的理解不尽相同，但核心成分基本一致。本课题主要将社会需求、社会情绪、社会认知、社会行为这四个方面作为社会心理治理的主要内容。

第一，社会需求治理是社会治理的核心要素。社会需求反映了人的本质特性，也是社会发展的动力来源。社会需求是在社会发展过程中，人们为满足其当下与未来发展需要，而在需求实践中形成的占主导地位的需求意识、需求关系。④ 现阶段，经济发展为人民提供了丰厚的物质基础，民众需求意识与需求关系也呈现出与以往不同的特征，表现为需求意识增强与需求关系增多。依据马斯洛需要层次理论，从纵向来看，民众的需要层次增多；从横向来看，则表现为需求标准提高。这些具体体现为一系列的矛盾，如家庭解离所带来的刚性买房需求与高房价之间的矛盾；环境污染与人民对青山绿水蓝天的渴望之间的矛盾；良好的工作氛围、合理的工作时间与日益增长的社会生活压力之间的矛盾；频繁的突发事件、网络诈骗事件、社会食品、药品安全问题表现出的"道德滑坡"与人民对生活环境的秩序性、安全性的较高期待之间的矛盾；普遍提高的离职率和家庭冲突与友善的工作环境、幸福家庭生活的向往之间的矛盾；以及参与国家、社会实践的愿望与实际能力跟不上、效能感不足的矛盾。社会需求治理离不开社会供给治理，这在于需求与供给是经济学领域的一对范畴。因

---

① 参见杨宜音《个体与宏观社会的心理关系：社会心态概念的界定》，《社会学研究》2006年第4期。
② 马广海：《论社会心态：概念辨析及其操作化》，《社会科学》2008年第10期。
③ 王俊秀：《社会心态：转型社会的社会心理研究》，《社会学研究》2014年第1期。
④ 鲍宗豪：《论马克思主义的社会需求理论》，《马克思主义研究》2008年第9期。

此，一方面要统筹社会需求与社会供给之间的关系，另一方面也要构建社会需求治理体系，引导社会需求。

第二，社会情绪是社会心态的动力倾向要素。社会情绪是社会需要满足与否的直接体验，是社会心态动力特征的延续和体现，由内在的需要、动机、驱力激发，表现为外在的可感知的情绪。① 它继承了心理的动力特征，在人际和群际互动和社会行动中成为社会心态的能量，推动和调节着社会的运行，它是一定社会环境下某一群体或某些群体或整个社会多数人所共享的情绪体验。社会情绪反映社会整体运行状况，对社会行为具有调适作用。随着社会主义核心价值观的深入人心，当前我国民众的社会情绪总体上呈现出积极态势，由于社会转型和改革纵深推进所伴随的社会不适应性，也不可避免地表现出焦虑、浮躁、相对剥夺感、冷漠、抑郁悲观等消极情绪。

第三，社会认知也是社会心理的高级组成部分。社会认知是指个体对社会性客体和社会现象及其关系的感知与理解，根据对象可以分为自我认知、人际认知、群际认知以及以社会决策为核心的社会事件认知。② 与传统个体水平的社会认知不同，群体水平的社会认知认为群体心理并非个体心理的汇集，强调个体镶嵌于一定的社会结构。因此，社会认知可以理解为社会整体对某些现象的较为普遍的、相对一致的认识，在这个意义上，社会认知与社会共识相似。当某种价值观念普遍地被社会成员所接受时，它便成了一种社会的价值观，社会价值观常隐含于一套社会结构及制度之内，且处于活跃状态，时刻反映着各种客观存在的经济社会政治结构和发展状况。③ 社会主义核心价值观凝聚了社会共识，在创建精神文明的同时能够增强人们对国家和

---

① 王俊秀：《社会情绪的结构和动力机制：社会心态的视角》，《云南师范大学学报》（哲学社会科学版）2013 年第 5 期。

② 李宇、王沛、孙连荣：《中国人社会认知研究的沿革、趋势与理论建构》，《心理科学进展》2014 年第 11 期。

③ 马广海：《论社会心态：概念辨析及其操作化》，《社会科学》2008 年第 10 期。

社会的情感认同。

第四，社会行为是社会需求、社会情绪与社会认知的综合作用结果。从内涵来看，社会行为指的是行动主体在与其他行动主体共同生活或共同活动的过程中，前者对后者造成影响的行为，以及前者在后者的影响下所发生的行为。从外延来看，社会行为包括了人们在经济、政治、文化、教育等各种领域中的各种特定行为，也包括了人们在国家、城乡、社区以及家庭等各种不同生活空间范围中的行为。社会行为既包含了行动主体之间直接地、面对面地联系时发生的行为，也包含了行动主体处于间接联系的条件下所发生的行为；既包含了行动主体有意要影响他人而发生的行为，也包含了行动主体虽不是故意影响他人、但客观上会影响到他人的行为。[①]

每一特定时期都会形成一定的社会需要、社会情绪、社会认知包括社会核心价值观，这些核心要素构成了一个有机体系，影响着个体行为，也决定着社会行为。社会需要是一种动力性结构，它的满足与否直接影响社会情绪。作为社会群体成员共识的社会认知是形成某种社会心态的认识基础，它影响社会情绪，能对社会行为产生重大影响。好的社会价值观能够引导社会的良性发展，推动社会需求的满足、社会认知的塑造和社会情绪的改善。

对于一个社会而言，满足合理的社会需要、监测预警社会成员心理状况、形成积极正向的社会认知、及时化解社会不良情绪、塑造社会价值观、规范和激励有利于社会发展的社会行为，能够营造韧性强、耐力好的社会积极心理，有助于提高社会整体心理健康水平。

[①] 谭明方：《论"社会行为"与"制度文化"——兼论社会学的研究对象》，《浙江学刊》2001年第3期。

第二节 社会心理服务治理的现状分析

良好的社会心理健康水平是国家富强、民族振兴、人民幸福之必要条件。面向广大人民群众提供优质的社会心理服务项目，是保证公民共同参与社会建设、共同参与社会治理、共同分享社会建设、治理成果的重要途径，能够为国家长足发展打下坚实的心理基础。

一 社会心理服务现状

目前，国内不同地区间社会心理服务存在较大差异。钱铭怡等人为了考察国内目前心理治疗和咨询管理方面的地区差异，按照行政区域将全国地区分为华北、东北、华东、中南、西南和西北六个区域，采用自编的调查表对包括全国 29 个省、市、自治区的 1543 名被试进行了调查。[①] 调查的统计分析结果发现，华北、华东地区专业水平较高，各种培训和机构的管理规范比较完善，而西北地区则相对比较落后，体现在专业机构要求不高，以及机构规范欠缺等方面。

国内外心理服务具有较大差异。[②] 在人员素质方面，我国的心理咨询人员与澳大利亚、加拿大、美国、欧洲和日本的心理咨询师相比，学历低、专业差、无规范。在服务范围方面，我国的心理服务领域有限，主要是婚姻情感问题和学生教育问题，而且服务对象也远远不及国外，如日本的服务对象涵盖了从幼儿到高龄老人，从个体到社

[①] 钱铭怡、陈红等：《国内六大区心理治疗和咨询管理状况的调查》，《心理科学》2008 年第 2 期。

[②] 蒋超、娄梦雪、胡维芳：《我国社会心理咨询服务现状及发展对策》，《常州工学院学报》（社科版）2013 年第 3 期。

会团体。服务方式方面，我国仍以门诊咨询为主，收费高于电话和网络咨询。服务效果方面，个体心理服务市场的不规范，我国的心理治疗疗效只具有中等意义。服务所使用的理论方面，心理咨询服务使用的大多数理论为国外来源，本土化理论较少。

二 理论研究现状

党对社会心理服务治理的高度重视吸引了一批学者的研究热潮。研究数量增加，质量提升，特殊性研究不断丰富，关于社会心理服务的研究进入了旺盛时期。总体来说，该方向的研究也存在一些需完善的地方。

首先，关于社会心理的诸多研究方向，一套完整的理论框架体系亟须构建。主要表现为：第一，社会心理研究的综述不足，关键概念表述角度少。一些学者从唯物史观和社会心理学的角度对社会心理的内涵进行了辨析，如《作为社会意识的社会心理》[1]《论马克思主义对"社会心理"内涵界定的实质》[2]《社会心理——一种基于历史唯物主义的阐释》[3]《社会心理：历史唯物主义研究的新维度》[4]《论普列汉诺夫"社会心理"思想的当代价值——基于社会心理视角的分析》[5]。第二，内涵要素不明确，特征以及表现形式不明晰。关于这方面的研究主要集中于社会心理的相似概念——社会心态的研究，如《论社会心态：概念辨析及其操作化》[6]，《社会心态的结构和指标体

---

[1] 李明华：《作为社会意识的社会心理》，《现代哲学》2006年第6期。
[2] 严国红：《论马克思主义对"社会心理"内涵界定的实质》，《甘肃理论学刊》2012年第4期。
[3] 潘梅：《社会心理——一种基于历史唯物主义的阐释》，硕士学位论文，上海师范大学，2013年。
[4] 李厚羿：《社会心理：历史唯物主义研究的新维度》，《理论探讨》2013年第6期。
[5] 张艳涛、杨发玉：《论普列汉诺夫"社会心理"思想的当代价值——基于社会心理视角的分析》，《徐州工程学院学报》（社会科学版）2014年第2期。
[6] 马广海：《论社会心态：概念辨析及其操作化》，《社会科学》2008年第10期。

系》①,《社会心态基本理论问题研究综述》②,《社会心态：转型社会的社会心理研究》③,《近年来国内社会心态研究述评》④,《社会心态研究述评：概念、结构与测量》⑤。第三，以社会心理为核心的治理、服务方法等理论研究还有待开展和深入。体现在以社会心理治理或社会心理服务为主题词相关的文献较少。

其次，理论深度还有待挖掘。社会心理是一个应用性较强的方向，具体研究涉及很多领域，诸如网络、教育、医疗、制度改革、体育、文化等。目前关于社会心理服务的应用型研究层出不穷，如，《唇腭裂患者家属的社会心理支持服务研究》⑥,《老龄化社会心理问题研究和心理服务实践——以江苏为例》⑦,《社会服务购买机制在高校心理危机管理中的应用》⑧,《"群众路线"在社会心理服务类节目中的"分异"传播》⑨,《我国运动心理学家奥运心理服务模式研究》⑩，而一般性研究不足。此外，鉴于这些研究方向通常是个性问题，导致直观分析多，缺乏一定的理论深度。

---

① 王俊秀：《社会心态的结构和指标体系》,《社会科学战线》2013 年第 2 期。
② 欧阳瑜华、刘海燕：《社会心态基本理论问题研究综述》,《理论探索》2014 年第 5 期。
③ 王俊秀：《社会心态：转型社会的社会心理研究》,《社会学研究》2014 年第 1 期。
④ 史亚丽、柳礼泉：《近年来国内社会心态研究述评》,《西南民族大学学报》（人文社会科学版）2015 年第 9 期。
⑤ 石孟磊：《社会心态研究述评：概念、结构与测量》,《江苏科技大学学报》（社会科学版）2016 年第 4 期。
⑥ 马婕：《唇腭裂患者家属的社会心理支持服务研究》，硕士学位论文，沈阳师范大学，2015 年。
⑦ 傅宏、陈庆荣等：《老龄化社会心理问题研究和心理服务实践——以江苏为例》,《中国科学院院刊》2017 年第 2 期。
⑧ 刘朝晖：《社会服务购买机制在高校心理危机管理中的应用》,《思想理论教育》2015 年第 7 期。
⑨ 莫征宇：《"群众路线"在社会心理服务类节目中的"分异"传播》,《传播与版权》2013 年第 7 期。
⑩ 祝捷：《我国运动心理学家奥运心理服务模式研究》，硕士学位论文，武汉体育学院，2006 年。

第三节 社会心理服务治理的问题探究与溯因

社会心理服务是一个历史范畴，它在共建共治共享特定的社会历史条件下发展起来，受多方面因素影响。一个良好的社会心理服务治理模式需要完善的体制机制、系统的体系建设和质量过关的人才队伍三个方面的统合。一个社会的心理健康水平体现社会的文明程度。健全社会心理服务体系，完善社会心理服务治理，及时疏导负性社会情绪，提高社会整体心理健康水平，是构建和谐社会的必要内容，也是促进社会共建、共治、共享的重要途径。近些年，社会心理服务工作取得了长足的进步，但是在一些方面仍存在不足。

一 服务受众范围有待扩大

心理咨询和治疗服务在我国尚处于起步阶段。心理服务的受众群体主要集中于中高阶层人群，不同群体在服务获得上存在极大差距，特别是弱势群体、一般收入的民众。因为中高阶层人群的经济实力相对丰厚，能够消费起价格不菲的心理服务。再者，中高阶层群体的教育水平通常较高，能够认识到心理健康的重要性，投资隐性服务的倾向较强。

全民的心理健康使得全社会的心理健康成为可能。提高受限于经济条件的弱势人群心理健康水平，是提高社会整体心理健康状况的关键。因此，普及更广泛的心理健康服务，必须高度重视基层心理健康服务工作，以使这种社会福利实现最广泛的人群覆盖。学者吴卫东曾为城市社区与农村的心理健康服务体系建设提供了一个可行思路：将心理健康服务纳入社区卫生服务，重视心理健康普查，建立心理健康档案、普及心理健康知识、心理教育和培训。① 农村心理健康服务体系的建设则借助、依托三级（县、乡镇、行政村）卫生服务网络，在人员配备、资金投入、设施建设等方面向三级单元倾斜，以三级单元为核心，组织开展具体的心理健康服务活动，以最大限度地服务基层的人民群众。

二　心理服务方式的多样性有待丰富

根据国民需求服务方式的调查显示，国民所需心理健康服务优先顺序从高到低依次为与亲属讨论、向亲戚朋友咨询、科普宣传、与心理专家面谈、社区健康教育与促进、与医生面谈、网络服务、与精神专家面谈、电话咨询、书信咨询、自我反思；而青少年学生的服务途径居于前列依次为科普宣传、健康教育、向同学朋友咨询、与心理专家面谈、与家人讨论等。② 社会心理服务的方式多种多样，但现阶段心理咨询仍是主流。应用灵活多样的方式进行服务是满足日益增长的社会心理服务市场需求的必要手段。

心理健康知识科普是一种高效且低成本的方式。可以建立以用户需求为中心的大科普模式，充分结合数字化媒体实现心理科学知识多方位传播落地，精准推送公众实际需求的心理科普内容。③

三　心理服务制度建设不健全

目前我国心理健康服务的模式主要有医学、教育和社会三种。医疗机构的心理健康服务主要针对严重的精神障碍和精神疾病，偏重药物治疗的医学手段。教育领域的心理健康服务针对儿童、青少年群体，重在对他们进行心理健康教育和发展指导，预防心理问题的出

---

① 吴卫东：《论和谐社会建设中心理健康服务体系的构建》，《继续教育研究》2011 年第 10 期。
② 黄希庭、郑涌：《中国心理健康服务：基于需求与服务关系的研究》，《心理与行为研究》2015 年第 5 期。
③ 高文斌、樊春雷等：《普及心理科学与建设健康中国》，《中国科学院院刊》2016 年第 11 期。

现，而对严重心理或精神障碍的应对力较弱。社会上众多的心理咨询机构适应性和灵活性较强，但鱼龙混杂，服务质量不高。[①] 劳动部、教育部和卫生部也分别有独立的专业资格认证培训和考试，互不认可对方证书。总体来说，这些服务模式各有侧重，解决了不同的心理健康问题，但三者之间缺乏整合，管理体制各自为政，弱化了心理健康服务的社会功能，对我国心理健康服务工作的进一步发展不利。

四　心理健康服务的考核监督机制尚未建立

鉴于当前社会心理的复杂与敏感性，心理服务领域存在着广泛的社会需求。尽管与心理服务相关的各类社会组织的快速发展缓解了部分社会需求，但同时也酝酿着新的问题。心理服务行业既显示出强大的成长潜力，也显示出国家相应的规章制度跟不上、管理评估机制滞后的问题。要实现覆盖率高、口碑好的社会心理服务，数量供应充足、服务质量过关的心理咨询师队伍是关键。与国外高标准学历以及专业要求条件相比，我国的从业人员是考试至上"批量生产"的产品。这是我国整体社会心理服务质量不足的直接原因，其背后所涉及的认证体系、督查机制也是未来社会心理治理的重点内容。

督查机制是心理健康服务工作的健康发展的保障，职业道德规范是行业性规范的约束力。社会上众多的心理服务机构处于无人监管的状态，既无严格完善的督查机制，也没有统一的心理健康服务人员的职业道德规范，加之缺乏规范要求的工作流程方，导致实践中大量不科学、不专业、不规范的服务行为。治理社会心理服务中存在的问题，需要改革当前政策法规中不合理的地方，建立新的与时俱进的具有良好社会适应性的体制机制。

[①] 黄希庭、郑涌等：《关于中国心理健康服务体系建设的若干问题》，《心理科学》2007年第1期。

五 心理服务认证体系不完善

优质的社会心理服务得益于专业的人才队伍。获得心理服务认证资格的人越来越多,社会整体的服务水平却相对滞后。造成该问题的原因主要有两个:第一,高校的心理学专业侧重基础理论教育,临床咨询与治疗的实操训练是短板,这种培养方式使得学生理论储备深厚而实践能力不足;第二,社会行业培训机构鱼龙混杂,商业色彩严重,为了多招收学员而放宽了认证资格条件,应试教育考核下的持证人员实践技能跟不上。

人力资源社会保障部于2017年9月12日发布了68号文件《关于公布国家职业资格目录的通知》,取消了心理咨询师职业资格。正如吴卫东等所指出,心理服务认证体系构建存在很大问题,表现在:认证授权管理问题(心理服务认证管理缺少相关的政策和法律保障;认证管理的科学性和规范性水平较低;心理服务职业证书发放机构的层次及适用范围有待进一步明确)、认证标准不明确(心理咨询师认证标准对学历、专业背景知识、专业技能、实习经历等的要求太低,缺乏对培训过程的具体要求等)。另外,旧的认证方式被否定,新的公信力更强的行业协会和水平评价组织还未出现,这将产生心理服务人员的空缺,对于社会市场供应需求矛盾产生不利影响。[①]

要搞好社会心理服务队伍建设:第一,要改革高校的心理学相关专业的课程体系建设,设置具有鲜明特色的教学课程,兼顾理论教学与实践环节,从而为社会建立理论素质高、实践技能强的合格服务队伍。第二,要整顿心理咨询服务行业培训机构的不良风气,提高行业准入标准,提高服务人员的业务水平和工作能力。第三,规范、标准、完备的服务体系建设离不开政府的主导作用,这需要政府制定严格的

---

① 吴卫东:《论和谐社会建设中心理健康服务体系的构建》,《继续教育研究》2011年第10期。

心理服务行业标准和守则，形成很好的行业约束力，也需要广大社会群体积极参与，共同探索、创新社会心理服务的新思路、新模式。

第四节 社会心理服务治理典型案例探析

社会心理服务治理是一项依靠国家、社会、个体多方力量的复杂工程。加快中国特色的社会心理建设，完善社会心理服务治理，是实现社会心理和谐的必要手段，对我国经济建设、政治建设、文化建设有着重要作用。

案例1 湖北十堰茅箭区[①]

2016年，湖北十堰茅箭区被列为全国社会心理服务体系建设试点单位。该区按照中央综治办相关部署，遵照"预防为主、防治结合、重点干预、广泛覆盖"的原则，充分运用综治中心和"雪亮工程"建设成果，构建了"党委领导、政府推动、综治牵头、部门联动、社会参与"的社会心理服务体系建设格局，社会心理服务组织实现了区、乡镇（办、区）、社区（村）三级及重点行业领域的全覆盖。

茅箭区社会心理服务工作在创新社会治理、深化平安建设、维护社会稳定上发挥了积极作用，共为辖内群众提供心理服务7.35万人次，排解群众心理障碍6270余人次，预防和化解矛盾纠纷560起、信访积案24件，全区涉法涉诉案件下降83%，信访总量下降58.7%，治安案件、刑事案件和"民转刑"案件同比分别下降31.3%、23.3%、10.4%，全区50%的居民有了自己的心理健康档案，没有新增涉法涉诉案件，没有发生个人极端暴力事件和命案，群

[①] 赵洪福：《社会心理服务体系建设的探索与实践》，《十堰日报》2017年9月21日第8版。

众安全感和幸福感大幅提升。

案例 2　上海市松江区[①]

在开展社会心理健康服务体系建设工作以来，松江区取得了极大的成效：第一，心理服务能力提升。专业机构、社区卫生具有心理咨询师资质的 54 人，其中，专业机构 20 人，社区卫生 1—2 人；7 所高校、2 个大的企业心理咨询室各配置心理咨询师 2—3 名。15 家社区卫生服务中心全部开设心理咨询点，每两周一次提供心理服务半天，一家三级综合医院开设精神科。社区卫生、高校、企业、区学生心理健康教育中心累计向专业机构转诊 35—40 例。全区累计每年提供各类人群心理健康讲座 80 余场，6 千多人；主题宣传 60 余场；热线咨询 60 余起。第二，市民精神卫生知晓率提升。2016 年中旬，对 2025 名居民进行精神卫生知晓调查结果显示：居民心理健康基本知识达到 82%，比 2012 年底上升了 16%。第三，社会认可度提升。媒体关注度提升，不仅在主题宣传日予以及时报道，而且对民众日常关注的心理问题（如节后综合征、自杀等）及时进行采访报道，以纸质、电子版、微信等形式实时传播心理保健知识，引导市民正确面对和处理心理问题；部门合作不断增加，区委宣传部、区妇联、区老干部局、区地方海事局、驻松部队等部门主动联系，要求对特定人群开展心理健康教育及多形式的心理服务；专业机构心理咨询门诊量每年以 30% 的速度递增。

以上两个案例渠道来源是新闻媒体报道，之所以选取湖北十堰茅箭区与上海松江区的社会心理服务治理现状为调查对象，是因为茅箭区 2016 年被作为全国 12 个"社会心理服务体系建设"试点之一，并在一年多的试点工作中取得了显著成效。上海松江区则是贯彻落实我

[①]　徐燕：《松江区心理健康服务体系建设的探析》，《中国民康医学》2017 年第 29 期。

国卫生计生等六部委联合下发《关于开展全国精神卫生综合管理试点工作的通知》（2015）、《全国精神卫生工作规划（2015—2020年）》以及《上海市加强公共卫生体系建设三年行动计划（2015—2017年)》的成功典范。

本章分别以茅箭区与松江区为独立整体进行了系统深入分析，依托社会心理服务治理这一主题总结出相应的成功经验，提取出高效开展社会心理服务工作的关键影响因素，再对这些关键要素进行归纳综合，得出一般化的普遍性结论。这有利于理论推广，为其他类似案例提供了思路参考，为社会心理服务的深入、有序开展提供了借鉴意义。

总体来说，以上案例的理论借鉴意义是：国家的经济发展水平是影响社会心理服务的根本性力量。根据马克思主义哲学原理，社会意识建立于社会的经济结构之上并受社会的政治结构制约。社会心理是社会意识的一种具体表现形式，而社会心理服务作为社会意识指导下的具体实践，必然受制于一定的物质生产方式。后工业时代或信息化时代下，社会心理的内容及其内容要素之间的交互关系极为复杂，物质丰饶的生活条件下，由个体心理所整合的社会心理也呈现出纷繁趋势。

对社会心理服务的价值定位很大程度上影响其重视程度。可以分为三个层面来理解：对于国家而言，怎样看待社会心理服务决定了投入水平和支持力度，这对社会与个人层面关于社会心理服务的重要性的认识具有导向作用。个人层面的心理需求催生了社会心理服务行业的产生，也反作用于国家和社会对社会心理服务的重视程度。作为中介变量的社会层面是个体心理的统合，非简单的个体心理相加却受制于个体。另外，国家的社会心理服务治理并不能直接作用于个体，而是通过宏观的政策制度来治理社会整体心理健康水平，从而间接地尽可能将心理服务福利惠及每个个体。

社会心理服务的价值定位是思想层面的引领，国家宏观政策制度则是一种现实约束和规范。完善社会心理服务治理，既需要落实于政府在执行政策制度过程中的运行机制，也有赖于行业机构在服务过程中服务人才队伍所采用的具体方式和工作流程。运行机制是在充分理解社会心理的内涵，充分把握其影响因素基础上产生的，是引导和制约各项社会活动的灵活、协调、高效的基本准则。服务的具体方法和工作流程常与服务人员的综合素质有关，保守型人员多采用传统方法提供基本心理需求满足方式，冒险型人员则为创新型满足方式增添了新的活力。

第五节 共建共治共享视阈下的社会心理服务治理路径与策略构建

一　价值定位

在新的历史时期，贯彻落实共建共治共享的治理理念，启动社会心理服务治理具有新的意义。社会心理服务治理是通过全社会的努力使得社会心态环境不断改善，社会凝聚力更高、社会不断发展进步的伟大社会实践。

当前我国社会心态存在的一些突出问题，如焦虑、冷漠、浮躁、消极悲观等不良情绪情感，这需要从社会内在的、深层的社会心理服务层面来推动。对社会心理服务进行治理是服务社会的基础民生工程，是社会转型新时期创新社会治理的必然要求，也是促进社会物质和精神领域发展的迫切需要。

二　体制架构

心理健康服务的相关法律、法规和政策是保障，国家要推动形成与社会发展水平相适应的社会心理健康服务体系,改革现阶段体系中的不足之处。

宏观社会心理服务治理体制改革的主要任务包括:明确政府心理服务管理机构的职能和运行机制、健全心理服务管理政策和心理服务所涉及的法律法规、建立心理服务机构与专业人员认证体系、加强对心理服务工作的评价与监督和充分发挥心理学专业学术组织的作用等。[①] 公共政策方面,还可以将心理咨询和治疗等社会心理服务行业作为社会事业发展的重点支持项目,并给予一定的优惠,实施政府财政资金支持。

三 运行机制

社会心理服务工作的有序开展离不开具有实践指导意义的运行机制,需要多重机制系统配合。第一,形成以政府为主导的心理健康服务的多元投入机制。政府部门要加强工作协同,强化心理健康服务各部门和机构的协调合作。优化资源配置,为开展社会心理志愿服务搭建便捷、有效的渠道和平台。第二,建立可持续发展的心理健康服务的创新机制和人才保障机制。第三,建立健全社会资源整合机制,如志愿者服务工作机制或官方和非官方组织的合作机制。[②] 此外,可以支持成立民间行业协会,鼓励社会心理服务治理参与。

---

① 宋尚桂:《我国大学心理服务宏观管理体制改革初探》,《山东高等教育》2014 年第 2 期。
② 徐大真、徐光兴:《我国心理健康服务体系模式建构》,《中国教育学刊》2007 年第 4 期。

第五讲

社会治理的支点要素

社区是指长久生活聚居在一定地域范围内，形成了独特的文化认同、情感认同和心理认同的人们所组成的社会生活共同体。而治理是指个人与公私机构管理其自身事务的各种不同方式之总和，是使相互冲突或不同利益得以调和并且采取联合行动的持续的过程。社区治理是指政府、社区组织、居民及辖区单位、营利组织、非营利组织等基于市场原则、公共利益和社区认同，协调合作，有效供给社区公共物品，满足社区需求，优化社区秩序的过程与机制。共建共治共享视阈下的社区治理重点突出"共"，即多方主体共同参与、相互合作，共建社区良好格局，共治社区各项事务，共享社区美好生活，最终达到实现人民美好生活需要的目的。

第一节　相关研究现状与述评

一　关于社区治理内涵的研究现状

由于研究的差别，国外学者几乎没有给社区治理下过定义。社区治理是社区与治理叠加的产物，社区是社区治理的实体，治理是社区治理的手段。因此，要更好地理解社区治理的内涵，不妨采取"分—总"的方式展开分析。

(一) 社区的内涵

1887年，德国学者滕尼斯（Ferdinand Tonnies）在其著作《共同体与社会》中通过对"社区"与"社会"的比较分析首次提出社区的概念。他指出，社区是基于亲族血缘关系而结成的社会联合，而社会是由人们的契约关系和理性的意志所形成的社会联合。[①] 城市规划学与城市地理学将社区作为城市的一个组成部分来研究。美国芝加哥学派代表帕克认为"社区是社会团体中个人及其社会制度的地理分布"[②]。城市社会学者以社会学的社会本位视角，从社会关系、人的行为与认同的角度来研究社区，社区就是"居住在某一特定地域中的一群人，他们的生活围绕着日常的互动模式而得以构建，这些模式包括工作、购物、娱乐等活动，以及教育、宗教、行政设置等。"在一种与此不同而又有关联的层面，道特森认为社区是具有认同感和归属感的人组成的社会组织的空间或地域单元，构成社区的目标群体——每个成员可以在社区中过着完整的社会生活。学者李易骏认为，大多数社会学者觉得共同关系与认同更甚于空间（或地域）。城市政治学者则从权力结构的角度切入，形成社区权力理论，其关注"不同代理人所形成的集体决策的方式"[③]。

国内学者通常从社区的构成要素去解读社区的内涵。费孝通早在1935年将社区概念界定为"若干个社会群体或社会组织聚集在某一地域里形成的一个在生活上相互关联的大集体"[④]。徐永祥在《社区发展论》中将社区界定为"由一定数量居民组成的，具有内在互动关系与文化维系力的地域性的生活共同体，地域、人口、组织结构和文化是社区构成的基本要素"。这种概念要素也得到了较为广泛的

---

① [德] 斐迪南·滕尼斯：《共同体与社会》，商务印书馆1993年版。
② [美] 罗伯特·帕克：《城市社会学》，华夏出版社1987年版。
③ 李易骏：《当代社区工作：计划与发展实务》，双叶书廊有限公司2012年版。
④ [美] 罗伯特·帕克：《城市社会学》，华夏出版社1987年版。

认可。①

（二）治理的内涵

治理仿佛一把伞，这把伞下治理的内涵如同这一学科领域研究治理的学者一般纷繁。1989年世界银行在概括非洲情形时首次使用了"治理危机"一词，治理由此出世，后来其逐步发展成为一个在经济学、管理学、政治学等领域内涵丰富、适用价值广泛的概念。就治理的模式而言，Rhodes曾将学术领域关于治理的观点梳理为七种模式：公司治理，新公共管理，社会政治治理，自组织治理，国际治理，新的政治经济治理，善治。从治理的过程来看，全球治理委员会对治理界定如下："治理是各种公共的或私人的机构管理其共同事务的诸多方式的总和。它是使相互冲突的或不同的利益得以调和并且采取联合行动的持续的过程"。但政治学认为，治理囊括对公共资源的管理、处理政治事务的方式以及正直权威的规范基础，也即它是一个政治管理的过程。

治理作为一种新型的理念，既表明了政府这一行为主体管理模式的变迁，亦表明了公共权力行为主体的变迁。毛寿龙指出，Govern既不指统治（rule），也不指行政（administration）和管理（governance），而是指政府以"掌舵而不划桨"的方式对公共事务进行治理，治理介于负责统治的政治与负责具体事务的管理之间。② 而俞可平认为治理是一种通过合作、协商、伙伴关系、确立认同、共同的目标等方式对公共事务实施的上下互动的管理过程。它突破了传统的公共权力资源配置的单极化与公共权力运用的单向性特征，转向追求好的治理即公共权力主体多元化与参与式，建立政治国家与公民社会的良好合作关系，实现公共利益最大化。③

---

① 徐永祥：《社区发展论》，华东理工大学出版社2006年版。
② 参见毛寿龙《西方政府的治道变革》，中国人民大学出版社1998年版。
③ 参见俞可平《治理与善治》，社会科学文献出版社2000年版。

(三) 社区治理的内涵

综观我国学者对社区治理的内涵定义，可以看出，社区治理是以社区为基层平台与载体开展的社会治理活动。夏建中将社区治理定义为在接近居民生活的多层次复合的社区内，依托于政府组织、民营组织、社会组织和居民自治组织以及个人等各种网络体系，应对社区内的公共问题，共同完成和实现社区社会事务管理和公共服务的过程。[1] 张晨等认为社区治理的实质就是在多元主体共同参与的情况下对社区公共事务进行的一系列管理活动。[2] 陈伟东、李雪萍认为社区公共产品供给机制的构建过程正是社区治理结构的形成过程，也是政府与社会分权的过程，还是公民社会发育的过程。总之，社区治理是社区发展的必备要素，是社会治理的微观基础。[3]

二 关于社区治理模式的研究现状

关于社区治理模式，主流的观点主要包括两种，即多元主体参与的合作治理模式和政府主导的元治理模式。社区复兴运动以来的国外社区治理研究，大多将"多主体合作"视为治理的核心要素。正如格里·斯托克指出的，治理意味着一系列来自政府但又不限于政府的社会公共机构和行为者，政府并不是唯一的权力中心，公共的和私人的机构可能在各个不同层面上成为权力中心。[4] 在社区治理的过程中，大家所依赖的是合作主体形成的合作网络的权威，而非某一具体主体的权威。具体而言，社区治理存在三个层面的行为主体：政府、社区

---

[1] 夏建中：《治理理论的特点与社区治理研究》，《黑龙江社会科学》2010 年第 2 期。
[2] 张晨、王生坤、张欢：《近年来我国城市化进程中的社区治理问题研究评述》，《中共南京市委党校学报》2010 年第 2 期。
[3] 陈伟东、李雪萍：《社区治理与公民社会的发育》，《华中师范大学学报》(人文社会科学版) 2003 年第 2 期。
[4] [美] 格里·斯托克、华夏风：《作为理论的治理：五个论点》，《国际社会科学杂志》(中文版) 1999 年第 1 期。

组织、社区公众。国家部门、社区居民、各种社会组织平等协商、合作共治才是行之有效的方式。冯玲认为，社区组织包括活动在社区中的群众组织委员会和其他非营利组织，它们活动在政治、经济、社会三个领域，体现了公共权力的分散化与多元化。[①] 美国学者弗朗西斯·福山在 2005 年的"城市管理与社区发展"国际学术研讨会上指出，社区发展需要政府和非政府组织的介入，更需要公众参与，可以说，在合作治理的模式中，社区治理的责任主体与行动主体需要扩大也正在扩大至所有利益相关者。

合作治理仅仅强调了治理主体的多元参与，却模糊了多元主体的责任边界，导致"责任困境"；多元主体协商和沟通增加了治理成本；对政府权威的忽视不利于国家政权的稳定，总之，对国家的"自然排斥"同样带来了失灵问题。1988 年英国学者鲍勃·杰索普在其著作《治理的兴起及其风险：以经济发展为例》中首次提出了"元治理（meta-governance）"这一概念，他指出"元治理"具有两个维度：制度设计与战略规划。值得注意的是，元治理理论强调国家（政府）的主导地位，并不是向传统科层制治理的回归，更不是所谓"国家中心论"的重复。[②] 在学者们看来，这种治理模式的效果有好有坏。一项对美国 20 世纪 40 年代到 70 年代小镇治理研究显示：社区决策由民选官员和由官员发起的社区商业主导，这种模式在短期内能够取得治理效果。对印度珀依（Poyil）渔场治理的一项研究也表明，政府在对渔场进行统一管理规划时显示出自己独特的优势，它能综合考虑渔民的公共利益，扮演着比较公平的角色。但是，它的弊端也会很快地显现在人们生活当中。因为随着政府内部机构的扩张和官员道德素质的滑坡，政府在调节利益关系时也会随之转变，公务员在权力的诱导下

---

① 冯玲、王名：《治理理论与中国城市社区建设》，《理论与改革》2003 年第 3 期。
② Bob Jessop, "The Rise of Governance and the Risks of Failure: The Case of Economic Development", *International Social Science Journal*, Vol. 50, No. 155, March 1998.

也更容易牺牲公共利益而维护小我。陈光和方嫒也指出，在不同的多方参与的主体中，政府是占主导地位的，政府对社区需要的公共服务进行大包大揽的大一统模式依然有其存在的必要性和合理性。[①] 张虎祥得出我国的治理比西方的多了"管制"这个层面上的内涵。[②]

采用合作治理还是政府为主导的元治理，应当考虑到特定的约束条件。Murdoch 指出，在一些特定的政策领域着实需要政府发挥主导型的战略作用。此外，需要对一国的政治基础进行考察。辛西娅指出，来自国际压力而不符合本国国情的政治变革摧毁了旧秩序，却无法建立新的民主。国际金融机构无法解决国家内部的经济矛盾，将注意力放在政治变革上，但越是如此，这些国家的政府权威就越下降。政治发生大变革的时候就是人民生活水平急剧下降的时候。[③] 因而，单纯或完全否定国家的元治理作用并非符合实际。

从整体来看，当前国内外相关研究存在两点不足：一是国外社区治理研究特征与不足。从范围上来看，国外学者突破了以往"社区内部互动论"的研究范畴，对社区治理的研究广泛而全面；从深度上来看，国外学者在分析某一问题时更为细致，研究成果之间具有明显的继承关系。但是国外社区治理也存在一些需要突破的地方。其一，在接受多元互动合作的理论之后，国外学者既未从总体上也未在特定领域清晰界定不同治理主体的角色，这容易造成对社区治理主体功能的模糊化认识；其二，国外的社区治理研究虽然隐约呈现"结构—过程"的研究范式，但是大多研究只涉及治理主体或过程的某一方面。二是国内社区治理研究特征与不足。我国社区治理研究存在的不足之处主要有以下几点：一是缺乏具有较强解释力的本土化的社区治理分

---

① 陈光、方嫒：《论社区治理参与主体的利益追求与规制》，《武汉科技大学学报》（社会科学版）2013 年第 15 期。
② 张虎祥：《社区治理与权力秩序的重构对上海市 KJ 社区的研究》，《社会》2005 年第 6 期。
③ ［美］辛西娅·休伊特·德·阿尔坎塔拉、黄语生：《"治理"概念的运用与滥用》，《国际社会科学杂志》（中文版）1999 年第 1 期。

析框架。二是社区治理的研究热点众多，但研究主题之间的关联性不大，研究成果分散在各个领域，相对而言较为独立，继承和拓展的成果较少。三是定量分析成果偏少。在国外经验借鉴、国内经验总结等方面成果较多，验证性研究不足。因此，当务之急是寻找适合我国社区治理共性与个性的可能路径。

第二节　新时代共建共治共享视域下的社区治理内涵及内容要素

一　共建共治共享视域下社区治理的基本内涵

共建共治共享，是包括社区治理在内的社会治理创新的基本理念，即全体成员共同建设和谐、有序、高效的社会，并在此过程中通过相互之间的合作，创造更多的收益，最终共同分享由全体成员共同创造的收益。与经济领域的成本收益分析一致，社会领域以合作成本与合作收益作为共同建设、相互合作、共同分享的核心。具体来说：

第一，共建，即人人尽责。共同建设，即共同承担成本。社区治理，以各主体的共同参与建设为基础。潜在的利益分享者，正是社区的共同建设者。因此，应以利益获得为基础分析共同建设者。现代治理理论认为，治理就是各种公共的或私人的个人和机构管理其共同事务的诸多方式的总和，是一种使相互冲突的或不同的利益得以调和并且采取联合行动的持续过程，在社区层面即表现为地方政府、社区居委会、各类社会组织、社区居民共同参与社区公共事务，推进社区建设和发展的活动。① 具体来说，社区居民是社区治理的直接获益者，

---

① 尹广文、李树武：《合作中的伙伴关系：社会组织参与城市基层社区治理的关系策略研究》，《中共福建省委党校学报》2015 年第 10 期。

是基本公共服务的享用者，因此其以主体身份参与社区治理，既有助于其收益的进一步增加，也有助于从监管、评价等角度促进社区服务功能的改进；企业组织能够在社区这一利益共享空间获得发展潜力，社区居民商业服务的多样化与复杂性，为企业的获利提供了合理的基础；社区同时也是志愿组织发挥功能、提高服务能力的最佳场所。

第二，共治，即相互合作。各个相关主体以承担合作成本的方式，作为获取合作收益的依据。新公共治理理论指出，应该在公共治理的过程中，强调合作关系的建设，其中包括服务使用者与公共服务组织之间的共同生产、服务组织活动涉及的各个公共服务组织之间的合作、政策制定和执行过程中的各服务组织之间的合作。换言之，所有社区治理的利益相关者都是合作主体，如个人、企业组织、社会组织、政府组织等，这些主体通过相互之间的合作，共同参与到社区治理的过程当中。究其根本，合作的社区治理模式，能够实现社区治理绩效的改进。通常所言的"1+1>2"，要实现">"（正和博弈）的目标，关键在于如何"+"，只有"+"是以合作的方式进行，而非对抗（负和博弈）或者严格竞争（零和博弈）。这样的合作建立在承担合作成本的前提下，也是经济学通常所描述的投入获得产出的概念内涵。

第三，共享，即人人享有。共同分享，即共同分享收益。社区是居民收益的实现载体。从总体上说，社区的收益主要由三部分组成，其中包括以个体身份获得的个人收益、以社区共同体成员身份获得的共同收益和以社会成员身份获得的公共收益。可以说，社区治理的过程正是从个体利益的维护逐步转向对于共同权益和公共利益的追求过程。具体来说，个人收益是参与合作的个体能够从合作过程中直接获取的收益，这类收益对每一个参与者而言具有独享性，因此也就具有排他性，并形成对进一步合作的激励。在社区治理中，个体收益主要体现为基本公共服务的使用与消费；共同收益是合作共同体在合作过程中分享的共同创造的收益，即每一个参与者都可以享用经合作而产生的共同收益，这类收益对于每一个合作参与者而言具有可分享性。在社区治理中，共同收益主要体现为社区的有序运转；公共收益是指在合作过程中，合作者生产出的一种他们自己（合作的参与者）能够享用，其他人（合作秩序以外的非合作者）也能够享用的收益，因此成为政府和社会推动合作的主要动力，这类收益的产生，可以在协作事务和公共事务的联合生产中所产生的正外部性得到解释，其对于合作参与者或非合作参与者而言具有共享性。[①] 在社区治理中，公共收益既体现在社区服务和社区福祉方面，也体现为其对基层社会治理和国家治理现代化的积极作用。

总体来说，不同治理模式的可持续程度是不同的。从我国治理的现状来看，存在四种治理模式，第一种是只强调"共建"，即以"贡献"为核心；第二种是只强调"共享"，是一种"不记贡献的获益"，采取"大锅饭式"的分配方式；第三种方式是共建与共享，即付出才有收获；第四种是共建共治共享。实践表明，单纯强调"贡献"或者"索取"的第一种模式和第二种模式都是低可持续的，第三种模式虽然同时关注了承担成本与获得收益的相关性，但是在治理过程中，各个主体之间的关系以竞争为主，同时强调的是生产而不是服务，因而是中可持续的模式。而第四种模式关注所有利益相关主体之间各个层面的合作，而这一合作模式本身已经将"服务而不是生产"的内涵纳入其中，具有更高的可持续性（见表5—1）。

表5—1　　　　　　　不同社区治理模式的可持续程度

可持续程度	社会治理模式
低可持续	共建
	共享

[①] 席恒、雷晓康：《合作收益与公共管理：一个分析框架及其应用》，《中国行政管理》2009年第1期。

续表

可持续程度	社会治理模式
中可持续	共建共享
高可持续	共建共治共享

二 共建共治共享视域下社区治理的基本内容

(一) 社区公共服务

社区公共服务是指社区为单位提供的服务，即用服务形式满足社区居住公用性消费需要的社会公益产品，其以社区为载体。社区公共服务具有地域性、群众性、服务性、福利性、公益性和专业性等特点，一般分为面向全体社区居民的具有便民利民性质的社区服务（包括一般家居生活服务、社区环境治理综合服务、社区医疗卫生服务、社区少年儿童服务、社区生活服务）和面向特殊群体具有社会福利性质的社区服务（包括为社区老年人、残疾人、优抚对象和特困家庭的社区服务）。在共建共治共享的视阈下，社区公共服务应当是其主体（可以是政府、非营利组织、志愿者以及其他组织），为了满足社区公共需求，由多元主体共同参与，协同合作，以全体社区居民为本，共建社区公共服务体制机制，共治社区公共服务实现方式，共享社区公共服务提供物品，最终实现人民对于美好生活的追求。

(二) 社区治安

社区治安是指在一定地域内对社会治安问题的治理，是指社区政府和自治组织依靠社区群众，协同公安、司法机关，对涉及社区的社会秩序和人民群众生命财产安全依法进行治理的公务活动。社区治安管理的内容包括人口管理、危险物品管理、社区治安秩序管理、交通道路管理和消防安全管理等，并且社区治安具有区域性、法律性、综合性、群众性等特点。在共建共治共享的视阈下，社区治安必须遵循依法治理的原则，结合多元主体的参与，群防群治，打防结合，共建社区治安管理体系，共治社区治安管理内容，共享社区治安管理成果，实现社区居民放心、舒心、安家乐业的美好生活。

（三）社区政治活动

社区政治活动是指社区的各方主体为了实现自己的利益而围绕社区政权所进行的全部活动，是一种集政治统治、政治管理和政治参与于一体的政治活动。社区的各主体为了保证自己利益得以实施，从而以公共权力为后盾，对社区的资源进行强制性、权威性的分配以解决社区存在的各种矛盾和问题，维护社区生活的稳定和发展。在共建共治共享的视阈下，社区政治活动需要协调各方主体的利益，利用一系列政治活动，共建社区政治活动模式，共治社区政治活动秩序，共享社区政治活动资源，从而促进社区各主体实现自己的利益，稳固社区长远发展。

（四）社区网络与文化

社区网络是指联结社区行动者的一系列联系或社会关系，主要包括社区成员之间的联系、互动、互助及居民的志愿精神等，它是社区关系网络的总和，它属于整体网的范畴。社区网络主要测量社区的邻里交往、邻里关系、邻里互助、志愿精神等。社区文化是指在一定的区域范围内，在一定的社会历史条件下，社区成员在社区社会实践中共同创造的具有本社区特色的精神财富及其物质形态。社区文化本质上是一种家园文化，具有社会性、开放性和群众性的特点。在共建共治共享的视阈下，社区各主体应该紧密联系，积极发展社区文化，维系社区良好的人际关系，提高居民生活质量，共建社区网络与文化框架，共治社区网络与文化功能，共享社区网络与文化传承，打造社区方兴未艾的发展态势。

第三节 当前中国社区治理存在的现实问题

随着我国社会治理创新的推进，社区治理创新的进程也在逐步加快，有更多的主体参与到这一进程中。但是预期的社区治理绩效在"强政府—弱社会"的结构性约束下，社区治理过程中的行政色彩仍然浓厚，各个相关主体合作程度较低，作为服务接受者的社区居民参与不足，各主体之间利益分配与成本分担还存在困境。具体而言：

一 共建层面存在问题

从共建层面来看，供给服务增加，需求导向不足，服务接受者参与程度较低。当前社区参与的领域不断扩大，提供的服务逐渐增多，但是也有不少方面饱受诟病，并集中表现在供给主体对居民需求意愿的征集和采纳水平较低。其中关键的一点在于，大部分情况下，仅仅通过公共部门的主观意愿提供公共产品，带有较强的指令性和统一性。这种由社区服务与职能的行政化所代表的自上而下式的服务供给模式，与逐渐成为主流的自下而上式的服务需求表达模式相矛盾。总体来说，社区居民需求导向不足的原因主要体现在以下方面：第一，随着公共意识的普及，社区居民对社区事务的关注度明显提升，社区居民的需求表达意愿强烈，但是需求表达渠道较少。第二，社区居民需求表达增多，但是采纳较少。笔者针对社区居民公共服务需求的调研中，大部分受访者表示已经多次反映过各类问题，但是并没有体现在后续的社区服务中，即居民的需求并没有被采纳。

备受关注的"社区证明"问题，是一个典型的代表。从表面上来看，由社区开具各项证明是职能部门权力下放的结果，即逐渐将具体的事情交由对社区居民实际情况比较了解的社区管理人员来做，在为社区居民提供方便、降低办事成本的同时，也能够将职能部门的一部分权限划分出来。但是，恰好是此类"不必要"证明既增加了居民办理各项事务的难度，也增加了社区工作的复杂性。在一份社区居民对社区公共物品分项目供给满意度评价的研究中，满意度最低的三项内容分别是社区养老、社区助残、社区医疗，而这也正是社区居民较为关心的领域。尤其是社区养老，随着我国进入老龄化社会以及独生子女的影响，居民对社区养老、居家养老等所需的公共服务需求越来越多，但是相应的服务供给却仍然显得滞后。[①]

二 共治层面存在问题

从共治层面来看，参与主体增多，参与能力不足，相互之间合作程度较低，多元治理模式滞后。我国多元主体治理初现峥嵘，但整体说来，整个多元主体治理模式较为滞后，各主体之间的相互协调、相互协作尚不能形成良好的秩序，多元参与较为混乱，甚至出现有些主体不参与，阻碍社区建设和发展，进一步不能更好地实现人民的美好生活。在近年社会治理创新的总体背景下，基层的社会治理格局逐渐多样化。志愿组织、社区居民、企业等主体的参与意识和积极性都明显增加，在社区公共事务管理和提供服务上都发挥了作用，丰富了基层社会治理的理论与实践。但是，从近年社区工作存在的各类问题来看，各主体的比较优势并未充分发挥，参与能力不足。

从现状来看，政府、社区居委会、社区居民、第三部门、企业等参与程度不高。第一，政府社区治理的行为失范。政府应在社区治理的过程中扮演引导者的角色，减少对城市社区治理微观层面的行政管

[①] 何继新、杨鹏、高亚君：《城市社区公共物品多主体协同供给：现状评估及影响因素分析》，《吉首大学学报》2015 年第 4 期。

控。但就当前的治理现状而言，政府社区治理的行为失范严重，表现为"越位""缺位"和"错位"行为明显。第二，企业对利润的天然追求，降低了其在社区公共事务这一利润率较低的领域的参与积极性，在此前提下，目前相关的鼓励与支持政策较少，而限制和制约较多，使得企业难以充分发挥其优势。第三，居民的参与程度不高。社区由不同知识结构、不同职业的个体组成，集中了充分的人力资源，良好的社区治理局面应是一个政府有效引导、社区组织广泛动员和居民热情参与的综合体，但是目前社区治理无法调动居民参与的积极性，尚未形成多元主体参与的真正互动局面。居民对社区治理的参与度不高，主要体现为参与治理的居民不具广泛性和代表性以及居民参与社区治理的广度和深度不够，影响了社区基层民主政治和治理理念的培育和发展。第四，社区居委会行政化倾向严重。随着社会转型，政府大量社会职能下沉，居委会承接了大量政府交办的任务和行政性事务，普遍出现了行政化倾向，成为基层政府的延伸，仍有部分居委会延续行政管理的体制，并没有从根本上解决居委会对街道办事处等政府机关的依赖，也未能解决街道办对居委会的经费和人员等的控制问题。第五，第三部门对于倡导公民精神和促进居民参与社区治理具有重要的意义，但是在社区的治理进程中，其在组织结构、管理体制、决策程序等方面不健全，导致内部管理状况欠佳，难以动员更多社会资源支持其发展，这就制约其参与社区治理能力的提高，也一定程度上影响了社区居民参与社区治理的积极性。此外，政府在城市社区治理过程中承担了过多的具体事务，该交给社会组织承担的职能仍然大包大揽，严重阻碍了第三部门的发展和志愿组织的培育。而且，政府对培育和发展志愿性、公益性、自治性等参与社区治理的第三部门组织的重视程度也不够。

此外，各主体之间信任不足。当前社区各项工作的监管机制不健全，首当其冲的是作为服务使用者的社区居民对于其他主体的信任度，加剧了信任危机。与此同时，社区工作人员素质参差不齐，受到的正规培训较少，提供服务质量的高低不一，都在一定程度上影响了居民的信任度。

三　共享层面的问题

从共享层面上来看，公共利益增加，利益协调不畅。在当前的社区治理格局中，各个参与主体都是社区整体收益的利益相关者。出于"理性经济人"的思考，市场组织、社区居民甚至基层政府等供给主体在参与社区建设的过程中，其行为逻辑在个体利益和公共利益的冲突和博弈中往往会失去平衡。[1] 从居民个体来说，过于强调对自身收益的维护，而承担社区建设成本的意愿却明显低于前者；从企业组织来说，过于强调对企业利润的追求，以维护自身的商业性收益，而对各类服务的质量、有效性、可及性、与需求的匹配性关注明显低于前者，对各类公益性事务的关注明显低于获益性事务；从基层政府来说，过于强调社区的行政职能，以维护自身的权威性收益，对社区服务功能的关注明显低于前者；从社区委员会来说，过于强调对政府部门职能的执行，以维护自身的政治收益，对与居民息息相关的生活需求关注明显低于前者。

第四节　当前中国社区治理问题的制约因素

社区治理在世界范围内被视为一剂良药，但是正如政府失灵、市

---

[1] 庞娟：《城市社区公共品供给机制研究——基于利益相关者理论的视角》，《城市发展研究》2010 年第 8 期。

场失灵那样，社区治理也出现了"社区失灵"，这主要体现为社区权力配置失效困境、社区社会资本缺失困境、社区公共利益分配困境。

一　共建不足的原因：社区社会资本缺失困境

从共建的概念来说，应该去寻找多元主体参与积极性不高、参与效力不足以及政策系统封闭的原因。

在社区实际治理过程中，社区社会资本缺失。大多数个体追求群体内的成员身份，但是常常感觉孤立和组织的虚无。Bowles 指出，由于社区的归属感往往还包含着对非成员的错待，他们可能会对非成员实施言论、迁徙上的限制，甚至产生种族歧视，从长期来看，这对于社区社会资本的培育是具有负向作用的。[1] 此外，曹荣湘指出，社区治理能发挥作用的前提和基础主要在于"社区成员拥有关于其他成员行为、能力和需求的重要信息，这些信息支持社区行为规范，并充分利用有效的、不会被通常的道德风险和逆向选择问题所困扰的保险安排"，但当下社区成员之间无法形成必要的信息共享，无法形成共同的行为规范，社区治理也就丧失了其基本的优势。[2] 郑杭生认为社区治理的目标是建立"生活共同体""社会共同体""精神共同体""文化共同体"。但社区居民却普遍缺乏社区认同与社区参与，社区在相当大程度上只是一个地域的概念。[3]

二　共治不足的原因：社区权力配置失效困境

社区治理的行政手段居于首位，政府权威过度嵌入与渗透导致社

---

[1] Bowles, Samuel, Gintis, et al. "Social Capital and Community Governance", *Economic Journal*, Vol. 112, No. 483, November 2002.

[2] 曹荣湘：《走出囚徒困境——社会资本与制度分析》，生活·读书·新知三联书店 2003 年版。

[3] 郑杭生、黄家亮：《论我国社区治理的双重困境与创新之维——基于北京市社区管理体制改革实践的分析》，《东岳论丛》2012 年第 33 期。

区治理主体治理能力不足，这主要是由治理手段单一、治理绩效不彰所导致的。

权力具体如何配置以及权力配置是否有效尚存在不少问题。一份研究显示，既得利益者是政府放权的一大阻碍，他们在改革面前更希望保留自己的胜利果实，同时，政府又面临着政策巩固的压力。刘玉东指出，政府减少对社区事务的直接管理必须以社区自治的跟进为条件，但社区要求扩权却不知道如何扩权，有了权力之后不知道如何用权，在权力承接的过程中出现了"社区真空"的现象。也就是说，社区无力承接国家权力转移、无力承担治理责任问题。莫道克和艾布拉姆也指出，自下而上的解决方式在不同的政府会遇到同样的困难，不是所有的市民和社区都有能力或资源承担自治的责任，合作也具有一定成本。

在我国，社区失灵集中体现在"居委会困境"。郑杭生指出，我国社区治理同时存在着行政化困境与边缘化危机。一方面，社区居委会作为居民自治组织而存在，却由于三大部门关系严重错位，在实际上承担了街道下派的大量行政事务，导致其不堪重负，功能错位。徐永祥认为，居委会沦为了一个职能重叠混淆、依附于街道办事处的全能组织，目前法律对于居委会的自治制度与自治性质没有明确限定或详细解释，始终太过抽象。[1] 另一方面，当政府以建立"社区工作站"（"社区事务工作站""社区公共服务工作站"等）方式来减轻居委会的压力，剥离其行政事务管理职能之后，居委会的地位迅速下降，甚至被边缘化，居委会干部一下子感到无所事事。

三　共享不足的原因：社区公共利益分配困境

从本质上来看，社区公共利益同样是一种共同体模式。但是，现

---

[1] 参见徐永祥《社区发展论》，华东理工大学出版社2006年版。

实的问题在于，各个相关主体在社区公共利益分配的过程中，存在公共性不足的困境，缺乏社区公共利益共同体的基本认知，通俗而言，各个社区治理的参与主体对于什么是社区公共利益以及应该如何分配存在差异。

社区公共利益分配困境主要表现为：第一，社区居民对社区公共事务漠不关心，认为社区公共事务所代表的公共利益是"他事"而非"自己事"，并未将自身视作社区公共利益的创造者以及获益者。在传统社会形态下，中国形成了"差序格局"的社会结构，即在人际交往中主要是根据与"己"关系，形成内外有别、亲疏远近的人际关系网络，中国这种"特殊化"利益倾向的社会结构使得个体难以生发出关注公共利益的公共精神。[1] 第二，难以兼顾个人"私利"，尚不能把个体利益与公共利益有机统一起来。有研究者进行了案例调查，发现社区居民对于不涉及自身利益他们就不愿参加。但是一些问题，比如"楼道卫生""社区治安""宠物管理"和"路灯安装"等都牵涉他们的切身利益，因此居民有参与动力，愿意参与居民议事会，并且在会议上与各利益相关方博弈，以争取自己的利益。[2] 第三，社区居民缺乏维护公共利益的意识。社区居民难以形成准确的认知，即哪些利益属于公共利益的范畴，在此前提下，也就难以形成维护公共利益的意识。

第五节　新时代共建共治共享视阈下的社区治理创新路径

随着社区参与领域的逐步扩大，承担功能的日益增多，当前社区

---

[1]　高红：《城市基层合作治理视域下的社区公共性重构》，《南京社会科学》2014 年第 6 期。
[2]　胡晓芳：《公共性再生产：社区共同体困境的消解策略研究》，《南京社会科学》2017 年第 12 期。

参与社会治理的途径难以满足居民公共需求日益多样化的需求，因此，建立多主体合作的社区治理模式已经迫在眉睫，同时必须辅以配套的社区治理机制创新。

一　社区治理模式创新

第一，治理体制创新：充分发挥各个参与主体的比较优势。为了突破社区治理的权力配置困境，需要从"行政化"治理体制向"复合型""合作共治型"治理体制转变，并充分发挥各个主体的比较优势。在"小政府、大社会"的总体社会格局中，为参与社区治理过程的各个主体提供了充分发挥各自优势的空间。比较优势理论广泛适用于各种竞争合作的领域中，对于多主体合作的社区治理有着关键的意义。因此，准确把握各个参与主体的定位，平衡相互之间的合作关系与利益关系，对于推进可持续、和谐、有序的社区治理有着关键作用。

（1）坚持基层党组织的领导职能。始终坚持党组织对于社区治理工作的领导，是社会治理格局创新的首要前提。在党和国家的大政方针指导下，推进社区治理工作的顺利开展。（2）加大基层政府的财政支持。财政支持是保障社区各项服务供给的关键，这也是政府主导地位的基本体现。（3）强化社区居民的公共精神与社区归属感。公民的社区参与是社区衡量社会资本重要的指标之一，社区居民由过去的以单位为归属，到现在的以社区为归属，是现代社会的重要进步。因此，充分发挥社区居民的积极性，既有利于社区工作的顺利开展，也有助于提高居民的生活质量。（4）完善社区委员会的服务功能。（5）将业主委员会和物业服务公司纳入社区治理格局中。一方面，业主委员会作为居民意见的发声机构与收集机构，其贴近居民的实际需求，对于建立具有社区特色的公共服务结构有着重要的意义；另一方面，物业公司是各个居民小区内部日常事务的重要管理者，其对于管辖范围内的居民的熟知程度远远大于社区委员会。将这两个主体纳入社区治理格局中，既是有效化解社区冲突的关键，也是切实维护居民利益的基本途径。

第二，利益协调：合作成本分担与合作收益分享。在多主体参与社区治理的过程中，各个行为主体之间存在明显的权利义务关系。正是利益相关者的多元性和复杂性，使得建立稳固的合作关系成为未来社区治理的关键。当各个主体之间出现诸如利益分配矛盾、机会主义倾向、组织文化差异、信息不对称等问题时，各利益相关者之间的矛盾冲突就不可避免出现。因此，明确各主体需要承担的合作成本与可能分享的合作收益，实现成本与收益的可预期性，是改进社区治理效率的关键。

在合作成本的分担方面：社区的服务同时面临总量增加与结构调整的需求，对于前者来说，稳定、可持续的资金投入，是保障社区居民充分享有各类服务的关键。基于社区服务的公共属性，社区服务的成本分担机制是在不断提高公共财政对于公共服务支出的前提下，建立不同主体之间的合作机制。因此，政府的财政支持应成为社区公共服务所需资金的主要来源。财政资金的投入方向一方面增加了社区公共服务的供给能力；另一方面也起着引导社会资本投资方向的关键作用。与此同时，构建非营利组织、市场组织的有偿服务甚至居民积极参与的多元提供渠道，以不同公共服务的外溢性为条件，形成多方参与的成本分担机制与社区服务供给机制。而对于社区公共服务结构的调整，则是建立在完善的需求表达机制基础上，对公共服务结构做出的适应性改变。这需要社区各个主体之间建立互通有无的信息传递机制、信息分享机制。

在合作收益的分享方面：合理的收益分享机制，是建立有效的参与激励机制的关键。在古典经济学的"理性人"假设中，利益是影响决策的关键。以社区养老为例，合作收益分享产生了利己利他的积极作用。具体来说，政府、社区机构、志愿组织、社区老年人口构成了这一合作的主要参与者，在合理的成本分担基础上，各个主体都会获得不同类型的收益。首先，有效的社区养老的推进，在人口老龄化、高龄化的背景下，有利于政府公信力的提高；其次，对于社区机构来说，在我国家庭结构逐渐向"4—2—1"转变的环境下，养老服务供给是社区的一项重要职能，其关系着社区未来的走向；再次，对于志愿组织来说，社区养老服务的提供是充分发挥其核心功能的体现；最后，对于老年人口来说，精神慰藉、生活照顾是基本的老年保障。可以说，社区治理过程中各个主体之间合作收益与合作成本的确立，是真正实现社区"共同体"的关键。

第三，合作共识的建立。预期的有利可图，是在各个参与者之间建立合作共识的关键。社区治理事业的发展，并非效率或者利润能够予以激励的，更重要的是基于合作共识的达成。这一共识主要指，在全社会范围内，通过多种宣传手段与工作方式，使全民（包括个体、企业、政府等）形成参与基层社会治理的思维方式，并进而调整各个行为主体的行为方式。在此过程中，重视社会组织的嵌入性发展，可以有效地动员居民、企业等主体参与到社区公共事务的治理以及公共政策的制定与执行之中，进而强化居民对社区归属感和认同感以及企业的公共价值取向。

二　社区治理机制创新

从理论上来说，与国家治理、地方治理、区域治理等形态相比，社区治理是最接近"治理"原意的治理形态，它是由多元主体共同参与、管理、决策和协商的合作治理结构。从社区治理和满足居民最大化需求层面来看，社区治理行为主体是多元化的，包括基层政府、市场、居民委员会、社区居民、社区社会组织、物业公司等。以上行为主体应该在社区治理中发挥着各自不同的作用。

第一，社区居民需求识别机制。社区治理的前提条件是社区成员的共同需求。从对象上来看，社区治理是要有效满足社区居民的。随着社会文明程度的提高，社区作为"居民生活方式载体"的功能特征逐渐开始凸显，而人的发展目标归根结底在于实现生活方式由落后向文明、现代转变。社区居民的共同需求之所以集中体现在"生活方式"领域，原因在于社区生活方式已经成为现代人生活方式的基本组成，正如企业的生产方式是经济增长方式基本组成一样。从某种意义来讲，人类的生存方式可以划分为生产方式与生活方式两大类别。与生产相关的社会需求通常可以理解为单位共同需求，而与生活相关的社会需求在社区这一空间有着典型的同质性。韦伯指出，生活方式的一致形成地位群体，而地位群体又以生活方式的认同作为内部凝聚和外部排斥的机制。

社区居民"文明、健康、现代生活方式"的共同需求与社区的功能密切相关。具体来说，社区功能由最低功能、基本功能和附加功能组成，不同的功能对应不同的共同需求。其一，最低功能是"居住"。这也是社区存在的必要条件。与"居住"功能对应的共同需求集中表现为"社区基础设施需求"，包括生活设施、市政设施、公共基础设施在内的社区基础设施。其二，基本功能是"生命周期的载体"。人的"生老病死"等整个生命周期都发生在"社区"这一载体上，与此功能对应的共同需求集中表现在：妇幼保健、社区养老、社区医疗与康复、殡葬服务等方面。其三，附加功能"休闲"。社区以"休闲"功能区别于劳动场所"生产"功能，与其对应的需求表现为社区文化设施与社区体育设施。

第二，社区居民需求表达机制。社区存在意义的根本体现，在于其满足社区居民需求的程度，社区服务功能的有效体现，其关键也在于此。而社区需求是多个个体、家庭的集体需求，是个体需求的集合。与私人产品供给能够创造私人需求不同，社区服务的供给应以社区需求为依据。因此，社区服务的供给，应以社区需求为导向，其关键在于建立自下而上的需求表达机制。在对社区进行总体人群分类的基础上，根据不同人口的社区需求层次，明确供给主体与供给方式。社区服务需求表达机制建立的关键，在于以下几个方面：其一，保障社区居民的公共事务参与权与决策权，并通过多种途径进行公民知识教育，以此增加社区居民需求表达意愿；其二，完善需求传递渠道。一方面，培育社区的社会组织，使其成为社区集体需求的整合平台，并降低居民集体行动的成本；另一方面，加强基层政府与社区的对接，进而实现供给与需求的有效结合，以确保社区居民的集体需求能够成为供给方的决策依据，实现社区供给服务结构均衡、供给与需求相匹配的目标。这也正是建立差异化社区和推进社会治理精细化基本路径。

第三，社区居民需求供给机制。重点是加大政府购买服务力度。随着城市人口总量的增加，城市社区不断发展壮大，其公共服务需求也随之大幅增加，进而使政府面临的责任范围增大。按照十八届三中全会关于增加政府购买服务力度的精神，以此为基础，评估社区居民的公共服务需求，引入竞争机制，充分发挥各参与主体的比较优势，在更好地满足社区居民需求的同时，也有助于效率的提高。

一般来说，政府购买服务的委托主体是政府，以履行服务社会公众的责任与职能为目的，以公共服务为标的物，将其受托给营利、非营利组织或其他政府部门等各类社会服务机构，由公共财政承担部分或全部购买成本，并承担财政资金筹措、业务监督以及绩效考评的责任。[①] 其前提假设则是营利、非营利组织或其他政府部门等各类社会服务机构在服务供给领域的天然优势，既有利于节约成本，也有利于

---

① 郑卫东：《城市社区建设中的政府购买公共服务研究——以上海市为例》，《云南财经大学学报》2011年第1期。

提高供给效率。在社区服务的政府购买中，一方面应从社区居民的各项基本需求出发，立足于解决群众生活中的具体现实问题，逐步拓展向民间组织购买服务的领域；另一方面应逐步建立第三方的评估监管机制，以确保服务供给者对契约的遵守和服务满足需求的程度。同时，还要有效避免寻租。基层社区是可能产生寻租行为的重点领域。政府在购买公共服务过程中，由于支付方式为公共财政资金而非个人资金，在制度规范尚不健全的情况下，极易滋生腐败现象，甚至会形成政府与民间组织合谋侵害国家财产。

第四，社区居民需求满意度评估机制。以社区居民满意度为输出结果，根据社区共同需求种类，建立指标体系，衡量各类供给的服务满足需求的程度。具体指标体系如表5-2所示。

表5—2　　　　　　社区居民需求满意度评估指标体系

1级指标	2级指标	3级指标
社区居住需求满足程度	生活设施	停车位、商业配套设施等
	市政设施	天然气、供暖、水、电等
生命周期需求满足程度	妇幼保健	优生优育推进、婴幼儿预防接种等
	社区养老	老年人活动场所、老年人居家照料等
	社区医疗与康复	社区诊疗中心分诊能力、康复功能等
	殡葬服务	殡葬场所与物品等
社区休闲需求满足程度	社区文化	社区文化场馆、文化活动等
	社区体育	社区体育场馆、体育活动等

第六讲

社会治理的内核要素

习近平总书记在党的十九大报告中提出了"中国特色社会主义进入新时代,我国社会主要矛盾已经转化为人民日益增长的美好生活需要和不平衡不充分的发展之间的矛盾"①的重大论断,要解决这一社会主要矛盾,要求推进国家治理体系与治理能力现代化。我们要认识到,人民群众是历史的主体,是社会物质财富和精神财富的创造者,是社会变革的决定力量,要坚持以人民为中心,坚持人民群众是决定党和国家前途命运的根本力量。

党的十九大总结社会治理实践与理论创新成果,基于对当前我国社会基本矛盾的准确研判,提出了"构建共建共治共享社会治理格局"的战略任务,完善"党委领导、政府负责、社会协同、公众参与、法治保障的社会治理体制,提高社会治理社会化、法治化、智能化、专业化水平",这就从社会治理的主体、目标以及治理的方式上,廓清了新时代的社会治理谁来治理、怎么治理以及为谁治理的理论难题。同时,这一战略任务将进一步推动国家治理体系建设和治理现代化水平提高,开创新时代中国特色社会主义的社会治理新局面。

共建是基础,要全力构造共建共治共享社会治理格局。共治是关

---

① 习近平:《决胜全面建成小康社会 夺取新时代中国特色社会主义伟大胜利——在中国共产党第十九次全国代表大会上的报告》,《人民日报》2017年10月28日第1版。

键，要营造社会治理的人人参与、人人尽责的良好氛围。共享是成果，要让广大人民群众感受到共建共治带来的获得感、幸福感，让改革发展成果更多更好地共享给广大人民群众。共建是基础、共治是关键、共享是成果，三者是紧密联系的。① 在"三共"联动逻辑下，人民政治权利的现实化被赋予了新时代的特征。

在新时代背景下，为什么人的问题，是检验一个政党、一个政权性质的试金石？这是因为人民当家做主是社会主义民主政治的本质和核心。《习近平谈治国理政》一书中指出："要坚持以人民为中心，把党的群众路线贯彻到治国理政全部活动之中。"要打造共建共治共享的社会治理格局，就必须保证其内核要素，即人民政治权利的现实化。

第一节　共建共治共享的社会治理视域下人民政治权利的理论和现实背景

新时代，共建共治共享的社会治理要以人民政治权利为内核要素，要以实现公共利益作为治理目标，就要求人民政治权利的现实化，强调社会个体的主体性价值，要充分调动社会组织的积极性，进而以公共善治重塑治理主体、治理过程、治理机制，形成善治逻辑下的共建、共治、共享的社会治理格局。

一　理论背景

我国是人民民主专政的社会主义国家，人民拥有广泛的政治权

---

① 习近平：《决胜全面建成小康社会　夺取新时代中国特色社会主义伟大胜利——在中国共产党第十九次全国代表大会上的报告》，《人民日报》2017年10月28日第1版。

利。人民群众是历史的创造者,是决定党和国家前途命运的根本力量。坚持以人民为中心就是坚持人民的主体地位不动摇,坚持立党为公、执政为民,践行全心全意为人民服务的根本宗旨,把党的群众路线贯彻到治国理政的全部活动之中,把人民对美好生活的向往作为奋斗目标,依靠人民创造历史伟业。

新时代,习近平总书记关于国家治理的重要论述中的共建共治共享社会治理格局,是对社会管理理论和社会治理理论的补充与完善。其注意到之前的社会管理理论实际上忽略了社会作为个体、组织之间的利益共同体有自身的独特价值,而社会治理理论仅仅强调参与意义上的政治动员,也使得社会丧失了在实际国家治理过程中决策者、组织者的定位。因此,新时代共建共治共享社会治理理论强调治理主体的共建,就是要改变以往控制、参与逻辑下的主体性价值不彰,实现社会治理的全过程、全体系的"共建"。强调治理主体的多元"共建",也就意味着在实际治理过程中要实现"共治",在最大程度上动员人民主体参与进来。因此,维护人民政治权利的现实化是新时期打造共建共治共享的社会治理新格局的内核要素。

二 现实背景

中国特色社会主义进入新时代,我国社会主要矛盾已经转化为人民日益增长的美好生活需要和不平衡不充分的发展之间的矛盾。在治国理政的实践中,既有的社会管理和社会治理理论体系无法解释当下已经变化了的社会矛盾。以习近平为核心的中国共产党人,顺应时代发展,进一步提出"打造共建共治共享社会治理格局"这一新的伟大决策。"人民对美好生活的向往"这一奋斗目标正是社会治理格局的出发点。这一理论从实质上看,是本土化的解释体系,充分地解释了人民政治权利的现实化是解决已经变化了的社会主要矛盾的内核要素。坚持党领导下的多方参与共同治理,发挥政府、市场、社会、公众等多元主体在社会治理中的协同作用，努力形成社会治理人人参与、人人尽力、人人共享的共建共治共享的现代社会治理格局，从而使社会充满活力又和谐有序，政府治理和社会调节居民自治良性互动，公平正义充分彰显，人民获得感、幸福感、安全感更加充实、更有保障、更可持续，社会文明不断提升①。

第二节　共建共治共享的社会治理视域下人民政治权利的内涵与内容要素

共建共治共享美好生活是人类社会发展的重要目标，是人们追求美好社会的必然行动。自古以来，人类社会不断追求着"一个存在普遍真理、正义、善、繁荣与美好的社会"，从柏拉图的理想国，到莫尔的乌托邦、康帕内拉的太阳城，再到约翰逊的伟大社会。正如公民权在公民生活中的阶段性嵌入一样，人们对于美好社会与美好生活的追求是在实现的过程中日益清晰的。② 一直以来我们所使用的权利、政治权利一词实际上都是西学东渐的结果。受西方政治学的影响，国内不同学者对政治权利的定义存有很大的差异。我国宪法意义上的政治权利，简言之就是根据宪法与法律的相关规定，公民享有参与国家政治生活的权利。《中华人民共和国宪法》明文规定我国公民享有广泛权利，主要有选举权与被选举权；言论、通信、出版、集会、结社、游行、示威权；参加管理国家，担任公职和享受荣誉称号权；参加管理国家事务，管理经济和文化事业，管理社会事务，监督国家机关及其工作人员等权利；对任何国家机关及其工作人员的违法失职行

---

① 黎昕：《关于新时代社会治理创新的若干思考》，《东南学术》2018 年第 5 期。
② 翟绍果、谌基东：《共建美好生活的时代蕴意、内涵特质与实现路径》，《西北大学学报》（哲学社会科学版）2017 年第 6 期。

为有向有关机关进行申诉、控告或检举的权利。政治权利是公民权利的重要组成部分，同时又是公民其他权利的基础。

新时期社会治理的新挑战、新要求和新课题就是要构建适应社会主要矛盾转化了的本土化的人民政治权利。从"管理"到"治理"再到共建共治共享的社会治理，人民政治权利的具体内涵随着人民群众不断深化的物质和精神需求在不同时期的变化而变化。

一 政治资源获得权

政治资源是行为主义政治学的术语之一，是指政治行为主体可用于影响他人行为的手段。政治资源的获得权即公民在行使政治权利的过程中能够有效地获得应享的政治资源的权利。在政治生活中，人们通过对政治资源的利用，以获取期望的结果。

政府信息资源是现代国家的重要战略性资源，在共建共治共享的社会治理格局下，政府信息的共享是政治资源获得的有力保障。因此，必须打破政务信息化建设发展过程中一个普遍现象：信息孤岛和信息壁垒。整合共享作为解决互联互通难、信息共享难、业务协同难等长期悬而未决难题的有效手段，一直是政务信息化建设管理追求的理想境界，这就要求政府联合多元主体进行共治。

协同治理空间内的多元主体共同参与治理，使得社会生态结构下的要素获得公共性内涵，治理主体通过信息分享和优势互补合作，弥补了政府治理空间的"缺位"。主体间通过对各种资源的有效整合形成了一种社会治理群体多元性、社会文化多样性的治理生态圈。主体间共荣共生的关系不仅有利于治理资源的优化配置，也使得社会生态系统朝着持续平衡良性的方向发展，同时有利于治理资源和治理成果的共享配置。在多元组织的协同机制中，资源和要素在主体间通过良好匹配，实现了政府、市场组织和非营利组织间优势互补、资源互惠、功能融合，构建了公共产品有效供给的新制度"三角关系"。治理主体以跨界互动的理念进行治理资源交换和能力整合,建设性地对政治制度资源、政治文化资源、治理信息资源、公共财政资源等治理资源进行了整体上的协同配置。当前,获取政治资源的权利渠道逐渐多元化,在互联网时代,迅速、及时、准确地捕捉政府政策信息对社会多元利益主体意义重大。

在共建共治共享的社会治理视域下,人民的政治资源获得权得到了很大的提升与保障。政府的角色定位及功能发生了不同程度的改变,从政府负责到政府主导,政府角色发生变化。为鼓励群众更多地参与到社会治理中来,政府加大了工作的透明度,并通过多种渠道发布待公民参与决策的相关政府信息,使广大群众有更多的机会参与到政府决策中来。

二 政治参与权

公民资格发展是民主发展的重要前提,公民政治参与权是公民资格的核心要素,因而对民主政治建设具有重要意义。从根本上说,政治权利就是参与政治过程的权利。[1] 政治参与是公民通过一定的方式影响国家政治生活的行为过程,是保障政治系统良性运行的必要条件。民主的本质是人民当家做主,它要求人民广泛的政治参与,以共同管理国家政治、经济、文化和社会事务。为了真正体现人民当家做主的地位,我国宪法明确规定了公民享有广泛的政治参与权,并且建立了人民代表大会制度、中国共产党领导的政治协商制度以及基层民主政治制度等对公民政治参与权加以保障,确保公民在现实生活中能够通过选举、投票、信访等方式来实现政治参与权。

选举权和被选举权作为公民享有的基本的政治权利,是政治参与

---

[1] 董石桃:《公民政治参与权和政治发展——一种参与式民主的反思与构建》,《青海社会科学》2016 年第 5 期。

的重要组成部分。在社会治理过程中，要加强人民当家做主制度保障，采取一切有效的措施保障公民的选举权与被选举权。人民代表大会制度是坚持党的领导、人民当家做主、依法治国有机统一的根本政治制度安排，必须长期坚持、不断完善。要支持和保证人民通过人民代表大会行使国家权力，这是新时期党对立法机关保障人民政治权利提出的新要求。在人民选举和被选举为人大代表上，不断强化其保障措施，加大选举活动的宣传力度和资金投入，从而使各多元利益主体充分发挥其国家主人翁的积极能动精神，投身于推进国家治理体系和治理能力现代化的建设之中。

共建共治共享的新型社会治理格局下，政府逐渐打破封闭心态，努力为人民群众参与治理创造条件，提升人民群众参与热情。在社区的治理过程中，我们可以看到，政府部门通过网络、社交圈、宣传看板等多种方式公开工作，加强教育宣传，使居民群众认识到社区共同利益与自身利益的密切关系，提升居民群众的认同感和归属感。在此基础上引导居民群众参与社区民主管理、重大政策制定或重大决策事项。通过组织社区居民代表协商会议、听证会、业主委员会以及网站、新闻媒体等的宣传，引导居民群体广泛有序地参与。此外还开展了丰富多彩的社会活动，引导居民群众自觉参与社区文化建设，形成和谐互助的良好社区风气。这说明，新型社会治理体系的共建共治共享，实现了共同参与社会治理，保障了公民的政治参与权。

在技术方面，随着大数据时代的到来，"互联网＋"得到飞速发展，电子政务、智慧城市、新型社区治理等都为人民参政议政提供便利的网络问政平台，公民政治参与的渠道逐渐多元化，这在为公民政治参与提供了诸多便利的同时，也极大地提升了公民政治参与的热情，从而使得公民政治参与权得到有效运用。

共建共治共享社会治理机制为公民政治参与提供了平台依托、政治保障、社会支持和技术保障。坚持在党委领导、政府负责、社会协同、公众参与、法治保障社会治理体系下，使公民有组织地参与社会治理，大大强化个人与国家之间的联系与互动，有效地提高了政治参与的质量，打破了西方式的"精英政治"和"专家政治"，使得广大人民都能在共建共治共享的社会中进行广泛的政治参与，有效行使其作为国家主人翁的政治参与权。

三 政策议程影响权

政策议程是一个政策的形成环节，从问题观出发强调政策议程是政策问题的生成机制，是社会问题质变为政策问题的关键环节，或者从排序观出发强调政策议程对政策问题的重要性排序，突出议程设置的计划性。学者王绍光指出，公共政策议程是指某一引起公共政策决定者深切关注并确定必须解决的公共问题，以及正式提起政策讨论，决定政府是否对其采取行动、何时采取行动、采取什么行动的政策过程。[①] 由定义我们可以看出，公民有权利影响政策议程的形成，这就是公民所享有的政策议程影响权，在共建共治共享的社会治理新模式下，公民的政策议程影响权得到了进一步的发展。

一般认为，公共政策议程的阶段可以分为公众议程和政府议程两个互相关联的阶段。公众议程，指某个社会问题引起了社会公众的普遍关注和共同讨论，并联合向政府有关部门提出政策诉求，要求采取措施或制定政策加以解决的议程阶段。政府议程，也称为正式议程，指政府组织正式讨论和认定有关公共政策问题的过程。简单来说，公众议程和公共利益的表达相关联，而政府议程和各种利益的综合相关联，公众和政府都属于公共政策议程的参与者。当诸如自然事件和社会冲突等内在和外在的客观问题影响到了公众或政府的切身利益，受到普遍关注，并进行广泛的讨论和发表不同意见的时候，公共政策议

[①] 王绍光：《中国公共政策议程设置的模式》，《中国社会科学》2006 年第 5 期。

程便正式启动了。

共建共治共享的新型社会治理模式下,政府负责逐渐向政府主导转化,人民参与政策议程制定的程度被大大地提高。公众运用手中的政策议程影响权积极参与到政策议程的过程中来,结合自身实际分析哪些问题可形成一项政策问题,哪些问题更具有公共性质,选择一定的标准对待解决的政策问题进行排序。在这一过程中,公民的政策议程影响权得到了切实的发挥与保障,随着共建共治共享新型社会治理模式的不断深入,人民参与政策议程的范围不断扩大。

同时,我们也应该注意到,政府虽然在促进公民参与政策议程上做出了巨大努力,但是对公众参与政策议程设置的研究不够深入,当下对公众参与政策议程设置的研究缺乏系统性,缺少对公众参与政策议程设置的价值导向、参与机制和路径优化等问题的深入探究。[①] 这些问题关系到公民有序参与政策议程是否能取得长足发展,也关系到公民的政策议程参与权的制度保障。在共建共治共享的新型社会治理模式下这些问题有待进一步解决。

四 政治评价权

政治评价是指从政治的角度对技术方案进行的评价,其目的一是为了判断技术方案是否符合党的方针政策,是否符合政府法令条例等要求;二是为决策者提供政治方面的评价意见。政治评价的方法主要有专门咨询法和评分法。政治评价不是今天才出现的,它是在中国古代社会政治生活中逐渐产生发展起来的,民本思想即政治评价的产物。在中国古代,民本思想通常以"王道"的面目出现,社会大众常常用以衡量一个君主、一个王朝是否达到"王道"的标准,以及与这

[①] 孙萍、许阳:《公共政策议程设置研究现状梳理与评价》,《广东行政学院学报》2012 年第 3 期。

个标准有多大差距。今天，政治评价的标准已然多样化，政府的办事效率、公共产品的提供、公务人员的工作态度等都可以作为人民评价一个政府优缺的标准，相应地，公民也就更有可能真正地去行使政治评价权。特别是在共建共治共享的新型社会治理模式下，以往社会治理过程中许多在保障公民政治评价权上的不足之处得到了进一步改善。

党的群众路线与人民政治评价权的行使是一个双向互动关系。一切为了群众，一切依靠群众，从群众中来，到群众中去，是党的群众路线。同广大人民群众保持最密切的联系，是共产党的优良传统和作风，也是我们党获得力量和生机的源泉。可以说，党的群众路线就是党的生命线，这就为人民享有政治评价权提供了理论基础。同时，我们也看到，随着时间的推移，一些地方的某些干部逐渐开始脱离群众、害怕群众、疏远群众，不敢让群众说话，不敢让群众来评价自己，造成党群关系、干群关系的紧张。为了改变这种不良现象，保障人民评价权的行使就显得至关重要。

共建共治共享的新型社会治理模式下，必须深刻认识到坚持党的群众路线，保持党和人民群众血肉联系的极端重要性，这就要求要切实保障人民政治评价权的行使，认真听取人民群众的意见和建议，及时对公众的评价做出反应，解决相关问题，利用好人民群众的意见，以此作为提升工作水平的推动力量。此外，在新型治理模式下政府的开放程度不断提高，为了各项工作的质量有保障，政府部门就必须同时扩大并保障公民政治评价权，使公民在政治评价权的使用上更加便捷，从而保证政府各项工作的质量。

总之，在共建共治共享的新型社会治理模式下扩大人民群众对政府的评价权，是党执政为民和密切党与人民群众血肉联系的重要途径，是加强政府工作的民主化、公开性和透明度的新举措，也是发展社会主义民主政治、建设社会主义政治文明的必然选择。近年来，一些地方已经开展了"万人评政府"和党政机关的民主评议等活动,这对于人民政治评价权是一个可喜的进展。我们要在这个基础上,总结经验,开拓创新,与时俱进,把这项工作做实、做好。

第三节　社会治理过程中人民政治权利赋予、行使与效力现状

中国特色社会主义进入了新时代是我国当前发展的新的历史方位,这是一个承前启后、继往开来、在新的历史条件下继续夺取中国特色社会主义伟大胜利的时代,这是一个决胜全面建成小康社会、进而全面建设社会主义现代化强国的时代,这是一个全国各族人民团结奋斗、不断创造美好生活、逐步实现全体人民共同富裕的时代,这是一个全体中华儿女勠力同心、奋力实现中华民族伟大复兴中国梦的时代,这是一个我国日益走近世界舞台中央、不断为人类做出更大贡献的时代。[①] 为了顺应新时代,建设中国特色社会主义、现代化强国、共同富裕、民族复兴、世界舞台,就必须赋予人民政治权利新的时代内涵。这不同于以往单向或者不健全、不全面、不系统的政治权利体系,而是要求人民政治权利贯穿于"共建共治共享"的社会治理过程中。

共建共治共享的新型社会治理模式下的社会治理集中体现在共治层面,即多元社会主体参与到社会治理的过程中,其中人民是参与社会治理的一个重要主体。在这一过程中人民被赋予一定的政治权利,在理性有序行使权利的前提下产生积极的社会效力。

[①] 参见习近平《决胜全面建成小康社会　夺取新时代中国特色社会主义伟大胜利——在中国共产党第十九次全国代表大会上的报告》,《人民日报》2017年10月28日第1版。

一　人民政治权利的赋予

与古代不同，当代人对幸福的讨论与权利紧密相关。权利一词与人权密不可分，人权这一术语产生于西方，严格说来，现代意义上的"权利"观念主要产生于启蒙时期，即欧洲的十七八世纪。最重要的代表是霍布斯、洛克和康德等人，他们将权利的概念从上帝那里解脱出来，进行了世俗化的说明。但权利的内涵必须由不同的文化来填充。

中华人民共和国成立初期，由于全国许多地方尚无条件召开普选的人民代表大会，故而《中国人民政治协商会议共同纲领》（下文简称《共同纲领》）规定"各界人民代表会议"为地方政权的组织形式，在条件许可的时候召集并"逐步地代行人民代表大会的职权"。此时人民的政治权利是由代行《宪法》的《共同纲领》以根本大法的形式赋予。随着社会主义初级阶段国家制度体系不断健全，《宪法》的颁布使得人民的政治权利得到合法性的认可。《宪法》规定中华人民共和国的一切权力属于人民，人民行使国家权力的机关是全国人民代表大会和地方各级人民代表大会。人民依照法律规定，通过各种途径和形式，管理国家事务，管理社会事务，管理经济和文化事业。

社会结构的变动，使得社会治理遇到了前所未有的变化与挑战。"谁来治"是打造共建共治共享社会治理格局的一个重要层面，这个问题的解决对于如何在时代发展的大环境下，实现社会的稳步改革，应对各种风险挑战，实现各种矛盾的处理有着重要意义。在我国，人民群众是中国特色社会主义各项事业的治理主体。中国特色社会主义坚持依法治国，人民是国家治理的主人，在依法治国中处于主体地位，起着主体作用。因此"谁来治"中的一个至关重要的主体就是人民群众，这也就使得共建共治共享社会治理背景下人民需要被赋予切实可操作的政治权利，以保证人民在参与社会治理的过程中能够发挥应有的作用。

二　人民政治权利的行使

共建共治共享的新型社会治理模式下，人民既已被赋予了广泛且真实的政治权利，那么人民在社会治理中如何行使权利，如何保证权利行使的质量就成了至关重要的问题。

保证人民在行使权利的方式上要合法合理，这里的要求是不能违反法律，在法律的框架内行使权利；权利与义务相结合，行使政治权利的同时要履行政治义务；不能侵犯他人正当权利的行使。总的来说，保证权利行使的方式比较容易规范和易于做到，而保证权利行使的质量就比较困难。一直以来，公民政治素质的参差不齐是导致我国民主政治进程推进缓慢的重要原因之一，给新型社会治理中人民政治权利的有效行使带来了挑战。近年来政府转变行政思维，鼓励公民广泛参与社会政治生活，很大程度上提升了人民的政治热情，改善了早些年人民的政治冷漠情绪，但同时也引发了一些乱象，特别是在新媒体的推广之下，一部分有着消极情绪的民众公开抨击政府，言辞激烈且不符合事实，给政府带来巨大的舆论压力，十分不利于社会治理活动的开展。针对这样的现状，政府要在鼓励群众参与的同时经常性地开展政治教育活动，让人民有机会学习相关政治领域的知识，逐步提升自身的政治素养，从而更好地行使手中的政治权利。

三　人民政治权利的效力

新型社会治理下人民政治权利有着巨大的效力，这主要是因为两方面原因。一方面，"共治"带来的社会成果由人民"共享"，这使得作为社会治理主体的人民将政治权利的行使与自身利益紧密联系起来，因而会更加审慎地行使权利参与社会治理，群众出于自身的利益最大化的目的会使政治权利所带来的效益发挥到最大；另一方面是因为人民身份的双重性，人民作为社会治理的主体，具有天然的优势，在社会治理的过程中，人民既是治理者又是被治理者，集权利、信息以及渠道等资源于一身，这就使得人民在社会治理的过程中免于信息不对称等一系列曾困扰政府部门的问题，并且能够准确锁定问题，精准治理，提高工作效率节省政治资源。在社会治理的过程中保证公民合法有序地行使政治权利，将是政府突破以往工作瓶颈的重要力量，随着公民政治权利的不断完善与发展，在社会治理的过程中将会发挥更大的效能。

第四节　社会治理过程中人民政治权利体系建设问题甄别与溯因

人民政治权利体系即由各项人民权利构成的有机系统，这是一个随着社会发展进步不断更新完善的动态系统，在新型社会治理的时代背景下，社会环境发生了改变，各个社会治理主体空前活跃。为了适应社会环境的变化，需要对原有的人民政治权利体系加以建设，在这过程中难免存在许多问题，我们要对这些问题加以甄别并且追溯其产生的原因。

一　人民政治权利体系建设中的问题

在共建共治共享的新型社会治理模式下，在有关人民政治权利体系建设方面存在一个显著的问题即权利被虚置，这是说虽然共建共治共享要求人民运用政治权利积极参与社会的共同治理，实现多元主体的治理，但是单一的以政府为主体的治理模式依旧在一些地区和政府部门中存在着。比如，部分地方政府在社会治理中占绝对主导，社会组织和公民很难参与到社会治理工作中，或者很难对政府的社会治理工作产生实质性影响；公民参与社会治理缺少制度基础，参与社会治理的效果不理想；部分民众对政府权力仍存有较强的依赖心理，对自己参与社会治理的权利并不看重。如此必然导致公民参与的不足，公民的政治权利得不到真正的利用，公民参与社会治理的作用没有得到有效发挥，使共治的质量大打折扣。政治参与权利得不到保障，那么权利体系的建设就无从谈起，即便是建立起来，这样的权利体系也无法完成多元主体社会治理的任务。面对人民权利建设体系中存在的问题，我们应该追溯其原因以更好地认识问题、解决问题。

二 产生问题的原因

人民的政治权利被忽视，以及相应的权利体系无法建设，是因为我国社会中缺乏完善的多元主体治理体系，大的体系框架不完善，使得低层次的权利体系建设无所依靠。进一步讲，我国之所以缺乏完善的多元主体治理体系，从根本上说还是多元主体治理观念的缺失，现代社会治理体系强调多元主体的共建共治共享，重视多元社会主体参与社会治理的权利，弱化公权力，我国社会治理威权中心已经悄然发生了转型，但是问题在于我国以政府为主体，由政府负责的社会治理观念已经深入人心。一方面，政府官员不肯放弃自己作为威权中心的地位，不肯将权力分散以保证自己的绝对主导地位；另一方面，人民没有治理经验，不知道如何运用手中的权利，或者是认为在强大的政府面前自己的政治权利微不足道。如此一来，作为权利体系内核的公民权利被虚置，人民政治权利体系的建设无法进行。[1]

面对问题，既知其根源接下来要做的就是对症下药，找出解决对

---

[1] 贾德荣、王国安：《努力打造共建共治共享的社会治理格局》，《中共山西省委党校学报》2018年第3期。

策。政府观念的转变有赖于制度的建立，因此从制度层面上使地方政府与社会民众取得平等地位是地方政府转变观念进而实施多元主体治理模式的重要环节。一方面，在顶层设计上，中央应对地方政府较为成熟的多元主体治理实践进行制度化安排，并积极组织地方政府之间的学习交流，推进多元主体治理模式由"试点"阶段向"扩散"阶段推进；另一方面，地方政府需从制度上确认社会民众在社会治理过程中的主体地位，实现多元主体社会治理模式在制度层面的稳态化。总之，在政府与民众的交往中，政府具有天然的优势，因此政府一方面要避免居高临下地与民众对谈的现象；另一方面必须面对当下已经到了将社会公共事务进行分工的时刻的现实。在公众和社团协商意识和力量比较薄弱的情况下，政府应积极提供更多的资源、渠道和信息，并用立法的形式予以规范，促使公众和社团参与社会治理。在这样的环境下，多元主体的社会治理模式才能够逐步建立，人民也会重视并运用手中的政治权利，最终使人民的政治权利体系得以建立。[①]

第五节 共建共治共享的社会治理视域下人民政治权利体系建设的路径与策略

在上一节中我们已经对人民政治权利体系建设所面临的问题以及原因做了探讨，并且得出了建设人民政治权利体系必须首先建构好多元主体治理体系这样的结论，在本节中我们要探讨的是人民政治权利体系建设的路径与策略。

---

① 参见吴燕怡《基层行政协商研究》，云南大学出版社2016年版。

一 价值定位

价值定位是一个来自经济学领域的概念，在经济学中价值定位是指企业为了解顾客的需求，确定如何提供响应每一顾客群独特偏好的产品与服务的筹划。在政治学中价值定位可以狭义地理解为在公共政策的制定过程中，政府以公众的需求为标准来对某项政策进行筹划。可见，人民政治权利体系的价值定位是人民对于各项政治权利的需求。

价值定位在一个体系的构建中起着精神支撑与导向作用，这一点在人民政治权利体系的构建中显得尤为重要，正确的价值定位关系着人民政治权利体系能否适应多变的社会政治环境。共建共治共享的新型社会治理模式下，社会政治价值定位总体框架不变，但在细节上又增加了许多新内容。同时应该注意到人民群众是一个极其庞大驳杂的群体，人们因性别、年龄、职业、地域等不同，而对政治权利有着不同的诉求，由此产生的价值诉求也就不同。这就导致了人民政治权利体系在建设的过程中价值定位的不明晰，从而要求在建设公民政治权利体系的过程中，把握好价值定位的问题。

中国是人民民主专政的社会主义国家，中国特色社会主义制度下人民权利具有广泛性和真实性，人民在社会政治生活中的主体地位决定了人民政治权利在政治运行中的特殊作用。党的十九大报告指出，"把党的群众路线贯彻到治国理政全部活动之中，把人民对美好生活的向往作为奋斗目标"。由此我们能够得出，人民政治权利体系建设的价值定位在于权利的真正落实，使权利的行使能够提升人民的生活质量。同时要注意的是，人民政治权利体系建设的价值定位首先应该包含于整个社会的价值定位之中，即坚持马克思主义在意识形态领域的指导地位，弘扬社会主义核心价值观。

二 政治权利界域

政治权利的界域即公民在行使政治权利时所不能突破的界限。共建共治共享的新型社会治理模式之下，相对宽松的社会政治氛围使得人民的政治权利在行使上更加通畅，在一定程度上可以说新型社会治理模式强化了人民的政治权利。公民的政治权利的行使需要设置一定的边界，把权利控制在它可以发挥积极作用的界域之内，政治权利不是万能的，对于超出公民政治权利范围的领域，要严格把控政治权利的介入，以避免不必要的混乱发生。

公民政治权利的行使存在两个边界：一是因权利主体不同所形成的界域；二是因权利个体不同所形成的界域。前者存在于公民主体与政府主体之间，政府虽然积极引导公民参与公共治理，但是这并不意味着政府放弃了自己应有的权力，公民主体要认清这一点，处理好公民权利与政府权力之间的界限。后者是公民个体之间存在的权利界限，在我国每个公民都是权利与义务的结合体，公民在行使权利的时候要认识到的是"他人的权利就是我权利的边界"。

厘清权利的边界问题，对于共建共治共享新型社会治理模式下人民政治权利体系的建设有着重要意义，确保了政治权利体系的应用领域，同时也为人民有序参与社会治理提供了保障。

三 政治权利的效力

政治权利的效力顾名思义是指公民在行使政治权利的过程中所产生的作用与影响，是公民政治权利价值体系建设的目标导向。一定意义上讲，构建公民政治权利体系是为了产生一定的社会效力。

共建共治共享的新型社会治理模式下，人民作为多元治理主体之一，在治理体系中的地位得到了提升，能够更加有效地行使手中的政治权利，可以说公民的政治权利一定程度上得到了加强，这意味着政治权利的效力得到了扩大。在共建共治共享的新型社会治理模式下，政治权利的效力发挥在许多方面都有所体现，例如因公民参与政策制定的程度提高而使得公共政策的水平大为提升，社会主体积极参与社会治理使得社会秩序规范化程度提高。政府要进一步保障公民政治权利不受侵犯，更加完善公民政治权力体系，从而保证人民政治权利的效力能够一直保持有效发挥。

四 政治权利运用的保障机制

建立保障机制以确保政治权利运用的有序化、长久化，也是建设人民政治权利体系的一项重要内容。权利得不到保障也就得不到发展，进而无法发挥应有的功能。为了确保人民的各项政治权利能够得到真正运用，就需要将人民政治权利的运用制度化、规范化。

共建共治共享的新型社会治理模式下，对政治权利的运用主要有以下几方面保障措施：首先，构建法律政策体系。当前在公民权利运用的过程中，往往是出现一个问题建立一个解决问题的相关政策，一个个孤立的政策法规往往不能对整个权利运行的动态过程进行保障，因此构建一个成套的法律体系显得至关重要。其次，加强信息技术保障。信息技术的应用在今天来看已经与各个领域相交融，在对人民政治权利运用进行保障方面，信息技术也发挥着重要的作用，利用信息技术便利权利的运用，从拓宽参与渠道来对政治权利的运用加以保障。最后，加强人才保障。人民运用政治权利参与公共政策制定与公共事务治理的过程需要加以有效引导。这是因为共建共治共享社会治理模式下人民政治权利被加强，但是相当一部分人民群众还不能很好地运用手中的权利。政府要引进人才，对人民运用政治权利的各个关键环节加以引导，从而保证权利运用的效力发挥到最大。根据以上措施建设人民政治权利运用的保障体系，进而实现政治权利有效运用的长期化和有序化。

第七讲

社会治理的工具要素

共建共治共享的社会治理格局，意味着社会治理有赖于其他成员的广泛参与，意味着社会治理是一个动态发展的持续性状态，在这种治理格局之中，"共建共治"确立主体资格，"共享"则使获得感、幸福感、安全感更加充实、更可持续、更有保障。随着生产力的发展，人民更加追求美好的物质生活和精神生活，人民日益增长的美好生活需要和不平衡不充分的发展之间的矛盾已经成为社会主要矛盾。而要满足人民的美好生活需要，政府就要更加关注民生，在基本公共服务领域，不断提供并优化公共服务供给，促进基本公共服务均等化。本讲通过在公共服务供给领域引入共建共治共享的理念，从而为多元化主体的参与和协同推进提供了路径指引。

第一节 公共服务多元化供给的理论与现实背景

公共服务是具有共同消费特征的公共物品与服务，具有非竞争性与非排他性的特征，因此传统的理论与实际情况都认为公共服务的供给者是政府，而且是唯一的供给者。但是随着社会的发展，政府职能的转变以及人们需求日益多元化，公共服务的唯一供给者政府，提供的公共服务不能满足居民的需求，因此公共服务的多元供给成为社会发展的必然结果。公共服务多元化供给，也就是公共服务供给主体的多元化，即改变原有供给模式中政府一元化的垄断状态，转而向包括政府、企业、非营利组织、公民个人等在内的多元化供给主体模式发展。现阶段我国公共服务体制正在转向多元化的供给方式，这基于当前的理论研究和社会经济发展的现实背景。

一 公共服务多元供给的理论基础

（一）公共产品理论

公共产品是指具有效用的不可分割性、非竞争性与非排他性特征的产品，即公共产品在消费过程中属于共同消费，不能排斥任何一人消费这一物品，并且一个人的消费并不影响其他人的消费数量与消费质量。因此，这一物品一旦提供任何人都可以在不付费的情况下消费，就会出现"搭便车"的问题。对于私人或市场而言，投入与收益不对等，即公共产品所产生的收益不能全部收回，具有正外部性。所以在市场提供公共物品的过程中，存在供给不足的问题。正是由于这一"市场失灵"的原因，公共产品应该由政府提供，这成为政府的基本职能之一。

公共服务指政府利用公共权力或公共资源，为促进居民基本消费的平等化，通过分担居民消费风险而进行的一系列公共行为。[1] 从定义中可以看出，公共服务属于公共产品，是政府利用公共权力或公共资源，为居民提供服务的公共行为，是政府的基本职能之一。因此，从公共产品理论的角度看，公共服务的提供主体或最主要的主体是政府。

（二）政府失灵理论

在西方经济学的发展历史中资源配置的方式有"看不见的手"与

---

[1] 刘本旺：《参政议政用语集》，群言出版社2014年版，第224页。

"看得见的手"两种,在自由资本主义时期,市场在"无形的手"的调节下,政府施行的是"守夜人"的职能,但从西方经济学的历史发展看,在"看不见的手"的调节下,市场不能解决公共物品、外部性、信息不对称、垄断等问题,即存在市场失灵的问题。在1929年到1933年的世界经济危机发生后,凯恩斯主义应运而生,主张政府全面干预,解决由于市场失灵而导致的经济危机问题。但在20世纪70年代西方国家出现了滞涨的问题,人们开始认识到政府与市场一样也存在失灵的问题,即"政府失灵",主要是指政府干预经济的行为并不如理论上所说的或人们所期待的那样有效,不仅未能有效地克服市场失灵问题,相反,却阻碍和限制了市场功能的正常发挥,导致经济关系的扭曲、市场缺陷和混乱加重,造成资源浪费,给社会带来灾难。①

从市场失灵与政府失灵的理论中可以看出在公共物品的提供过程中,不管是市场还是政府都存在一定的问题,如市场提供不足,而政府却效率不高等。因此,公共物品的提供不可能是政府或市场单一的主体,而应是市场、政府或与其他主体共同承担,更有效率地为人民提供满意的、符合需求的公共物品。

(三) 新公共管理理论

自20世纪80年代以来,新公共管理理论席卷全球,其研究范式为公共服务供给多元化提供了理论背景。政府失灵带来的公共服务的低效,新公共管理理论对政府职能市场化的推行以及对社会组织的功能优势的倡导,成为公共服务多元化供给的理论基础。

新公共管理理论认为,政府失灵带来公共服务的低效。改革开放以来,我国在基础教育、公共医疗卫生、社会救助和福利等领域取得了显著的成就,但是随着社会公共问题的日益突出,政府在公共服务

---

① 季艳霞:《政府经济学》,首都经济贸易大学出版社2014年版,第175页。

供给领域政策和资金投入不足、管理体制僵化、公共服务供给监督机制缺失以及第三方参与供给的机制不完善等问题，造成政府在公共服务供给领域的效率低下，不能满足社会成员的需要，存在政府失灵的问题。

新公共管理范式内核之一，就是强调政府职能的市场化——包括国有企业的民营化、公共事务引入内部市场机制等。民营化成了政府体制改革的主流趋势，政府更多地依靠民间机构，更少地依赖其本身来满足公众的需求，并通过以公私伙伴关系的合作治理方式来提供公共产品服务和进行治理体制的创新。

新公共管理理论的推进，促进了公民社会的发展和社会组织的功能优势的凸显。公民的自由民主意识、自主自治理念和志愿服务意识越来越明确，越来越多的社会公众相继加入社会组织中，积极参与公益活动，使得社会组织成为公共服务供给的一股重要力量。

二　公共服务多元供给的现实需求

公共服务供给多元化是我国社会经济发展的必然要求，是我国居民生活水平提升、全面实现小康社会的现实需求，是我国打造共建共享的社会治理格局的具体体现。政府作为公共服务供给的主要主体（或在以前是唯一的主体），随着我国社会经济的发展、人民生活水平的提升，人民的需求日益多样化、层次化，但政府对公共服务的供给在满足居民的多样化的需求过程中显得力不从心，而且政府公共服务供给的财政压力也越来越大。因此，为了满足居民的多样化需求，为全面构建小康社会提供基础，公共服务供给的主体应该实现多元化，政府、市场、社会都成为公共服务供给的主要主体。另外，我国在党的十九大报告中也明确地提出要打造共建共治共享的社会治理格局。加强社会治理制度建设，完善党委领导、政府负责、社会协同、公众参与、法治保障的社会治理体制，提高社会治理社会化、法治化、智能化、专业化水平。① 因此，从我国社会治理的格局看公共服务的供给也应该实现多元化。

三 公共服务多元化供给的内涵

基本公共服务，指建立在一定社会共识基础上，由政府主导提供的，与经济社会发展水平和阶段相适应，旨在保障全体公民生存和发展基本需求的公共服务。享有基本公共服务属于公民的权利，提供基本公共服务是政府的职责。② 而公共服务供给是指如何为居民提供公共服务。在本书中讨论的"公共服务多元化供给"，基于以下内涵：

公共服务多元化供给，是指政府、市场、社会组织三者共同成为公共服务的供给主体，即"政府—市场—社会"在公共服务的不同领域、不同层级以多种方式共同提供公共服务的供给模式。这种多元化供给模式基于"多中心"治理理念，即在自主治理的基础上形成多个权利或服务的中心，并且通过各个中心之间的竞争、协调、合作，尽可能多、尽可能好地为公民提供公共物品和公共服务。③

这种模式基于一个假设：各个主体在公共服务的生产和提供的过程中都有其独特的优势；通过汲取各方的优势力量建立互补性的合作关系，成为有效、有序的公共服务供给制度。这个供给模式成功的一个必备条件是：政府职能如何市场化以及政府在公共服务多元化供给中的定位。我们会在后面进一步讨论。

---

① 参见习近平《决胜全面建成小康社会　夺取新时代中国特色社会主义伟大胜利——在中国共产党第十九次全国代表大会上的报告》，《人民日报》2017 年 10 月 28 日第 1 版。
② 国务院：《国家基本公共服务体系"十二五"规划》，2017 年。
③ 林安红：《多中心治理视野下社会中介组织与政府的关系解读》，《中南大学学报》（社会科学版）2017 年第 4 期。

第二节 公共服务多元化供给的内容要素

一 供给边界（非基本公共服务）

公共服务，从经济学的范畴看，属于一种公共物品，具有非竞争性和非排他性的特点。根据公共服务水平和层次的不同，公共服务包括基本公共服务和非基本公共服务两部分。

基本公共服务，是指政府依照法律法规，为保障全体公民基本社会权利、基础性的社会福利水平，必须向全体居民均等地提供的社会公共服务。首先，这种公共服务是一种纯公共服务，因此不能笼统地讲文化、教育、科学、卫生、社会保障等是基本公共服务，而只能将其中的义务教育、公共卫生、基础科学研究、公益性文化事业和社会救济等，纳入基本公共服务范围。其次，这种公共服务具有全体性、基础性和均等性的特点，旨在保障全体公民生存和发展的基本需求。

因此，从供给主体讲，基本公共服务必须由政府主导提供。这基于基本公共服务三个核心要素：一是满足社会普遍的基本生存和发展需求；二是与经济社会发展特定阶段和水平相适应，基于维护我国的经济社会稳定、社会正义和凝聚力；三是范围尽量覆盖全体公民。

非基本公共服务，是指混合公共服务或政府为满足更高层次的社会公共需求而提供的公共服务和产品，包括准基本公共服务和经营性社会公共服务。

准基本公共服务，是为保障社会整体福利水平所必需的，同时又引入市场机制提供或运营的，但由于政府定价等原因而没有营利空间或营利空间较小，尚需政府采取多种措施给予支持的公共服务。包括高等教育、职业教育、基本医疗服务、群众文化、全民健身等服务。

经营性社会公共服务，是为了满足居民多样化需求的公共服务，完全可以通过市场配置资源。政府不再直接提供这类服务，而是通过开放市场并加强监管，鼓励和引导社会力量举办和经营。包括经营性文艺演出，影视节目的制作、发行和销售，体育休闲娱乐等服务。

这两类非基本公共服务的供给主体应当多元化，政府、社会组织、市场均可成为供给者；引入市场机制，提高公共服务供给的效率、降低交易成本。当前，福建省已经开始了试行。福建省人民政府办公厅出台了《福建省人民政府办公厅关于进一步激发社会领域投资活力的实施意见》，提出"在政府切实履行好基本公共服务职责的同时，把非基本公共服务更多地交给市场，注重调动社会力量，降低制度性交易成本，吸引各类投资进入社会领域"[1]。

因此，在共建共治共享的社会治理理念和我国现阶段经济发展的背景下，当前我国公共服务多元化供给的范畴主要为非基本公共服务领域。

二 主体网络

随着经济全球化、治理理论的深入发展，面对日益变幻莫测的外部环境和多元化的公众需求，原先片面地依靠政府机制、市场的竞争机制或者是社会的志愿服务机制来进行公共服务供给的方式已经是捉襟见肘，公共服务供给往往是通过政府、市场和社会三者之间的合作伙伴关系得以实现。政府、市场、社会组织，构成我国当前公共服务多元化供给的主体网络。

（一）政府

政府的一项主要职能就是提供公共物品和公共服务。国家主义认为提供公共物品是政府的主要责任，这一举动强化了政府对普通公民

---

[1] 福建省人民政府办公厅：《福建省人民政府关于进一步激发社会领域投资活力的实施意见》，2018年。

生活的贡献。这项职责要求政府在以下三个方面承担责任：一是保障社会公民的基本生存权，二是满足基本尊严（或体面）和基本能力的需要，三是满足基本健康的需要，这些构成了基本公共服务的主要内容。因此，政府机构是基本公共服务的供给主体，包括义务教育、公共卫生和基本医疗、基本社会保障、公共就业服务。

同时，制度设计和监督也是政府在公共服务领域的一项重要职能。政府通过制度设计，包括法律、法规、各项政策，为公共服务体系提供各种制度安排和外部环境；另外，良好的制度设计对市场主体和社会组织在公共服务领域的运行也会起到监督和引导作用。

（二）市场

市场，是公共服务供给的重要主体之一。市场成为公共服务的供给主体之一，是指根据市场机制、按照自由交换原则，为社会成员供给准公共服务。新公共管理运动中的市场化供给则是在"掌舵"与"划桨"相分离的前提下，将原本交由政府机构生产的物品在确定了其种类、数量和质量之后，通过市场招标及订立契约的方式交由以营利为目的的组织来生产。[①]

在经营性强、适合竞争性的项目上交由市场上的企业主体来参与服务提供，其前提为政府设计和监督。所以，这实际上是市场与政府的联合供给，是一种半市场化供给方式，它仍然在政府权威的框架下进行。

（三）社会组织

社会组织，即非营利组织，也是公共服务多元化供给的主体之一。公共服务的非营利组织供给，是指不以营利为目的，通过政府或社会慈善等途径的财政支持和组织成员的志愿服务来向公众供给公共

---

① 郑谦：《公共性视角下的公共物品供给主体之辨——多元化的困境分析》，《中共福建省委党校学报》2007年第3期。

服务的一种方式。

根据萨拉蒙的"第三政府理论",鉴于政府在提供公共物品和服务上存在失灵现象,政府在公共服务供给上必须与社会组织合作,实现功能上的互补,以充分发挥社会组织的功能和优势,更加有效地提供公共服务。社会组织的功能优势主要有:第一,提供服务,承担政府转移出的公共事务并对公共服务需求做出快速回应,在政府难以覆盖和触及的服务领域充分发挥优势,甚至承接政府出资购买的志愿者服务、社区服务和某些专项事务服务等;第二,进行价值倡导,加大对公民民主意识的培养;第三,聚集资源,动员和整合社会资源,促进社会资本积累。

因此,在一些"市场失灵"和"政府失灵"的空白领域,例如对妇女、儿童、残疾人、贫困者的保护等,政府可以通过外包给志愿性的社会组织的方式来服务,以提高公共服务的有效性。因为在这些领域,一方面政府由于本身能力限制,难以全面照顾到这部分人的利益,另一方面市场又不愿介入这一领域,这就为非营利组织发挥优势功能提供了空间。在国外,非营利组织发展比较充分,在弥补公共服务供给市场失灵和政府失灵方面发挥着重要的作用,成为社会发展的减震器和缓冲器。

政府、市场、社会组织,成为共建共治共享背景下公共服务供给多元化的三个主体。三者在服务供给方面相互补充、相互促进,共同维持着公共服务的有效性和有序性。

三 工具方法(PPP/BOT等公司合作模式)

政府将一些本需要自己承担的公共服务以合同的形式承包给其他的社会组织去经营,以此来完成公共服务的制度供给。其主要思路是:一是进行市场化运作,政府通过多种购买以及委托代理方式,与企业、组织合作为社会提供各种公共服务,充分发挥市场在公共服务资源中的配置作用；二是充分发挥志愿者的主动性，以政策扶持等方式充分与社会组织合作提供非基本公共服务。具体形式有以下几种：

（一）公私合营形式（PPP）

PPP（Public-Private-Partnership）模式，是指政府与私人组织之间，为了提供某种公共物品和服务，以特许权协议为基础，彼此之间形成一种伙伴式的合作关系，并通过签署合同来明确双方的权利和义务，以确保合作的顺利完成，最终使合作各方达到比预期单独行动更为有利的结果。PPP模式将部分政府责任以特许经营权方式转移给社会主体（企业），政府与社会主体建立起"利益共享、风险共担、全程合作"的共同体关系，政府的财政负担减轻，社会主体的投资风险减小。

在实践层面，我国在公共服务领域积极推进PPP项目。2015年3月10日国家发展改革委、国家开发银行联合印发《关于推进开发性金融支持政府和社会资本合作有关工作的通知》，对发挥开发性金融积极作用、推进PPP项目顺利实施等工作提出具体要求。《通知》要求，各地发展改革部门要加强协调，积极引入外资企业、民营企业、中央企业、地方国企等各类市场主体，灵活运用基金投资、银行贷款、发行债券等各类金融工具，推进建立期限匹配、成本适当以及多元可持续的PPP项目资金保障机制。要加强与开发银行等金融机构的沟通合作，及时共享PPP项目信息，协调解决项目融资、建设中存在的问题和困难，为融资工作顺利推进创造条件。2015年我国八个省份公布了PPP项目，投资规模近万亿。其中四川省的PPP项目估算总投资2534亿元；福建和河南省的PPP项目投资规模相当，分别为1479亿元和1410亿元，其他各省份分别为重庆1018亿元、青海1025亿元、江苏875亿元、安徽710亿元以及湖南583亿元。

2016年10月11日，财政部发布了《关于在公共服务领域深入推进政府和社会资本合作工作的通知》，要求大力践行公共服务领域供给侧结构性改革，进一步加大 PPP 模式推广应用力度。此外，政府和社会资本合作（PPP）中心正式建立，主要承担 PPP 工作的政策研究、咨询培训、信息统计和国际交流等职责。PPP 模式成为当前我国公共服务多元化供给的一种重要方式。

（二）BOT 方式

BOT（Build-Operate-Transfer）即建设—经营—转让，是私营企业参与基础设施建设向社会提供公共服务的一种方式。

这在我国被称为"特许权"，即政府部门就某个基础设施项目与私人企业（项目公司）签订特许权协议，授予签约方的私人企业（包括外国企业）来承担该项目的投资、融资、建设和维护，在协议规定的特许期限内，许可其融资建设和经营特定的公共基础设施，并准许其通过向用户收取费用或出售产品以清偿贷款、回收投资、赚取利润。政府对这一基础设施有监督权、调控权，特许期满，签约方的私人企业将该基础设施无偿或有偿移交给政府部门。例如，在公共文化服务领域，通过与社会团体签订授权协议，由社会组织代替政府开展文化活动，提高社会资源的利用率。或者通过项目外包的方式，根据市场运行规律整合文化资源，促进不同产业的相互渗透，增强公共服务发展。

（三）BOT + EPC 方式

EPC（Engineering + Procurement + Construction）即"设计 + 采购 + 建设"，就是我们常说的总承包。BOT + EPC 方式，即政府向某一企业（机构）颁布特许，允许其在一定时间内进行公共基础设施建设和运营，而企业（或机构）在公共基础设施建设过程中采用总承包施工模式施工，当特许期限结束后，企业（或机构）将该设施向政府移交。该模式的优点就在于政府能通过融资方法，借助于一些资金雄厚、技术先进的企业（或机构）来完成基础设施的建设。

（四）志愿者服务方式

志愿者服务，是志愿者通过参与社会组织的各种活动，志愿贡献个人的时间及精力，在不为任何物质报酬的情况下，为改善社会服务、促进社会进步提供具体的公共服务。志愿者服务具有志愿性、无偿性、公益性、组织性四大特征。志愿服务个人化、人性化的特征，可以有效地拉近人与人之间的心灵距离，减少疏远感，对缓解社会矛盾，促进社会稳定有一定的积极作用。

例如，成立于2016年8月的上海乐候公共志愿服务中心，由上海市普陀区民政局主办，着眼于解决排队时候的秩序和体验问题，通过自身的形象塑造，来唤起社会对排队问题的关注和重视，目的在于承接部分政府转移职能，以提高推进和谐社会建设，预防并解决部分社会问题和矛盾。2016年8月，正值暑运高峰，"乐候"联合中石化旗下冰川水品牌"卓玛泉"于上海虹桥机场T2航站楼出租车等候区域发放防暑降温的饮品，以提高等候时刻的体感舒适度并缓解等候人群的焦躁情绪。

第三节　公共服务多元化供给的问题与溯因

民生问题一直是我国政府、社会、公民关注的重要问题，也是我国政府一直致力于解决的重要问题。基本公共服务是保障民生与居民生活水平的一项重要内容。"十三五"以来，我国已初步构建起覆盖全民的国家基本公共服务制度体系，各级各类基本公共服务设施不断改善，国家基本公共服务项目和标准得到全面落实，保障能力和群众满意度进一步提升。但也存在一些问题，比如基本公共服务还存在规模不足、质量不高、发展不平衡等问题。① 存在问题的主要原因是政府单一的供给模式,不能满足人民的基本需求。

一 现状分析

公共服务的供给主体主要包括政府、市场与社会组织,政府作为公共服务供给的主要主体,主要存在的问题是供给产品数量不足、效率较低与结构失衡等问题;社会组织在供给中存在的主要问题是独立性与自主性不足与社会认同度不高等问题;市场在公共服务供给过程中存在的问题主要有过度外包、政府在其中的责任淡化等问题。

(一) 政府供给产品不足、效率不高、结构失衡

政府是公共服务供给的最主要主体,甚至在以前是唯一的主体。在公共产品理论中与市场失灵理论中,公共服务属于公共产品,因其具有非竞争性与非排他性,在消费中存在"搭便车"的问题,因此公共服务的提供只能是政府。政府在提供公共服务中存在一定的垄断特征,缺乏竞争,因此公共服务供给的效率不高。政府公共服务的供给资金主要来源于财政,而财政是有限的,因此政府在公共服务供给过程中也存在供给不足的问题。另外,我国城乡二元结构,导致我国公共服务供给在城乡间存在失衡问题。

(二) 社会组织供给独立性自主性不足、认同度不高

我国改革开放后,市场经济结构日益完善,但依然受到计划经济的影响。我国很多社会组织是由政府创建或从政府的某些组织中分离出来,并且依然依靠政府财政资源,所以社会组织在公共服务提供中表现出独立性与自主性不足的问题。另外,从我国环境来讲,虽然公共服务供给呈现多元化的趋势,但是还没有健全的参与机制,也缺乏相关的法律支持,再加上社会组织本身资金的不足,社会参与能力也

---

① 国务院:《关于印发"十三五"推进基本公共服务均等化规划的通知》,2017年。

有限，因此造成社会对社会组织参与公共服务供给的认同度不高。

(三) 市场供给外包过度、政府责任淡化

随着市场经济的完善，政府职能的转变，政府与市场在提供公共服务过程中都具有相对的优势。政府为了节约成本，为居民提供更为有效的公共服务，采取政府购买、外包的方式，让市场来提供一些公共服务项目。市场提供公共服务提高了供给效率与质量，但是同样也存在一定的问题。首先，市场供给存在外包过度的问题，主要是指某些不适合外包的产品，却外包给了市场，从而导致市场供给不能满足居民的需求。其次，在外包过程中也存在寻租等问题，造成了资源浪费问题。另外，公共服务供给的主要责任人是政府，不能因为其外包给市场，其责任也就完全转给了市场，政府也应该承担起应有的责任。但是，在现实中外包过程存在政府责任淡化的问题。

二　问题溯因

公共服务是满足居民生活、生存与发展的直接需求，如果公共服务供给过程中出现问题，将不能满足居民基本的需求，居民的生活生存发展权利也得不到保障。我国目前公共服务供给呈现多元化的格局，公共服务供给的数量与质量得到改善，但也存在一定的问题，在供给上不能满足居民的普遍需求，因此需要掌握这些问题产生的根本原因，进而采取有效的措施，提升公共服务的供给水平，满足居民的基本需求，保障居民的基本权利。

(一) 公共资源的垄断与配置不均

公共服务供给的资金主要来源于政府财政，即主要来自公共资源，而公共资源具有垄断的特征。因此在政府提供公共服务中具有垄断的特征：一方面，政府提供公共服务具有唯一性，没有竞争对手，再加上监管机制不健全，使得公共服务提供的效率不足；另一方面，政府提供公共服务属于"卖方市场"，通常情况下政府对居民提供什

么、提供多少，都是由政府决定，而居民只能根据政府所提供的公共服务消费。具体是否适合或是否满足居民的需求，也存在疑问，在一定程度上存在公共服务的供给与居民的需求相脱节的状况，这可能导致某些公共服务的提供过量，而一些公共服务提供却不足。总之，公共资源的垄断性造成公共服务的效率不足，不能满足居民对公共服务的基本需求。

我国在计划经济时期形成的城乡二元结构，造成了城乡间在公共服务的供给上不均等的问题。虽然最近几年我国一直致力于城乡统筹，缩小城乡间的差距，实现城乡间公共服务的均等化。但由于多种原因，公共资源在分配过程中还是倾向于城市，城乡间公共服务供给不均问题依然存在。

（二）社会组织管理的体制不健全且自身能力不足

我国在社会治理与公共服务提供方面，政府一直居于主导地位。其他组织在提供公共服务过程中也受到政府的影响，特别是社会组织。我国社会组织或多或少地与政府有关，很多是从政府中分离出来的，履行政府以前的部分职能，带有一定的官方色彩，因此在提供公共服务过程中也与政府一样，存在效率不高的问题。另外，社会组织的资金大多来源于政府财政拨款，而自身资金来源不足，自主性与独立性受限，不能有效地为社会提供应有的公共服务。

（三）公共服务外包的制度不规范

我国公共服务市场供给还处于探索起步阶段，虽然可以借鉴英美等西方国家的经验，但由于我国特有的社会经济背景与国情，别国的经验未必适合我国。因此，我国对于公共服务外包的相关政策还不是很完善与规范，再加上公共服务的项目较大，服务内容复杂，居民需求的多样性，对社会的影响也比较大，而且直接关系着居民的切身利益。因此，在具体的提供过程中，有些项目适合外包，而有些项目必须由政府来提供。但我国政府外包公共服务的相关制度还不够规范，对外包项目或范围的确定还不够完善，因此在具体执行过程中存在不该外包的却外包出去，从而造成公共服务的供给不足或不能满足居民的需求。

第四节　典型案例分析

一　案例介绍：济南市政府购买居家养老服务

（一）济南市实施政府购买居家养老的背景

济南市在 2010 年出台的《济南市居家养老服务工作实施意见》中提出，要"打造情暖夕阳居家养老服务品牌，不断加强和完善养老服务体系建设，探索政府资助老年人、特别是'三无'老人和低保老人及特殊困难老年人养老的途径和办法，努力为老年人提供周到、便捷、高效、体贴的专业化服务，为构建和谐社会做贡献"。具体在 2009 年历下区开始对社区居家养老进行试点，2011 年全区 13 个街道全覆盖式推广居家养老服务。济南市推广居家养老服务与济南市老年人口、机构养老的具体情况相联系。由于计划生育政策的实施，家庭结构的小型化趋势明显，而且现代社会劳动力的流动性很强，大多儿女都在外地工作，许多老人都处于空巢状态，传统的"养儿防老"的模式无以为继，特别是对不能自理或半不能自理的老人来讲，养老问题更为严重。

另外，机构养老同样遇到床位紧张、资金不足、公立养老院入住难等各种问题。据济南市民政局最新统计，全市福利机构养老床位共有 3.1 万个。济南市老龄办统计，截止到 2013 年底，济南市户籍人口中 60 岁以上老人有 111.6 万人。按照此数据推算，目前，济南市每千名老人拥有床位 27.7 张，远远低于发达国家每千名老人拥有 50—70 张床位的标准。因此，在当前将全部有需求的老年人纳入养老机构是不现实的。另外,济南市共有68家养老机构,公办的一共只有4家,其余的64家全部是民营机构。公办养老机构与民办养老机构相比收费少甚至免费、设备更齐全、服务人员更专业,因此出现了"公办养老院进不去、民办养老机构不愿去"的现象,在这种情况下,发展社区居家养老、政府购买居家养老服务是个很好的选择。[①]

(二) 济南市政府购买居家养老服务的方式

济南市政府购买居家养老服务的方式主要有两种:一种是以服务实体为中介,购买服务实体的上门养老服务;另一种是以政府补贴、优惠券等形式直接购买养老服务。

1. 以服务实体为中介,购买服务实体的上门养老服务。历下区实行的社区居家养老模式被称为"6+1"模式,所谓的"6"是指区民政局、办事处、社区、家政公司、服务员、专业社工6个服务方,所谓的"1"是指年龄大、收入低、空巢等作为服务对象的老人。具体是由居委会对片区内60周岁以上的老人进行信息采集,区政府掌握了辖区内符合居家养老条件的老人的基本信息。历下区以服务实体为中介购买上门养老服务的运作方式,首先由申请人到所在居委会进行申请,居委会接到申请经初审公示后,上报街道办事处;街道办事处复检评估后报区民政局,区民政局根据老年人数量及所需服务类别向服务实体购买服务,由服务实体招聘、培训老年服务人员,培训合格后定期到服务对象家中提供上门服务,服务结束经考核合格后由服务实体发放服务人员薪金。

具体通过政府购买服务的方式,为老人进行养老服务,服务时间分每天24小时至每月20小时5种类型。一些不愿去养老院或者身体还能自理的老人就可以在家享受社会上的养老服务。具体居家养老服

[①] 吴春:《政府购买居家养老服务的探索与发展——以济南市历下区为例》,《理论学习》2014年第9期。

务，包含打扫卫生、洗衣、做饭、聊天等内容。目前，济南着力构建没有围墙的养老院，来完善居家养老的一系列服务。比如，安装居家养老服务一键通，可以为社区养老的居民提供健康评估与监测、紧急救助、预约挂号、维修服务等服务。

2. 以政府补贴、优惠券等形式直接购买养老服务。历下区政府直接购买居家养老服务的方式多种多样，包括：在老年日间照顾中心或指定的快餐店持补贴卡享受优惠或免费午餐；80岁以上老人在享有省、市级补贴的基础上，增发150元至500元不等的养老补贴。

二 济南市政府购买居家养老服务的分析

（一）济南市政府购买居家养老的责任分担

济南市政府购买居家养老服务主要是政府、社会与居民三方相互合作共同承担居家养老的职责。政府是政策的主导者，主要是公共政策的制定者，公共服务的提供者或者是购买者，在居家养老中承担着主导性的责任。首先是保证资金的投入，保证居家养老服务的正常有效运行；其次，要组建专职队伍，有效负责居家养老服务的具体工作；最后，监督考核，即监督与考核居家养老服务的具体效果。济南市政府购买居家养老服务中主要承担养老服务的社会，政府通过公开招标购买家政服务中心为老年人提供居家养老服务。另外引入志愿者加入社区居家养老服务中。居家养老服务的最后一个承担者是社区居民，社区居民一方面是对居家养老服务的监督，另一方面可以通过邻里之间互助，提供相应的照顾服务。

（二）济南市政府购买居家养老服务的启示

济南市政府购买居家养老服务是按照"政府主导、政策扶持、社会参与、市场推动"的总体思路，积极推动社区居家养老服务网络的建立，以建设繁荣文明的"首善之区"为奋斗目标，为老人提供了生活照料、家政服务、精神慰藉、康复保健、紧急救助等全方位的服务。通过这一方式，一方面满足老年人在家养老的心理，提高了老年人的生活水平，使老年人实现老有所养、老有所乐的目标；另一方面也提升了政府提供养老服务的水平，提高了效率，减低养老成本。

第一，积极推进社区居家养老产业的发展。随着我国社会经济的发展和计划生育政策的影响，我国家庭结构日趋小型化，传统的养儿防老的家庭养老无以为继，而且老龄化问题日益突出，空巢老人越来越多，养老压力越来越重。老人由于受到传统思想的影响，大多都喜欢在家里、在自己生活的熟悉的社区养老，而不愿意到养老院里养老，而且大多子女也不愿将自己的父母送到养老院里。可以看出，我国社区居家养老的需求或发展空间很大，而且社区也有一定的资源开展社区居家养老的服务。因此，政府应该积极的引导，制定完善的政策，促进我国社区居家养老产业的发展，满足居民的养老需求。

第二，加强政府购买居家养老服务的政策支持与资金支持。购买居家养老服务的主要责任在政府，其负有引导、制定政策、监督、资金支持等责任。政府只有正确引导，才能有效激发社区、社会、志愿者、居民等养老服务的主体积极地参与到养老服务中来，承担自己应有的职责；政府只有制定完善的居家养老政策，才能规范居家养老服务市场，使其有序地开展养老服务；也只有政府有效的资金支持，才能为居家养老服务提供基础保障。

第三，引导、完善社会组织，提高社会组织的养老服务水平。在政府购买居家养老服务中，政府是出资人，而真正提供服务的主体是社会组织。社会组织完善与否，能力高低，直接影响为老年人提供服务的质量。从前文中可以看出，我国社会组织由于自身的一些原因，资金不足，能力也有限，一定会影响提供服务的质量。因此，政府必须健全社会组织发展的制度，营造良好的发展环境，引导社会组织的完善与发展。社会组织自身也应该在政府的支持下，不断提升自身的能力，提高自己的服务水平，为老年人提供高质量的服务，保证老年人生活水平。

第五节 共建共治共享视域下的公共服务多元化供给的路径与策略构建

一 价值定位

政府在公共服务多元化供给中的职能和定位，是这一制度安排是否适应当前社会经济发展的必要条件。

政府是满足社会成员私利的组织和机制，它必须将私人意志上升到公共层面，即以一定程度的公共性的体现为前提。因此，在公共服务供给体制领域，政府的价值定位在于：政府具有双重身份，它既是设计的主体，又是被选择的客体。从职能的角度看，政府既是公共服务多元化供给机制的设计者、引导者和监督者，又是公共服务的供给者。

在提供公共服务的作用中，政府与其他类型的参与者并非一种平行关系，政府的作用必须被强调和凸显以保证公共性。"政府要保证公共服务的公共性"这种作用主要从以下三方面来体现："第一，政策（制度）保障。无论以何种模式进行治理，公共政策都是保证治理行为体现公共性的必要条件，任何一种治理模式都是在既定的政策框架下展开的。第二，资源的提供。政府必须在政策框架下保证对公共物品供给的资源提供和激励。第三，政策实施的监督。政策执行过程的监督是保证政策目标、价值方向的重要环节，而承担这一责任的主体，仍旧应该是政府。"[1]

---

[1] 郑谦：《公共性视角下的公共物品供给主体之辨——多元化的困境分析》，《中共福建省委党校学报》2007年第3期。

在公共服务供给方面，政府与其他供给主体之间应该是一种合作的伙伴关系。政府在提供普遍义务性公共服务的同时，还应注重公共服务供给相关政策制定，包括公共服务的内容、质量要求、收费标准等，并且严格监督保证其有效执行。

二 体制架构

本书建立了一种公共服务多元化供给的三位一体架构，即政府、市场、社会组织三个供给主体发挥各自的优势，在平等协商、相互合作的基础上建立共担风险、分享收益的伙伴关系，共同为社会公民提供全面、多层次的公共服务；其中，政府通过制度和环境设计保证公共服务的公共性。

政府，是公共服务供给的首要供给主体。在这个架构中扮演两个角色：一是公共服务供给的主体之一，与其他供给主体之间应该是一种合作的伙伴关系；二是公共服务供给制度的制定者和监督者：第一，提供公共服务供给的相关政策制定，包括公共服务的内容、质量要求、收费标准等；第二，提供激励机制，吸引市场、社会的优质资源进入公共服务领域；第三，监督各主体的行为，提供相应标准和准则保证其有效执行。市场，通过自主自愿和等价交换的竞争机制成为公共服务供给的重要主体。社会组织，也是公共服务供给的组成部分，在市场失灵和政府失灵领域发挥着重要功能和补充作用。

三 运行机制

共建共治共享背景下，公共服务多元化供给主要遵循两个机制。一是协商治理；二是风险共担。

（一）协商治理机制

在多元供给主体的网络化结构中，政府、市场及社会组织三个主体之间基于共同的利益目标而形成相互依赖、互利共赢的关系。政府以协商治理的方式来完善制度供给机制的重新再造。学者库珀认为："不管这种协商治理指的是与被管制的企业进行谈判、与营利和非营利组织的服务合同、与任何其他政府机构的跨权限安排、与作为客户的公民的服务协议，还是政府组织内成员间的绩效协议，这样的管理在 90 年代不管是在保守的还是温和的政府下，不管是在发达国家还是发展中国家都得到了加强。"[1]

（二）风险共担机制

在多元主体的公共服务供给模式中，政府通过公私合作伙伴关系来共同致力于公共产品的开发与提供，或者政府以合同外包的形式委托给其他的参与主体。通过供给服务方式的转变，机制运行的成本在复合型的网络结构中实现了风险与成本的分摊，这大大地减少了由政府独自承担社会公共服务的成本与风险。

但是政府作为合法的权威性机构，依然承担提供公共服务的主要职责。政府需要关注合作关系的确立，规则的制定，合同外包的管理，外包服务的绩效测量和监管等内容。

---

[1] 张勇杰：《从多元主体到程序分工：公共服务供给网链化模式的生成逻辑》，《党政干部学刊》2015 年第 10 期。

第八讲

社会治理的标尺要素

坚持以人民为中心的发展思想，是习近平新时代中国特色社会主义思想的核心与灵魂。自党的十八大以来，习近平总书记就把人民对美好生活的向往作为奋斗目标，党的十九大报告将"人民美好生活需要"列入新时代我国社会主要矛盾之中，明确当前重要任务是不断满足人民日益增长的美好生活需要。就共建共治共享社会治理的本质而言，谋求公共利益的最大化是其最高价值追求。这就意味着社会治理必然以人民的利益为目的，需要不断满足人民对美好生活的向往，提高其获得感、幸福感和安全感。因此，人民对美好生活的体验度就必然成为共建共治共享的社会治理标尺要素。

第一节 人民"美好生活"评价的理论和现实背景

习近平总书记在党的十九大报告中指出："我国社会主要矛盾已经转化为人民日益增长的美好生活需要和不平衡不充分的发展之间的矛盾。"同时指明，"人民美好生活需要日益广泛，不仅对物质文化生活提出了更高要求，而且在民主、法治、公平、正义、安全、环境等方面的要求日益增长"。在当代全面建成小康社会的过程中，我国人民对美好生活的需要已经变得广泛而多元，唯经济发展需求理念已经不适合中国特色社会主义新时代。随着我国"五位一体"总体布局的统筹推进，全面建成小康社会需要着力解决发展不平衡不充分问题，大力提升发展质量和效益，更好地满足人民在经济、政治、文化、社会、生态等方面日益增长的需要。人的需求不断发展，人民的需要也会随着时代的变化而发生新的变化，人民美好生活需要除了物质性需要外，还应包括社会性需要和精神性需要。①

打造共建共治共享社会治理格局是为了提高保障和改善民生水平而加强和创新社会治理的探索，寻找中国共产党带领人民创造美好生活，让改革发展成果更多更公平地惠及全体人民，朝着实现全体人民共同富裕不断迈进的途径②，其终端目标指向的实质是维持并促进社会稳定、健康、和谐、平衡、充分的发展，其核心问题就是满足人民对美好生活广泛而多元的需要。美好生活是一个多方位、多层次、多样态的系统性话题。因此，人民"美好生活"体验度评价也应是一个多方位、多层次、多样态的客观层面与主观层面辩证统一的评价指标体系。

在客观层面，习近平主席立足现实、放眼未来，从物质经济、政治文明、精神文化、社会生活、生态环境等多个维度阐释了美好生活的丰富内涵。③ 习近平新时代中国特色社会主义思想明确了坚持以人民为中心的根本立场，以满足人民美好生活需要为发展方向。落实"以人民为中心"的发展思想，要把它体现在政治、经济、文化、社会、生态等方面的各项制度和政策中。④ 从物质经济上看，拥有充裕

---

① 杨延圣：《人民美好生活需要衡量指标体系的构建——一个初步的分析框架》，《观察与思考》2018年第4期。
② 习近平：《决胜全面建成小康社会 夺取新时代中国特色社会主义伟大胜利——在中国共产党第十九次全国代表大会上的报告》，《人民日报》2017年10月28日第1版。
③ 李磊：《习近平的美好生活观论析》，《社会主义研究》2018年第1期。
④ 韩喜平：《满足人民美好生活需要的理论指南》，《思想理论教育导刊》2018年第1期。

的物质经济条件是美好生活的基础性、关键性、决定性因素。只有在充足的物质经济保障基础上，人民才能拥有更高质量的美好生活。从政治文明上看，人民行使当家做主的政治权利，拥有充分地参与国家政治生活的权利，是美好生活的基本组成部分。中国是实行人民民主专政的社会主义国家，国家的一切权力属于人民。坚持人民当家做主是社会主义政治发展的必然要求，是保障人民政治权利的关键，亦是美好生活的重要内容。习近平主席强调："要依法保障全体公民享有广泛的权利，保障公民的人身权、财产权、基本政治权利等各项权利不受侵犯，保证公民的经济、文化、社会等各方面权利得到落实，努力维护最广大人民根本利益，保障人民群众对美好生活的向往和追求。"[1] 从精神文化上看，拥有丰富多彩的精神生活是美好生活的另一基本组成部分。正如习近平所指出："人民对精神文化生活的需求时时刻刻都存在，随着生活水平不断提高，人民对文化产品的质量、品位、风格等的要求也更高了。"[2] 从社会生活上看，社会是否安定和谐、秩序良好，人民生活从教育、医疗、卫生、养老等各方面有保障、可持续，直接影响着人们美好生活的实现。从生态环境上看，优美的生态环境，是美好生活的必要客观自然条件，即是习近平主席提到的"要建设天蓝、地绿、水清的美丽中国，让老百姓在宜居的环境中享受生活，切实感受到经济发展带来的生态效益"[3]。

在当今全面建成小康社会决胜期，打造共建共治共享社会治理格局的顶层设计的实践意义在于紧扣我国社会主要矛盾变化，不断满足人民美好生活的需求，统筹推进经济建设、政治建设、文化建设、社会建设、生态文明建设，促进经济更加发展、民主更加健全、科教更

---

[1] 习近平：《在首都各界纪念现行宪法公布施行30周年大会上的讲话》，《人民日报》2012年12月5日第2版。
[2] 中共中央文献研究室：《十八大以来重要文献选编》（中），中央文献出版社2016年版，第128页。
[3] 习近平：《中国发展新起点，全球增长新蓝图》，《人民日报》2016年9月4日第1版。

加进步、文化更加繁荣、社会更加和谐、人民生活更加殷实。因此，人民"美好生活"体验度评价就是围绕此五方面的生活质量问题的客观衡量，在这里被定义为"美好生活"体验度的客观评价层面。

同时，打造共建共治共享社会治理格局的顶层设计的现实价值，正如党的十九大报告中所指出，完善公共服务体系，保障群众基本生活，不断满足人民日益增长的美好生活需要，使人民获得感、幸福感、安全感更加充实、更有保障、更可持续。因此，人民对"美好生活"需求的获得感、幸福感和安全感三个主观感受被定义为人民"美好生活"体验度的主观评价层面。进一步地，人民对社会治安、医疗保障、政府廉洁、政府效率、依法行政及生态环境等方面的评价，也切合"五位一体"的战略布局。

一 "美好生活"体验度的客观评价层面

2017年7月26日，习近平主席在省部级主要领导干部专题研讨班开班式上的讲话中指出，经过改革开放近40年的发展，我国社会生产力水平明显提高，人民生活显著改善，对美好生活的向往更加强烈，人民群众的需要呈现多样化、多层次、多方面的特点，期盼有更好的教育、更稳定的工作、更满意的收入、更可靠的社会保障、更高水平的医疗卫生服务、更舒适的居住条件、更优美的环境、更丰富的精神文化生活。[①] 党的十九大报告指出，全面建成小康社会，加快建设富强民主文明和谐美丽的社会主义现代化强国，必须坚定不移贯彻创新、协调、绿色、开放、共享的发展理念，要从人民群众需要统筹考虑社会发展，而不单单是经济增长。社会发展又必须注重人的全面发展，不断补齐发展短板，全方位、多角度地提升人民群众的生活

---

① 《习近平在省部级主要领导干部"学习习近平总书记重要讲话精神，迎接党的十九大"专题研讨班开班式上发表重要讲话》，2017年7月27日，中华人民共和国中央人民政府网（http://www.gov.cn/xinwen/2017-07/27/content_5213859.htm）。

质量。

"生活质量"（Quality of Life，QOL）一词自美国经济学家加尔布雷斯在其1958年出版的专著《富裕社会》提出后逐渐成为社会学、政治经济学、公共管理学等领域重要的研究内容。生活质量（QOL）泛指对个人和社会的优劣状态的抽象评价，其具体内涵包括健康、家庭、教育、就业、财富、安全、自由、金融和环境等各个方面积极和消极的测量值。生活质量既是对一个社会中人们总体生活水平的综合描述，同时也是衡量一个社会整体发展水平的重要指标。[1] 一个国家或地区居民生活质量的好坏，从学术界已有的共识来看，不能仅依靠某一特定指标，而是应该综合考察经济发展、教育水平、生态环境、公共服务、健康养老等切合"五位一体"战略各方面因素影响。

二 "美好生活"体验度的主观评价层面

不断满足人民美好生活的需要，是党的十八大后习近平总书记反复强调的思想。其后，党的十九大报告明确提出，需要"使人民获得感、幸福感、安全感更加充实、更有保障、更可持续"，这"三感"是人民向往美好生活的整体性展示。从获得感、幸福感、安全感来表述人民向往美好生活的需要，体现了新时代党执政的使命自觉。这"三感"的含义相互独立，但它们之间也存在着紧密的关系[2]：一方面，人民对美好生活的需要诉求更多物质和精神方面的获得，没有获得，幸福生活则失去基础；另一方面，获得与幸福并非线性正向对应，获得多不等于更幸福，生活是否幸福也并非由获得量来决定。另外，安全感对获得感、幸福感有保障价值。丧失安全保障，获得就会

---

[1] 风笑天、易松国：《城市居民家庭生活质量：指标及其结构》，《社会学研究》2000年第4期。
[2] 齐卫平：《以获得感、幸福感、安全感满足人民向往美好生活的新时代需要》，《国家治理》2017年第4期。

有失去的危险；丧失安全保障，生活幸福便无从谈起。同时，人民有所获、追求幸福，必然对安全形成诉求。获得感、幸福感、安全感之间的辩证关系，即是基于人民向往美好生活需要的内在逻辑关系。

人民论坛问卷调查中心同样指出，获得感是人民群众对既有改革红利享有情况的判断，也是对已经得到的物质生活水平提高的感受和精神文化追求的实现。① 如果说获得感是一种对于既有的改革发展中享受到的发展红利的感受，安全感的建立则是在获得感的基础上所形成，那么幸福感则是人民群众在获得感和安全感满足后的表现形式，是一种人类基于自身的满足感和对生活质量的整体评估满意后而主观产生的一系列欣喜与愉悦的情绪，是一种对于未来发展充满期待的美好体验。人民群众所向往的美好生活，必将是给人以获得感、幸福感、安全感的生活。

第二节 "美好生活"体验度评价的内容要素

一 客观评价层面

根据生活质量的分析层次，可对其概念建构作两种分类②：第一，个体层面的生活质量和群体层面的生活质量。个体层面的生活质量是个体对其生活于其中的文化、价值体系背景中的生活状况，它以一种复杂的方式将个体的健康状况、心理状态、社会关系、个人信仰以及其与环境的关系融合在一起；群体层面的生活质量同"福利"（Wel-

---

① 人民论坛问卷调查中心：《新的美好生活，新的感受期盼——当前公众获得感幸福感安全感状况及影响因素调查报告》，《国家治理》2017 年第 4 期。

② 参见周长城《生活质量的指标构建及其现状评价》（社会蓝皮书），经济科学出版社 2009 年版。

fare）可相互替换，包括对整个社会生活的描述，同时考虑每一个生活事件或者对个体生活质量及社会凝聚具有潜在影响力的社会情景。第二，客观生活质量和主观生活质量。客观生活质量强调人们生活的物质条件，从影响人们物质生活和精神生活的客观方面来评价生活质量；主观生活质量是实际生活中的人们所感觉到的或承担的生活质量。本书中人民"美好生活"的客观评价层面被界定为个体及群体层面的客观生活质量。

国内外学者在对生活质量的测量和评估上存在三种不同的方法。第一种理解是把生活质量定义为人们对于生活及其各个方面的评价和总结，即主要从主观感受方面来理解生活质量；研究者在研究中主要采用反映人们对生活满意程度的主观指标来测量和评估生活质量。第二种理解是把生活质量定义为生活条件诸方面的综合反映，即主要从影响人们物质生活和精神生活的客观条件方面来理解生活质量；研究者在测量评估时主要运用衣、食、住、行等反映人们生活条件的客观指标。第三种是将上述两种理解结合起来考虑，认为生活质量由反映人们生活状况的客观条件和人们对生活状况的主观感受两部分组成。[①]本书中对"美好生活"体验度客观层面的生活质量评估则基于上述第二种理解，主要从经济、政治、文化、社会、生态这五个方面综合反映人民的美好生活体验。

具体从指标体系来看，在世界上具有代表性的生活质量指标体系可分为个体层面的生活质量指标体系和群体层面的生活质量指标体系。[②]

第一，个体层面的生活质量指标体系。富有代表的指标体系有：

[①] 风笑天、易松国：《城市居民家庭生活质量：指标及其结构》，《社会学研究》2000年第4期。

[②] 周长城：《生活质量的指标构建及其现状评价》（社会蓝皮书），经济科学出版社2009年版。

其一，世界卫生组织的生活质量指标体系（World Health Organization Quality of Life，WHOQOL）涵盖六个领域的综合指标体系，共涉及 24 个方面，每方面又含 4 个问题，每个问题均以 5 等级进行计分。具体内容包括：（1）生理维度，分为痛与不适，精力与疲倦，睡眠与休息；（2）心理维度，分为积极感受，思想、学习、记忆和注意力，自尊，身材与相貌，消极感受；（3）独立性维度，分为行动能力，日常生活能力，对药物及医疗手段的依赖性，工作能力；（4）社会关系维度，分为个人关系，所需社会支持的满足程度，性生活；（5）环境维度，分为社会安全保障，住房环境，经济来源，医疗服务与社会保障（获取途径与质量），获取新信息、知识、技能的机会，休闲娱乐活动的参与机会与参与程度，环境条件（污染/噪声/交通/气候），交通条件；（6）精神支柱/宗教/个人信仰领域。其二，欧洲生活质量量表的指标体系（Euro QOL，EQ-5D）宣称测量与健康相关的生活质量，根据从轻到重三个等级来评价一个人"今日健康状况（Health State Today）"，具体包括行动能力、疼痛或不适、自我照顾、焦虑或抑郁、日常活动（工作、学习、家务、家庭或休闲）五个维度。其三，分层式生活质量指标体系。研究发起人林南以跨文化的视角将美国社会学界盛行的生活质量研究方法引入尚处于起步阶段的 20 世纪 80 年代的中国社会学界，为中国的生活质量研究起到重要的启蒙作用。林南等认为生活质量研究中的三个主题（生活质量的结构、导因、效果）有它们一定的层次。首先建立生活质量的结构和指标，进而探讨这些指标的导因和后果。生活的各个方面不是相互隔离而是相互联系的。林南等在 1985 年的研究中首先选定了 22 个生活项目，初步归类后，得出五大主要方面，包括工作的社会特征、工作的经济特征、家庭之外的关系、家庭关系、环境和业余生活。总的来说，这五个方面解释了 22 个单项之间所有关系程度的 55%，代表了第一层次的因素群。接下来通过计算各因素之间的关系，以及分析它们之中是否可以再合并，寻找出第二层次的因素群。在第二层次的基础上，通过第三次归类，设定一个单一的"总方面"，即生活质量的综合指标，最终建立起一个完整的多层次生活质量结构和指标体系。

第二，群体层面的生活质量指标体系。首先，从全球性的生活治理指标体系上看，具有代表性的指标体系包括：其一，联合国开发计划署（UNDP）开发的人类发展指数（Human Development Index，HDI）是目前全球比较具有代表性的指标体系。它在国民生产总值的基础上进行了补充，不仅注重经济的富裕程度，还关注社会发展的公众评价。作为必要的补充，联合国开发计划署随后又开发出反映性别不平等的性别发展指数（Gender Development Index，GDI）和性别赋权尺度（Gender Empowerment Measurement，GEM），以及衡量贫困程度的指标体系即衡量发展中国家人类贫困状况的人类贫困指标1（Human Poverty Index–1，HPI–1）以及衡量发达国家贫困状况的人类贫困指标2（Human Poverty Index–2，HPI–2）。其二，世界银行每年出版的《世界发展指标》（World Development Indicators，WDI）收录了包括208个国家及18个地区与收入群的695种指标，其主体指标体系结构包括：(1) 人口，分为人口与统计、劳动与就业、贫困与收入、教育、健康；(2) 环境，分为土地利用与农业生产、能源生产与利用、城市化、排放、对真实储蓄的衡量；(3) 经济，分为国民经济核算（当地货币）、国际经济核算（美元）、衍生国民经济核算、购买力平价、贸易、政府财政、货币、国际收支平衡、外债；(4) 政府与市场，分为投资气候、工商业环境、金融深度、税收和贸易政策、国防开支与武器贸易、运输电力与通信、信息与技术；(5) 全球联系，分为投资与贸易、资金流量、发展援助与帮助、OECD国家中的外国劳动力与人口、旅游与旅游业。其三，美国《国际生活》（*International Living*）杂志颁布的"年度生活质量指标体系"（Annual Quality of Life Index），该指标体系是由生活成本（美国国务院的海外生活成本指数和收入税）、文化（识字率、每千人的报纸发行、小学和中学的注册率、博物馆)、经济(人均GDP、GDP 的增长、通货膨胀)、环境(人口密度、人口增长、人均温室气体排放量、受保护土地面积在总国土面积中的比率)、自由(公民的政治权利和公民自由权)、健康(卡路里消耗、每千人的医生和病床数、获得安全用水、婴儿死亡率、期望寿命、公共健康支出在 GDP 中的占比)、基础设施(铁路、公路、机场、水路、互联网服务提供商、电话、机动车、无线电信装置)、安全与风险(美国国务院的艰苦工资差额、危险补贴)、气候(年平均降雨、平均气温、自然灾害的风险)9 个维度为核心的综合指标体系。

其次,从区域性的生活质量指标体系上看,最具代表性的是经合组织 OECD 建立的"美好生活指数"(Better Life Index)。这一指数用于 OECD 国家对物质生活条件与生活质量的调查,是目前学术界公认的衡量公民生活状态最为有效的指标体系,主要包括住房、家庭收入、工作、社区环境、教育、自然环境、公民参与、健康、生活满意度、安全度和工作生活平衡度共 11 个领域 24 个衡量指标(表 8 - 1)。

表 8 - 1   OECD "美好生活指数"(Better Life Index)

\multicolumn{2}{c|}{OECD "美好生活指数"(Better Life Index)}	
住房 (Housing)	住房消费(Housing expenditure)
	住房配套基础设施(Dwellings with basic facilities)
	人均住房(Rooms per person)
收入 (Income)	家庭经济财产(Household financial wealth)
	家庭可支配收入(Household net adjusted disposable income)
工作 (Jobs)	工作安全(Job security)
	个人报酬(Personal earnings)
	长期失业率(Long-term unemployment rate)
	就业率(Employment rate)

续表

OECD "美好生活指数"（Better Life Index）	
社区（Community）	社区关系网络品质（Quality of support network）
教育 （Education）	受教育年限（Years in education）
	学习技能（Student skills）
	受教育程度（Educational attainment）
环境 （Environment）	水质情况（Water quality）
	空气污染（Air pollution）
公民参与 （Civic Engagement）	公民参与政策制定 （Stakeholder engagement for developing regulations）
	投票率（Voter turnout）
健康 （Health）	个人健康自报（Self-reported health）
	预期寿命（Life expectancy）
生活满意度（Life Satisfaction）	生活满意度（Life satisfaction）
安全 （Safety）	自杀率（Homicide rate）
	夜行安全感知率（Feeling safe walking alone at night）
工作—生活平衡 （Work-Life Balance）	个人休闲、护理时间 （Time devoted to leisure and personal care）
	工作时间（Employees working very long hours）

（一）经济指标

拥有充裕的物质经济条件是美好生活的基础性、关键性、决定性因素。只有在充足的物质经济保障基础上，人民才能拥有更高质量的美好生活。客观的物质经济条件作为人们生活的基础，是形成和评价生活质量的物质前提。

由中国社会科学院经济研究所和首都经济贸易大学组建的中国经济实验研究院城市生活质量研究中心于 2012 年发布了中国城市生活质量指数（CCLQI）体系（表 8-2），其中包括社会经济数据指数体系，试图从细项指标的设定方面反映城市经济、社会发展的福利含义和城市居民的生活质量，其 5 个社会经济数据指数即客观指数，包括生活水平客观指数、生活成本客观指数、人力资本客观指数、社会保障客观指数、生活感受客观指数，可以作为人民"美好生活"体验度的客观评价的经济指标体系参考。

表 8-2　　　　　　　　　中国城市生活质量经济指标体系

社会经济数据指数	一级指标	二级指标	对城市生活质量的影响
生活水平客观指数	收入水平	消费率（消费/收入）	+
		人均财富（包含人均储蓄和人均住房财富）	+
		人均可支配收入	+
	生活改善指数	人均消费增长	+
		人均财富增长	+
		人均可支配收入增长	+
生活成本客观指数	生活成本指数	房屋销售价格指数	-
		通货膨胀率	-
		房价收入比	-
人力资本客观指数	人力资本指数	教育提供指数（包含万人学校数和万人教师数）	+
		教育文化娱乐消费支出比	+
社会保障客观指数	社会保障指数	社保覆盖率	+
		基本医疗保险覆盖率	+
		失业保险覆盖率	-
生活感受客观指数	生活便利指数	交通提供能力（包含人均铺装道路面积、每万人拥有公共电汽车、万人出租车数量）	+
		万人影剧院数	+
		医疗提供能力（包含万人床位数、万人医院数、万人拥有医生数）	+
	生态环境指数	人均绿地面积	+
		空气质量	+
	收入差距感受指数	基尼系数	-

注：资料来源于中国经济实验研究院城市生活质量研究中心。

同时，人民"美好生活"体验度的客观评价的经济指标体系还需在宏观上关注国家经济运行发展需要参考的指标，包括国民经济增长速度，国内生产总值，第三产业发展，政府"三公"经费，公共财政的民生支出（含扶贫支出），城乡居民收入，消费指数，物价水平等。①

（二）政治指标

国内外学者主要从三个角度对政治生活质量进行评价：第一，民主参与角度，包括公民政治参与（如参与选举、组织政治性团体等）、民主水平、公民对公共政策制定的影响等；第二，从法治建设角度，包括公共安全与犯罪（如犯罪率、警方密集度等）、民主法制（如公民自身民主权力满意度、社会安全指数等）、法治建设保障等；第三，从政府绩效角度，如政府对社会和自然环境的责任、政策透明度、工作效率、突发事件处理满意度、政务公开满意度、依法行政满意度、廉政建设满意度、涉及民生重大决策的民调率和听证率等。②

从民主参与的角度来看，民主政治在社会主义国家的实现路径就是人民当家做主。我国的根本政治制度人民代表大会制度就是能够确保人民当国家的主人、做自己的主、行使管理国家事务权力的最强有力保障和最基本、最有效途径。③ 阿伦·利普哈特借用经济学人智库（Economist Intelligence Unit，EIU）在 2006 年、2008 年和 2010 年的报告中提出的民主品质测算方法反映民主品质，其使用的指标包括：公民的话语权与问责，选举过程及多元化（特别是选民投票率），政府运作，政治参与，政治文化，妇女的政治代表权，收入不同人口的政治平等，以及民主满意度。④

---

① 李培林、陈光金、张翼：《2018 年中国社会形式分析与预测》，社会科学文献出版社 2018 年版。
② 邢占军、高红、王吉刚：《对我国居民政治生活质量评价的思考》，《西北农林科技大学学报》（社会科学版）2014 年第 1 期。
③ 韩喜平：《满足人民美好生活需要的理论指南》，《思想理论教育导刊》2018 年第 1 期。
④ ［美］阿伦·利普哈特：《民主的模式：36 个国家的政府形式和政府绩效》（第二版），上海人民出版社 2017 年版。

从政府绩效的角度来看，政府质量是个多维度的概念，为政府质量下一个标准的定义是件非常困难的事情。世界银行将政府质量定义为国家权威实行的惯例和制度，包括政府被选举、监督和更替的程序，政府有效制定和执行正确政策的能力，公民的尊重以及控制经济社会事务的制度状态等。中国地方政府质量的指标体系被设定为政府效率指数，包括企业的税费指出、企业在娱乐和旅游上的支出、企业与政府打交道的时间、企业的通关速度；公共物品供给指数，包括工业废物无害化处理率、人均绿地面积、空气质量优良的天数、新生婴儿死亡率；以及企业财产权利保护指数，即企业对合同权利和财产受到保护的信心，来测量。[①] 按照政府整体绩效的理念与内涵，绩效指数愈高，意味着政府在促进经济发展、维护社会公正与实现公众满意之间的职能愈加均衡与协调。[②]

进一步地，我国政府绩效评估中公民参与（表8-3）的不断扩展与深入反映了价值取向从"政府为中心"到"公民为本"的转变，评估目标从"内部控制"到"外部问责"的转变，评估主体从技术官僚向大众参与的转变，也能反映我国人民"美好生活"体验度客观层面在政治上的状况。[③]

表8-3　　　　　公民参与绩效评估的系统评价框架及维度

评估环节	评价维度
决策环节	1. 绩效评估启动与否的决策
	2. 绩效评估对象的选择

---

① 陈刚、李树：《政府如何能够让人幸福？——政府质量影响居民幸福感的实证研究》，《管理世界》2012年第8期。
② 郑方辉、卢扬帆、覃雷：《公众幸福指数：为什么幸福感高于满意度?》，《公共管理学报》2015年第2期。
③ 参见周志忍《政府绩效评估中的公民参与：中国地方政府的实践与经验》，人民出版社2015年版。

续表

评估环节	评价维度
决策环节	3. 绩效评估方式的选择
	4. 绩效评估的制度化水平
设计环节	1. 体系设计过程中的公民参与
	（1）公民参与的具体方式及其影响
	（2）是否及如何进行公众需求和关注点调查
	（3）需求调查结果如何反映在评估体系中
	2. 指标体系中体现的公民导向
	（1）客观指标中如何突出民生和公共服务
	（2）公民满意度在评估体系中的地位
监测评估	1. 绩效信息公开平台和渠道
	2. 绩效信息公开范围和质量
	3. 居民投诉率对相关单位的影响
	4. 公民满意度调查主体的中立性
	5. 公民满意度调查对象的代表性
	6. 对弄虚作假行为的惩戒措施
结果利用	1. 评估结果信息公开情况
	2. 评估结果与公民互动情况
	3. 结果利用中公民的影响

借鉴国内外政治生活质量评价相关研究成果，结合我国社会主义政治文明建设的相关论述，邢占军等人构建了包括民主参与、法治进程、政府绩效三大类的我国居民政治生活质量指标体系（表8-4）。[①]

---

① 邢占军、高红、王吉刚：《对我国居民政治生活质量评价的思考》，《西北农林科技大学学报》（社会科学版）2014年第1期。

表 8-4　　　　　　　　我国居民政治生活质量指标体系

领域	一级指标	二级指标
民主参与	参与意愿	民主观念
		入党积极性
	民主选举	女性参政率
		人大代表选举参与率
		基层选举参选率（村委、居委）
	社会组织	居民参与程度
		社团自主性
		万人工会组织数
		万人社会组织数
法治进程	法治环境	万人律师数
		中央机关年颁布的法律数量
		法律援助机构数
		法治意识
	犯罪治理	公安机关案件结案率
		检察机关案件的结案率
		人民法院案件结案率
政府绩效	行政权威	政府机关在民众中的权威
	民主管理	政府中的少数民族代表
		政府中民主党派代表
	依法行政	万人信访上访次数
		人均年行政诉讼案件结案率
		人均年行政复议案件结案率

（三）文化指标

人民对美好生活的向往和需求是多方面的、多层级的，最高层级的就是精神文化需求，精神文化需求无疑是美好生活需要的重要组成部分，满足人民的美好的精神文化需求，是推进中国特色社会主义伟大工程的重要任务。①

联合国教科文组织发布的文化统计框架对人民"美好生活"体验度客观层面上的文化指标体系构建具有很强的参考性。2009 年，联合国教科文组织对外公布了文化统计新框架②：文化活动归为五个关键领域和两个扩展领域。其中，关键领域包括：艺术表演与节日，可视艺术，文化与遗产，手工艺与设计，书籍出版，视听与数码媒体；扩展领域包括：体育领域，休闲娱乐领域。最终，该文化统计新框架把文艺创作和文化生产（文化产业），文化传播和文化媒体，文化消费和文化市场，文化活动的规模和参与情况作为纵向统计的四个指标，把文化产品，文化传统，文化教育，文化投入作为横向统计的四个指标，构成四纵四横文化统计新框架。另外，欧盟也启动了自身的专项文化统计项目。该项目指出艺术和古迹遗产，图书馆，图书及出版，档案，视觉艺术，建筑艺术，表演艺术，视听及多媒体艺术等八个指标领域。

除此之外，我国学者认为公共文化服务指标、文化产业经济效益指标、文化消费指标、文化艺术作品获奖指标等都需纳入文化指标体系中，其核心指标包括：公共文化服务资金总量投入和人均投入，"十分钟文化圈"（"十里文化圈"）覆盖率，民众对获国家级奖项（和入选国家级创作工程）的文艺作品的知晓率、好评率，民营文化企业年产值结构性占比，非物质文化遗产传承人拥有率，教育消费以外的文化消费占家庭总消费比重，文化产业年度增加值占 GDP 比重，拥有自主知识产权的文化产品出口额年增幅，文化经费投入年增幅高于财政收入年增幅的百分点。③ 另外，文化指标还可以包括教育水平

---

① 李春华：《文化生产力：满足人民群众对美好生活需要的重要力量》，《思想政治教育研究》2017 年第 2 期。
② 徐望：《国家文化软实力指标体系框架建构》，《统计与决策》2018 年第 13 期。
③ 同上。

（万人大专以上人数、万人藏书册），以及休闲水平（万人移动电话数、人均每日闲暇时间、居民休闲满意度）等。①

"美好生活"应该是一个公平公正高效的社会生活状态，因此，在人民"美好生活"体验度客观层面上的文化指标体系构建中，还应考虑有关公共文化服务的均等化。正如党的十七届六中全会通过的《关于深化文化体制改革推动社会主义文化大发展大繁荣若干重大问题的决定》所指出，要"完善覆盖城乡、结构合理、功能健全、实用高效的公共文化服务体系，努力实现基本公共文化服务均等化"。王洛忠和李帆尝试设置为两级指标体系（表8-5）②。

表8-5　　　　　基本公共文化服务指标设计及权重设置

一级指标	一级指标权重（%）	二级指标	二级指标权重（%）
投入	57	公共文化财政支出占政府财政支出比重	30
		人均文化事业费	35
		公共图书馆人均购书费	35
产出	43	每万人公共图书馆数量	30
		每万人艺术馆数量	30
		公共图书馆人均藏书量	40

（四）社会指标

满足人民的美好生活需要必须坚持在发展中保障和改善民生的基本方略，正如习近平主席在2012年11月15日率十八届中央政治局常委同中外记者见面时所言，"我们的人民热爱生活，期盼有更好的

---

① 郭瑞斌、薛东前、暴向平、高艳：《西安市主城区客观生活质量空间格局研究》，《人文地理》2015年第5期。
② 王洛忠、李帆：《我国基本公共文化服务：指标体系构建与地区差距衡量》，《经济社会体制比较》2013年第1期。

教育、更稳定的工作、更满意的收入、更可靠的社会保障、更高水平的医疗卫生服务、更舒适的居住条件、更优美的环境，期盼孩子们能成长得更好、工作得更好、生活得更好"。党的十八大以来，党中央高度重视民生建设，各项民生指标取得很好实效，就业、教育、分配、社保、医疗、住房、稳定等一系列与老百姓现实利益最关切的，关系民生的重大政策和举措相继出台并落实。[①] 因此，在构建人民"美好生活"体验度客观层面上的社会指标体系时则需纳入教育、就业、社会保障、医疗卫生、居住、养老、基础设施建设等一系列指标。

例如，在养老指标的构建方面，应以马斯洛需求层次理论为框架，涵盖四个方面的内容，即谁来养、养不养、怎么养及养得怎么样，[②] 其影响因素微观层面上包括老年人的身体健康状况、配偶状况、子女数量等；宏观层面上要考虑地方经济发展水平、社会事业发展状况及传统伦理文化、良好社会风气等。

最后，在具体的"美好生活"体验度社会指标构建中要注意不能"简单地"统计直接的公共社会福利开支在国内生产总值中所占的百分比，因为"社会福利的受益人所承担的直接和/或间接税负必须从中加以扣除"[③]，即"公共社会支出净值"应该等于全部直接的公共社会开支加上"为实现社会性目标而给予的、反映现金收益的税收减免"，再减去受益人缴纳的直接和间接税负以及他们提供的社会捐助。

（五）生态指标

人民美好生活需要很大程度上体现在人们对美丽生态环境的需要。满足人民个体多方面发展的需要，既要不断加强人民对物质建设

[①] 韩喜平：《满足人民美好生活需要的理论指南》，《思想理论教育导刊》2018年第1期。
[②] 吴海盛：《农村老人生活质量现状及影响因素分析——基于江苏省农户微观数据的分析》，《农村经济问题》2009年第10期。
[③] ［美］阿伦·利普哈特：《民主的模式：36个国家的政府形式和政府绩效》（第二版），上海人民出版社2017年版，第241页。

方面的"硬需要",也要更加注重改善环境,坚持绿色、共享等新的发展理念。在构建人民"美好生活"体验度客观层面上的生态指标体系时,既要考虑生态环境本身的指标,也要考虑环境保护的相关指标。

衡量生态环境的一级指标可以包含两个:其一,城市绿化,其评价指标为建设用地密度、归一化植被指数(NDVI)、地表温度;其二,环境污染,其评价指标包括废气处理率、固体废弃物处理率、污水处理率。①

在环境保护方面,1996年前后,中国科技促进发展研究中心生活质量课题组以生活的环境质量为对象,调查城市居民的环境意识,并用两类指标来对其进行刻画:一是居民对环境现状的评价和预期;二是居民对环境问题在生活各个方面中的重要性程度的评价。② 阿伦·利普哈特认为对各国在环境保护方面的绩效进行最好的测算指标是耶鲁大学和哥伦比亚大学环保专家团队研发的环境绩效指标(the Environmental Performance Index),包括环境健康、空气质量、水资源管理、生物多样性和栖息地、森林、渔业、农业和气候变化等。③

二 主观评价层面

目前国外在构建主观指标时,主要涉及如下五大类生活领域:第一类是生理健康和人身安全;第二类是物质幸福,包括收入、住房、饮食、交通、生活环境、工作环境和公共安全;第三类是社会幸福,主要包括两个维度,一是人与人之间的关系(包括个人同其家庭的内

---

① 郭瑞斌、薛东前、暴向平、高艳:《西安市主城区客观生活质量空间格局研究》,《人文地理》2015年第5期。
② 易松国:《生活质量研究进展综述》,《深圳大学学报》(人文社会科学版)1998年第1期。
③ [美]阿伦·利普哈特:《民主的模式:36个国家的政府形式和政府绩效》(第二版),上海人民出版社2017年版,第241页。

部关系，以及同亲戚或更一般的朋友、熟人的关系），二是所参与的社会活动；第四类是个体的发展，包括个体所追求的工作、休闲、家庭生活、教育以及创造或贡献等功能性活动，以及在此过程中个体能力的发挥及其选择权或控制权的拥有；第五类是情感幸福，包括感情或情绪、满意度或成就感、自尊、社会地位、宗教信仰等。[①] 党的十九大报告中指出，不断满足人民日益增长的美好生活需要，使人民获得感、幸福感、安全感更加充实、更有保障、更可持续。因此，构建人民"美好生活"体验度的主观评价层面则是以获得感、幸福感和安全感为三个维度的衡量指标。

卢淑华和韦鲁英在探讨我国城市居民生活质量主、客观指标作用机制时指出，影响居民主观感受（即本章中人民的"体验度"）的制约因素可以归纳为两类[②]：一类是客观因素，即社会存在，它是产生社会意识的物质基础。这些指标都是对人们物质、文化生活各方面的客观情况。另一类则是人们对生活质量进行评价时所持的参照标准，偏重于对人们主观生活感受的测量。因此，人民"美好生活"体验度的主观评价的影响指标也应考虑客观及主观感受/满意度两方面因素。

在我国，比较有代表性的指标体系是中国经济实验研究院城市生活质量研究中心于 2012 年发布的中国城市生活质量指数（CCLQI）体系（表 8-6）。其中，主观满意度指数体系，试图反映现阶段我国城市居民对所在城市生活质量的主观感受，包括五项细分指数，即生活水平满意度指数、生活成本满意度指数、人力资本满意度指数、社会保障满意度指数、生活感受满意度指数。

---

① 周长城：《生活质量的指标构建及其现状评价》（社会蓝皮书），经济科学出版社 2009 年版。
② 卢淑华、韦鲁英：《生活质量主客观指标作用机制研究》，《中国社会科学》1992 年第 1 期。

表8-6　　　　　　　中国城市生活质量满意度指标体系

主观指数	主观问题	答案赋值				
		100	75	50	25	0
生活水平满意度指数	收入现状（50%）	很满意	满意	一般	不满意	很不满意
	收入预期（50%）	很乐观	乐观	一般	不乐观	很不乐观
生活成本满意度指数	生活成本	很低	低	一般	高	很高
人力资本满意度指数	人力资本	很满意	满意	一般	不满意	很不满意
社会保障满意度指数	医疗保险（50%）	很满意	满意	一般	不满意	很不满意
	安全状况（50%）	很满意	满意	一般	不满意	很不满意
生活感受满意度指数	生活节奏（50%）	很慢	慢	一般	快	很快
	生活便利（50%）	很便利	便利	一般	不便利	很不便利

注：资料来源于中国经济实验研究院城市生活质量研究中心（2012）。

（一）获得感

共建共治共享社会治理格局必须坚持以人民为中心、人民当家做主的基本方略。以人民为中心不是一个抽象玄奥的概念，而是要切实增加人民获得感。党的十八届五中全会通过的《中共中央关于制定国民经济和社会发展第十三个五年规划的建议》中指出"必须坚持以人民为中心的发展思想，把增进人民福祉、促进人的全面发展作为发展的出发点和落脚点"[1]。"人民获得感思想"是共享发展理念的集中体现，党的十九大报告中指出，"保证全体人民在共建共享发展中有更多获得感"，要全面深化改革以破除各种影响人民获得感实现的体制壁垒，为人民谋取更多的"客观利益"和提供更多的发展机会，不断提高广大人民群众的获得感。[2]

"获得感"（Sense of Gain）是一个本土性很强的"中国概念"，

---

[1] 韩喜平：《满足人民美好生活需要的理论指南》，《思想理论教育导刊》2018年第1期。
[2] 潘建红、杨利利：《习近平"人民获得感思想"的逻辑与实践指向》，《学习与实践》2018年第2期。

是我国人民群众对改革开放带来的物质利益与基本权益的普惠性的一种主观体验，须从实现共建共治共享社会治理体系中来探讨。习近平主席在多种场合都曾提及"获得感"，综合来看，其"人民获得感思想"蕴含着丰富内容：人民群众的获得感涵盖了物质、精神等层面的多重满足。就物质方面而言，主要是指涉及民生领域基本需求的满足，如收入增加、环境改善、住房压力缓解、教育医疗得到保障等；就精神层面而言，则隐含通过加强社会主义先进文化建设、积极引导网络文化健康发展、推动更多优秀文艺作品创作等举措，保障人民在思想、文化等方面的获得，不断满足人民群众的精神文化需求。[1]

人民"美好生活"体验度主观评价在获得感的维度上，以时间节点和参照群体为参照，分别从纵向比较和横向比较的维度进行中国社会整体上的获得感测量，是一种可行的路径。[2] 居住环境、收入水平、社会地位尊严、心理状态、工作就业、社会保障、个人成就、住房状况、医疗卫生等保障人民群众生活水平、生活质量的民生问题是"获得感"的重中之重。同时，实现参政议政、管理国家事务、有效表达自己的需求、参与到发展中，与百姓生活直接利益有关方面的都是影响公众"获得感"的重要因素[3]，是人民群众"获得感"的重要内容。此外，"获得感"还应包括人民群众的精神食粮。[4]

（二）幸福感

美好生活的本质内涵就是人类幸福，已经成为反映民生的主要指

---

[1] 潘建红、杨利利：《习近平"人民获得感思想"的逻辑与实践指向》，《学习与实践》2018年第2期。

[2] 吕小康、黄妍：《如何测量"获得感"？——以中国社会状况综合调查（CSS）数据为例》，《西北师大学报》（社会科学版）2018年第5期。

[3] 邵雅利：《习近平"人民获得感思想"的深刻意蕴与实践路径》，《理论导刊》2017年第9期。

[4] 人民论坛问卷调查中心：《新的美好生活，新的感受期盼——当前公众获得感幸福感安全感状况及影响因素调查报告》，《国家治理》2017年第4期。

标。① 然而，幸福感却不容易被衡量出来。首先，人的幸福感受有多个维度，而且这些维度之间往往是相互矛盾的。其次，主观感受因情绪、情境、时间而变。最后，幸福感难以设定统一的标准。目前世界上最广为使用的一种对幸福感测量的方式是单项问题测量综合性幸福感。单项综合的幸福感测量通常采用三分法、四分法、五分法或十分序列法等。以1972年以来美国综合社会调查（General Social Survey）中使用的问题为例，典型措辞是："总的来说，你觉得你的生活如何？是很幸福，还可以，还是不幸福呢？"这是一个三分法的问题。四分法、五分法和十分序列法也先后用于其他调查，如世界价值观调查、世界幸福感数据库、盖洛普调查（Gallup Poll）等，可以在很大程度上反映个人的主观幸福状况。②

20世纪中叶，人们开始科学测量和实证研究幸福；对应着不同的学科理论和分析进路，衍生出主观幸福感、心理幸福感与社会幸福感三种幸福观（表8－7）。③ 因此，主观层面上的人民"美好生活"体验度的幸福感维度，需考虑到这三种幸福观指标所涉及的相关影响因素。

表8－7　　　　　　　　　幸福感内涵与测量维度

类别	内涵	测量维度
主观幸福感	人们依据对客观世界的主观感受来进行关于生活质量高低的评价，包含情绪、认知等	认知（幸福感/总体生活满意度、领域生活满意度），情绪反应（积极情绪、消极情绪）

---

① 黄永明、何凌云：《城市化、环境污染与居民主观幸福感——来自中国的经验证据》，《中国软科学》2013年第12期。

② 刘军强、熊谋林、苏阳：《经济增长时期的国民幸福感——基于CGSS数据的追踪研究》，《中国社会科学》2012年第12期。

③ 郑方辉、卢扬帆、覃雷：《公众幸福指数：为什么幸福感高于满意度？》，《公共管理学报》2015年第2期。

续表

类别	内涵	测量维度
心理幸福感	通过个体发挥潜能的经历和努力达到完美的体验,包括自我实现及其意义和路径	发挥潜能(自我接纳、自主性、良好友谊、环境可控性、生活目标、个人成长),自我实现,与外界交互作用
社会幸福感	人的主观或客观生活质量,以及人类整体发展水平与幸福状态的评价	生活满意度,国民幸福总值(经济社会发展、政府善治、环境保护和文化保护),人类发展指数(GDP、人均寿命、健康状况和受教育程度等)

主观幸福感是个体依据其主观标准对自己生活质量的整体感受和判断,具有主观性、稳定性和整体性等特性,社会支持是主观幸福感的重要预测变量之一。社会支持包括可见的实际的支持(既可以是物质或服务方面的直接援助,也可以是有助于解决问题的建议、指导、规劝),也包括体验到的情感支持(提供的共情、关注、情感、接纳、信任、鼓励,以及通过社交网络提供的社会归属感)。[1] 主观幸福感的测量还应当包括力量感、自主意识、愉悦感、自信心等指标。[2]

自陈量表法是目前国际上流行的主观幸福感的测量方法。此方法直接询问人们的幸福感觉,题器是:"考虑所有的因素,你觉得自己非常幸福、比较幸福、不太幸福,还是很不幸福?"年龄、健康、社会融合(包括婚姻、就业状况、精神慰藉、人际交往)、地位分化(包括职务职位、身份等级、资源支配权力的差异)。[3]

---

[1] 宋佳萌、范会勇:《社会支持与主观幸福感关系的元分析》,《心理科学进展》2013年第21期。
[2] 邢占军、高红、王吉刚:《对我国居民政治生活质量评价的思考》,《西北农林科技大学学报》(社会科学版)2014年第1期。
[3] 边燕杰、肖阳:《中英居民主观幸福感比较研究》,《社会学研究》2014年第2期。

影响心理幸福感的决定因素可分为个体层面和国家层面来探讨。[1]幸福感的个体层面决定因素包括社会人口统计学因素（年龄）、性别、人种、教育、收入、就业因素、婚姻及其他社会关系、健康、宗教，以及认知倾向和情感倾向；幸福感的国家层面决定因素包括经济发展、民主政治、文化，以及国家失业率。一般可分为个体因素和家庭、社区或国家等中观及宏观层次的影响因素。[2]性别、年龄、教育、健康、婚姻、就业状况、收入、家庭关系、人际关系等也是解释幸福感的重要变量。徐映梅和夏伦归纳这些重要的影响因素，认为可以将其分为六类，即人口学因素（变量包括性别、年龄、受教育程度、婚姻状况、健康状况）、经济因素（变量包括收入、储蓄、家庭财政满意度）、工作因素（变量包括工作满意度）、家庭因素（变量包括家庭信任度、家庭生活满意度）、人际关系因素（变量包括对其他人的信任度）和情感因素（变量包括孤独感、积极情感、消极情感）。[3]

西方学者曾归纳六种影响个体主观幸福感的差距解释理论：（1）目标——现实差距理论，即个人已有与个人所追求的目标的差距；（2）理想——现实差距理论，即个人已有与社会公认标准的差距；（3）期望——现实差距理论，即个人已有与可能得到的最佳水平的差距；（4）最佳体验参照理论，即与过去最佳的差距；（5）社会参照理论，即与相关个人或群体的差距，又称相对剥夺理论；（6）个人——环境拟合理论，即个人的某一主观特质与所处环境的特质的差距。[4]

---

[1] ［美］本杰明·雷德克利夫：《人类幸福的政治经济学》，中国人民大学出版社2012年版。
[2] 王广州、王军：《中国家庭幸福感测量》，《社会》2013年第6期。
[3] 徐映梅、夏伦：《中国居民主观幸福感影响因素分析——一个综合分析框架》，《中南财经政法大学学报》2014年第2期。
[4] 李越、崔红志：《农村老人主观幸福感及其影响因素分析——基于山东、河南、陕西三省农户调查数据分析》，《中国农村观察》2014年第4期。

需要注意的是，政府质量的提高能够显著增加居民幸福感，同时，政府效率、公共物品供给和财产权利保护等刻画政府质量的分项指标都能够显著增加居民幸福感。最后，提高政府质量能够显著增加低收入居民（农村居民）的幸福感，对增加高收入居民（城镇居民）幸福感的贡献并不显著。[1] 此外，教育程度对中国城市居民幸福感有显著的正向影响，同时，城市居民的收入水平随着教育程度的提高而增加，并最终促进他们对幸福的感知程度。[2]

中国综合社会调查[3]（Chinese General Social Survey，CGSS）关于幸福感的问卷设计，2003年、2005年、2006年、2010年的问题是："总体而言，您对自己所过的生活的感觉是怎么样的呢？"受访者回答选项分别是"非常不幸福，不幸福，一般，幸福，非常幸福"。2008年问卷设计的问题是："整体来说，您觉得快不快乐？"受访者回答选项分别是："很快乐，还算快乐，普通，不太快乐，很不快乐"。按照幸福（happiness）的定义，"快乐"（happy）也是"幸福"的另外一种表达。2011年、2012年、2013年、2015年的问题是："总的来说，您觉得您的生活是否幸福？" 2011年、2012年、2013年受访者的回答选项是"非常不幸福，比较不幸福，说不上幸福不幸福，比较幸福，非常幸福"。2015年受访者的回答选项是"非常不幸福，比较不幸福，一般，比较幸福，非常幸福"。可以根据五级序列法对受访者回答幸福的答案按1至5分统一计数，本书统一设定为：1 = 非常不幸福，2 = 比较不幸福，3 = 说不上幸福不幸福，4 = 比较幸福，5 = 非常幸福（见表8-8）。

---

[1] 陈刚、李树：《政府如何能够让人幸福？——政府质量影响居民幸福感的实证研究》，《管理世界》2012年第8期。
[2] 黄嘉文：《居民幸福感：一项基于CGSS2005的实证分析》，《社会》2013年第5期。
[3] 来源：中国综合社会调查，调查问卷，http：//www.chinagss.org/index.php? r = index/questionnaire。

表 8-8　　　　　　　　公众幸福指数测量指标体系①

目标层	一级指标	二级指标	权重（%）	测量分级
幸福感	总体幸福感	个人幸福感受	50.0	10 级量表
满意度	个人及家庭因素	对实际收入满意度	6.2	10 级量表
		对身心健康满意度	5.3	10 级量表
		对工作就业满意度	5.6	10 级量表
	自然因素	对自然环境满意度	5.5	10 级量表
	社会因素	对社会治安满意度	5.2	10 级量表
		对医疗保障满意度	5.4	10 级量表
	政府因素	对政策公平满意度	5.3	10 级量表
		对政府廉洁满意度	5.2	10 级量表
		对执法公正满意度	6.3	10 级量表

（三）安全感

社会安全感是人们对社会安全与否的认识的整体反映，是由社会中个体的安全感来体现的。安全感是反映社会治安状况的重要标准之一，也是衡量人民"美好生活"安定程度的标志。孟建柱同志指出，平安是国家繁荣昌盛、人民幸福安康的前提。② 在我国已进入全面建成小康社会决胜阶段，从群众需求看，随着生活水平不断改善，人民群众需求越来越多样化，求发展、要公平、想参与愿望增强，对安全的要求提高。当前，影响人民群众安全感的，有传统安全威胁，也有非传统安全威胁。共建共治共享的社会治理体系中，需要积极防范、有效处置公共安全新威胁，确保公共安全，健全公共安全风险滚动排查、监测预警、应急处置机制；需要积极防范、主动打击网络新型犯罪，全力维护网络社会和现实；需要积极防范、稳妥化解经济运行新

---

①　郑方辉、卢扬帆、覃雷：《公众幸福指数：为什么幸福感高于满意度？》，《公共管理学报》2015 年第 2 期。

②　孟建柱：《深入推进社会治理创新，进一步增强人民群众安全感——学习贯彻习近平总书记关于加强和创新社会治理重要指示》，《社会治理》2016 年第 6 期。

风险，服务好经济发展大局；需要积极防范、妥善处置矛盾纠纷，努力实现维权与维稳相统一。同时，公共服务有助于降低居民的不安全感。①

综上所述，构建人民"美好生活"体验度主观评价指标体系时，在安全感维度上需要考虑的人民安全感的影响要素，主要可划分为以下几类：第一，公共安全，包括人身安全、公共安全风险排查、监测预警、应急处置机制、犯罪人员监管、犯罪防控机制、公共交通安全（如安检及监控）。第二，网络安全，包括电信网络监管、个人信息及隐私保护、公共数据保护。第三，经济安全，包括财产安全、产权制度完善、经济风险化解、稳定金融秩序、民间借贷关系处理、劳动安全。第四，社会安全，包括社会治安、环保类群体性事件处理、征地拆迁工作、医患关系、信访制度、食品药品安全。

第三节 "美好生活"体验度评价的现状与问题甄别

在客观评价层面，在我国，自1985年林南等展开对天津市城市居民生活质量的实证研究开始，生活质量的问题越来越为学术界所重视。然而，目前我国尚未建立完整的生活质量评价体系，有些专家学者根据国外评价指标来确定我国的生活质量评价指标，但由于国情不同则造成研究结果上的差异，并不能达到指标体系的衡量效果。②

在主观评价层面，探讨幸福感或满意度的评价指标体系的研究远

---

① 周绍杰、王洪川、苏杨：《中国人如何能有更高水平的幸福感——基于中国民生指数调查》，《管理世界》2015年第6期。

② 李鸿阶、张元钊：《OECD国家生活质量评价及其对我国的启示》，《福建论坛》（人文社会科学版）2018年第2期。

多于获得感和安全感的指标体系研究。首先,主观幸福感并不能完全代表人民"美好生活"在主观层面的体验度。其次,对幸福感的研究也主要存在着两方面问题:一方面,研究对象大多局限于个人幸福感,对家庭幸福感的研究很少涉及。但中国传统社会历来是"家本位",家庭生活也是社会的一个缩影,与其他国家相比,测量家庭幸福感在中国具有更加重要和特殊的意义。另一方面,无论对个人幸福感还是家庭幸福感等主观评价指标的测量都有非常大的改进空间。[①]

就人民美好生活需要指标体系本身而言,与其研究关联较大的一个指数研究是国民幸福指数研究,这是因为人民美好生活的需要和国民的幸福一样,都是一种主观心理感受很强的情绪体验和获得感的满足状态。国民幸福指数是在20世纪70年代由不丹国王辛格·旺楚克最早提出,不丹的居民幸福感指数主要在政府善治、社会与经济的可持续发展、文化保护与促进、环境保护等四大支柱的框架下从心理幸福感、生活水平、政府善治、健康、教育、文化、时间利用、社区活力、生态的多样性与恢复能力等九个方面的33项具体指标进行测算。杨延圣根据本土化原则、关键性原则和实用性原则,设计出人民美好生活需要衡量指标体系(表8-9)。[②] 可以看出,该指标体系更多关注的是本书所设计的人民"美好生活"体验度的客观评价层面。

表 8-9   人民美好生活需要衡量指标体系设计

一级指标	二级指标	三级指标
人民美好生活需要	经济信心	对今后经济增长的预判
		对未来收入、支出的预判
		对家庭收入的满意度

[①] 王广州、王军:《中国家庭幸福感测量》,《社会》2013年第6期。
[②] 杨延圣:《人民美好生活需要衡量指标体系的构建——一个初步的分析框架》,《观察与思考》2018年第4期。

续表

一级指标	二级指标	三级指标
人民美好生活需要	社会和谐	对今后社会和谐的预判
		对当前社会保障（养老、医疗、教育、就业等）的满意度
		对社会安全感的评价
	生态文明	对目前生态环境的满意度
		对当前环境问题（空气、水、噪声等）的评价
		对生态环境预期的评价
	文化丰富	对主流价值观的认可度和接受度
		对精神生活的满意度
		对自身心理状况的评价
	政治善治	基于过程的政府信任状况
		基于结果的政府信任状况
		对当前腐败问题的评价

2018年3月7日，全国"两会"期间，央视财经频道中国经济生活大调查重磅发布了2017—2018年度"中国美好生活指数"（表8-10）。该调查发现，住房条件，收入水平，家庭和谐，人际交往，健康状况，心态情绪，物价水平，教育培训，法制观念，生态环境，孩子成长，养老质量，社会保障，是影响中国人"美好生活"感受的核心指标。央视"中国美好生活指数"的三个一级指标为获得感、幸福感、安全感，其二级指标包括：薪酬水平、物价水平、收入水平、福利水平、人际交流、食品安全、廉政反腐、行业前景、治安状况、团队文化、政府服务意识、养老质量、健康状况、诚信状况、业余生活、精神追求、消费便利、交通状况、文化自信、晋升空间、政商关系、家庭和谐、社会认同、法制观念、道德规范、生态环境、社会保障、个人信息安全、财产安全、孩子成长、政府办事效率、教育培训、榜样力量、同事关系、自我价值、住房条件、工作强度、心

态情绪 38 个。[①] 可以看出，该指标体系关注的是本书所设计的人民"美好生活"体验度的主观评价层面。

表 8-10　　　　　　　　中国美好生活指数

一级指标	二级指标（影响因素） （与一级指标关联度自左至右依次降低）
获得感	心态情绪 | 健康状况 | 收入水平 | 家庭和谐 | 榜样力量 | 生态环境 | 法制观念 | 文化自信 | 业余生活 | 自我价值 | 物价水平 | 社会保障 | 教育培训 | 住房条件 | 人际交流 | 福利水平 | 消费便利 | 养老质量 | 社会认同 | 晋升空间 | 孩子成长 | 精神追求 | 工作强度
幸福感	住房条件 | 收入水平 | 家庭和谐 | 人际交流 | 健康状况 | 精神追求 | 心态情绪 | 物价水平 | 业余生活 | 教育培训 | 社会认同 | 法制观念 | 生态环境 | 孩子成长 | 交通状况 | 团队文化 | 政府服务意识 | 食品安全 | 文化自信 | 养老质量 | 行业前景 | 薪酬水平 | 自我价值
安全感	家庭和谐 | 人际交流 | 心态情绪 | 孩子成长 | 住房条件 | 健康状况 | 收入水平 | 教育培训 | 社会保障 | 物价水平 | 养老质量 | 诚信状况 | 法制观念 | 行业前景 | 交通状况 | 治安状况 | 生态环境 | 个人信息安全 | 政商关系 | 食品安全 | 道德规范 | 财产安全 | 廉政反腐

注：灰色阴影标注的为三类一级指标的二级指标中未见重复的指标。

前文所提及的中国城市生活质量指数（CCLQI）体系虽然包括本书所设计的主客观两个指标体系，即主观满意度指数体系和客观指数体系，然而，一方面，该指标体系的构建以中国居民城市生活质量的衡量为出发点，未有反映我国农村居民的生活状况；另一方面，其客观指数体系的主体指数评估着重探讨我国社会经济方面的指标评价，未能全面反映人民"美好生活"需要在政治、社会、文化和生态方面的衡量标准。除此之外，就其主观指标体系而言，它主要衡量的是城市居民的生活满意度，然而，从义务教育、医疗卫生、生态环境、社

[①] 央视网：《中国经济生活大调查 2017—2018》，2018 年 3 月 7 日，http://tv.cntv.cn/video/VSET100312612958/1f308877c599405d8e3d8d4109c7820d。

会保障四类公共服务在2011—2014年期间的变化趋势和城乡比较来看，城乡居民对四类公共服务均存在客观状况与主观满意度的反差[1]，且城乡居民家庭之间存在自评异质性问题，即城乡居民对家庭幸福感的评价基准并不一致。[2]

综上所述，在我国现阶段，城乡区域发展差距较大，对"美好生活"的体验度，城乡居民无论是在客观评价层面还是主观评价层面都存在一定的差异，需要构建不同的"美好生活"体验度评价的指标体系。

第四节　"美好生活"体验度评价的指标体系构建

根据郑杭生的划分，指标体系的建立主要有三种方式：第一，根据规划建立指标体系，主要是政府利用公共机构的相应分类而建；第二，根据社会目标建立社会指标体系，即从一个总的或一系列社会目标出发，逐级发展子目标，最终确定各项社会指标；第三，依据理论建立的社会指标。[3] 基于前文对人民"美好生活"的理论和相关评价指标的探讨，同时将我国"美好生活"体验度评价的现状与问题加以考虑，作为共建共治共享社会治理的标尺要素，构建人民"美好生活"体验度评价指标体系需要分别针对我国城乡居民建立人民"美好生活"客观评价与主观评价的指标体系，逐级确定各项指标（图8-1）。

---

[1] 周绍杰、王洪川、苏杨：《中国人如何能有更高水平的幸福感——基于中国民生指数调查》，《管理世界》2015年第6期。
[2] 王广州、王军：《中国家庭幸福感测量》，《社会》2013年第6期。
[3] 参见郑杭生《社会学概论新修》（第四版），中国人民大学出版社2013年版。

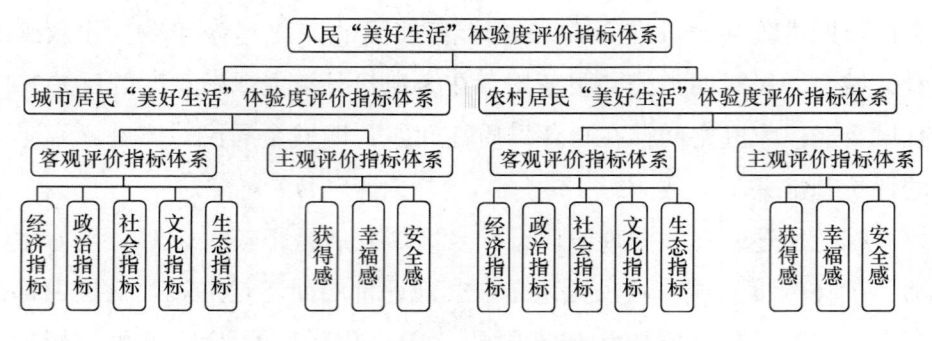

图8-1　"美好生活"体验度评价指标体系

一　城市居民"美好生活"体验度评价的指标体系构建

人民美好生活是经济、政治、文化、社会、生态五个方面高度和谐的结果，评价人民美好生活发展水平的现状，主要从经济发展、政治建设、文化建设、社会建设和生态建设五个角度进行衡量。

表8-11　城市居民"美好生活"体验度评价指标体系

类别	评价领域	一级指标	二级指标
客观评价	经济体系	经济供给	经济状况（经济增长率、人均GDP、储蓄）
			物质福利（居住状况、社区公共资源）
		需求保障	收入水平（城市居民人均可支配收入、家庭收入、薪酬水平）
			就业水平（就业率、失业率）
		消费水平	人均消费支出结构（衣食住行比重、医疗比重、文娱比重、交通比重）
			消费结构系数（物价水平）
	政治体系	民主参与	市民问责、入党积极性、人大代表选举参与率、社会组织数
		法治建设	依法行政、律师数量
		政府质量	政府绩效、公共物品供给、企业财产权利保护
	社会体系	教育资源	教育保障状况（公共教育开支、研究经费、各级各类学校教师合格率）
			教育需求状况（城市适龄儿童入学率、农民工子女入学率）

第八讲　社会治理的标尺要素　201

续表

类别	评价领域	一级指标	二级指标
客观评价	社会体系	医疗健康	医疗资源（病床数、医生数、人均医疗卫生费）
			健康状况（期待寿命、体检次数）
		社会保障	社会保险保障（基本养老保险覆盖率、基本医疗保险率）
			弱势群体保障（城镇低保补助、失业保险覆盖率）
		生活便利	基础设施建设（运输线路、通信容量、互联网接入数）
			居民生活及交通（生活便利、互联网速、高峰期拥堵率、公共交通服务）
	文化体系	文化投入	公共文化财政支出占政府财政支出比重、人均文化事业花费
		文化产出	公共休闲场地（公园、影剧场、图书馆、艺术馆）、公共健身场地器材
	生态体系	生态环境	城市噪声、空气质量、城市用水普及率
		生态保护	环境污染治理投资总额、绿化覆盖率、工业废水及生活垃圾无害化处理率
主观评价	获得感	物质利益	健康状况、收入水平、生态环境、业余生活、物价水平、教育培训
		精神支持	心态情绪、家庭和谐、榜样力量、法制观念、自我价值、文化自信
	幸福感	主观幸福	城市生活满意度、实际收入满意度、工作就业满意度
		心理幸福	积极情绪、政策公平满意度、执法公正满意度、医疗保障满意度
		社会幸福	政府善治满意度、自然环境满意度、社会治安满意度
	安全感	公共安全	公共安全风险排查、犯罪/立案率、公共交通安全、犯罪防控、应急处理
		网络安全	电信网络监管、个人信息及隐私保护、公共数据保护
		经济安全	财产安全、产权制度、经济风险、金融秩序、民间借贷关系、劳动安全
		社会安全	医疗安全、医患关系、食品药品安全、生产安全、消防安全

二 农村居民"美好生活"体验度评价的指标体系构建

表 8-12　农村居民"美好生活"体验度评价指标体系

类别	评价领域	一级指标	二级指标
客观评价	经济体系	经济供给	经济状况（农作物种植、家禽养殖）
			物质福利（宅基地、农副产品再加工）
		需求保障	收入水平（农民人均纯收入）
			劳动力水平（非农劳动力占农村劳动力的比重）
		消费水平	人均消费支出结构（食物比重、养老比重、医疗比重、婚丧嫁娶比重）
			消费结构系数（农作物及农副产品价格指数）
	政治体系	民主参与	村党支部及村委会选举参与率、民主观念、妇女参政率
		法治建设	法律援助机构数、法治意识
		政府绩效	基层政府权威、信访上访次数
	社会体系	教育资源	教育保障状况（公共教育开支、乡村学校及教师数）
			教育需求状况（儿童入学率、成人识字率）
		医疗健康	农村社区卫生（卫生站、乡村医生数）
			健康状况（平均寿命、1岁婴儿死亡率、孕产妇死亡率、传染病发病率）
		社会保障	社会保险保障（基本养老、农村五保供养及医疗救助）
			弱势群体保障（空巢老人、留守儿童、残疾人补助）
		生活便利	基础设施建设（农村道路、互联网接入数）
			居民生活及交通（农村小卖部数量、外出交通便利）
	文化体系	文化投入	公共文化财政支出占政府财政支出比重
		文化产出	公共休闲场地（农村阅览室、活动中心、戏班戏台）
	生态体系	生态环境	耕地状况、农村饮用自来水人口、空气质量
		生态保护	耕地土壤保护、水源保护、农村垃圾处理
主观评价	获得感	物质利益	收入水平、健康状况、农作物及农副产品价格水平、居住环境、养老质量
		精神支持	心态情绪、家庭和谐、榜样力量、法制观念、人际交流
	幸福感	主观幸福	农村生活满意度、家庭收入满意度、身体健康满意度
		心理幸福	积极/消极情绪、政策公平满意度
		社会幸福	基层政府工作满意度、社会治安满意度、生活环境满意度

续表

类别	评价领域	一级指标	二级指标
主观评价	安全感	公共安全	农村社区治安、人身安全、受理案件数量及类型、犯罪率、破案率
		网络安全	电信网络监管、个人信息及隐私保护、网络诈骗
		经济安全	财产安全、宅基地安全、联产承包
		社会安全	医疗安全、食品药品安全、征地拆迁

第九讲

走向共建共治共享的社会
治理新格局

共建共治共享的社会治理是党的十九大报告构塑的一种新型社会治理图景，是社会治理与国家治理的基本战略布局，是解决新时代我国社会主体矛盾的有效工具，亦是实现国家治理体系与治理能力现代化的必要路径。共建共治共享社会治理格局的构建是一项复杂的系统工程，需转变理念、创新机制、优化工具。这一过程的核心在于整合社会价值、建立以政府为中心的治理网络，并通过共识化规则体系的建立和推进，以此来调和矛盾分化与利益冲突，进而实现社会治理的多主体参与、多途径推进以及全社会共享。

第一节　共建共治共享社会治理的
　　　　内涵的再审视

事实上，所谓"共建共治共享"本质上是利益相关主体基于共同目标建立交互网络，经由合法合理程序形成制度体系，并在制度框架内进行资源交换，最终实现共同体利益的过程。"共建"的核心在于挖掘社会资本，形成治理网络；"共治"的核心在于通过利益、价值和制度诱因整合多元主体参与、综合运用各种治理工具;"共享"的关键在于公平有效回应和满足多元主体的利益诉求,从而实现社会利益。

一 共建:利益相关者的网络聚合

与市场利益主体相比,社会治理的利益主体更加复杂。因此,社会治理的利益主体应是具有不同价值目标、利益取向和行为模式主体的聚合。如果不把这些多元主体进行结构化整合则极易出现个体的利益招致共同体非理性的"集体行动失灵"困境。故此,对多元社会治理利益主体进行精细化分类与结构化整合则成为建立社会治理网络的基础。综观相关研究,对利益相关者分类的理论观照,查克汉姆主张经由合意契约缔结利益相关者和基于公共关系网络的利益相关者;包括弗尔曼提出从产权性质、资源依赖和公共利益三个维面进行分类;克拉克森则将利益相关者划分为自发的利益相关者和非自发的利益相关者,以及核心的利益相关方和周边的利益相关方。以上分类方法或存在着分类标准不统一,或不具备现实可操作性,大多停留在理论探讨层面,无法为社会治理网络的形成提供现实途径。

在综合学者们对利益相关者分类研究的基础上,20世纪90年代后期,米歇尔提出了从合法性(legitimacy)、权威性(power)和紧迫性(urgency)三个层面对市场利益相关者进行分类。其中,合法性是指某一群体是否得到了法律上的认可、是否获得了道义上的认同以及是否有资质从相关企业获取报酬;权威性指利益相关方与企业的互动关系,即这一群体是否掌握有企业的依赖性资源、是否可以影响企业的重大决策和长远发展;紧迫性则意指这一群体的诉求是否可以立即引发企业管理层的关注,并进入到企业的决策议程当中。[1] 基于以

---

[1] R. K. Mitchell, B. R. Agle, D. J. Wood, "Toward a Theory of Stakeholder Identification and Salience: Defining the Principle of Who and What Really Counts", *Academy of Management Review*, Vol. 22, No. 4, October 1997.

上界定，米歇尔认为，符合上述一个标准为潜在型利益相关者，满足两个标准为预期型利益相关者，三个指标都符合则为紧密型利益相关者。在社会治理的情境中，不同群体与市场的互动关系被置换成不同社会主体与公共事务之间的互动关系。因而这种互动关系从双边互动关系演化为不确定的多边互动关系。在不同的社会情境下，社会、市场与政府之间的互动关系可能是潜在型利益相关关系，也可能是预期型利益相关关系，亦可能是确定型利益相关关系。然而，对现实经验做一审视，发现在大部分社会治理过程中，政府扮演着确定型利益相关者的角色，其对社会治理具备合法性、权力性和紧密性，是社会治理的元主体；社会公众和组织是预期型利益相关者，具备合法性和紧急性，但是由于原子化个体的分散性，其在很大程度上不具有权力性；市场是潜在型利益相关者，具有合法性，但是公共事务具有很大的正外部性，市场的参与缺乏动力，因而市场利益相关主体在社会治理中具有较弱的权力性和紧迫性。

二 共治：利益相关者"参与—协商—合作"

威克斯、弗里曼和帕尔马等人认为，实现利益相关者共治的核心在于"管理者需建立诱因机制，发展互动关系，扩大网络交互半径，并创造一种具有价值共识、信任关系以及合作意愿的共同体"[①]。"共治"则建立在利益共同体网络架构的基础之上，要求各治理主体平等参与到公共事务治理当中，在明确权力边界和责任归属的前提下，基于充分的协商，达成共识，构建正式制度和非正式制度体系。共治的核心在于综合各治理主体的优势资源（包括信息资源、技能资源、物质资源、人力资源等）来扩大治理网络、创新治理方式，以实现资源

---

① ［德］N. 卢曼：《熟悉、信赖、信任：问题与替代选择》，中国城市出版社2003年版，第87页。

的共享和社会善治。这一目的的实现需要制度规范和实质性互动作为基础。如果缺少必要的制度规范与合作机制，就会诱致"囚徒困境"、"集体行动的困境""搭便车""公有地悲剧"等治理失灵的状况。因此，"共治"是建立在利益共同体网络基础之上，是建立在具有普遍共识的制度规则体系之上，亦是建立在网络主体资源依赖和资源相互交换的基础之上。

在治理网络中，利益相关者的共治需在基于身份平等的前提下，通过广泛地参与和可持续地协商对话建立正式制度和非正式制度体系。这是一个循环反复的互动过程。利益相关者的"共治"行为是在各方具有共同利益取向和价值目标的基础上，通过网络化的权责匹配而实现优势资源的相互交换。这表明，在社会治理利益相关者"参与—协商—合作"循序渐进中不断推进。首先，诱因机制需要实现利益相关者的利益整合和价值统一，进而形成参与意愿和动力，扩大治理网络半径；其次，正式制度和非正式制度作为共治网络中的核心要素，保障了协商对话、集体行动和资源交换等行为的有序进行；最后，共治网络中物质资源、价值资源、技能资源、人力资源的依赖和交换使得网络内形成合力，共同推进了共同体利益的实现。

三 共享：利益相关者差序"满足"

"共治"的成果需要在治理网络内进行公平的分配，进而实现个体与网络共同体协调和全面的发展。需要厘清的是平等的成果分配并不意味着对治理成果的绝对平均分配，而是在考虑到不同利益主体资质禀赋、贡献程度、外部效应、需求溢出程度等综合因素进行实质性地平等分配。正如利益相关者分析要求管理者考虑所有能够影响到重大决策或者被重大决策影响的群体，并且尽可能满足利益相关者的需要，但是同时也强调两点：一是成果分配的多样性。利益相关者从共治行动中得到的激励应该是多样的，包括物质、信息、互动经验、社会声誉等。二是在特殊情境下，社会治理的成果应体现对弱势群体的倾斜和关照。

一般认为，良好的社会治理成果应当包括稀缺的价值资源、可获得的公共服务、健全的社会保障体系、优良的制度环境、均衡的社会分层以及合理的社会伦理形态。不同的治理主体具有各自的利益判断和需求取向，因而在利益分配的过程中需要进行需求识别和精准化分类，从而针对性地满足不同主体的利益诉求。需指出的是社会治理的"共享"不意味着将市场机制嵌入社会分配当中，即在分配的过程中效率不应是核心准则，而更应考虑到治理成果分配的公平性。社会治理从本质上而言属于一项公共产品，其分配应秉承着提升公共福祉的目的，做到保证公平、可及性与可获得性，而非让"看不见的手"的供求机制、价格机制和竞争机制完全嵌入社会治理成果的分配当中。①

综上所述，共建共治共享的社会治理体制架构是多元利益主体的网络聚合，这是"共建"的体现；共建共治共享社会治理的机制是协商合作、共识化制度以及资源交换，这是"共治"的表征；共建共治共享社会治理的成果分配是建立在公平、可获得感和可及性的基础之上，这是"共享"的表现。

第二节 共建共治共享社会治理的机制运行

一 共建机制

公共参与机制。公共参与机制是打造"共建共治共享"社会治理格局的起点所在，亦是推进中国特色社会主义民主的发力点。公众参

---

① 郑功成：《用共享发展引领社会治理》，《社会治理》2017年第2期。

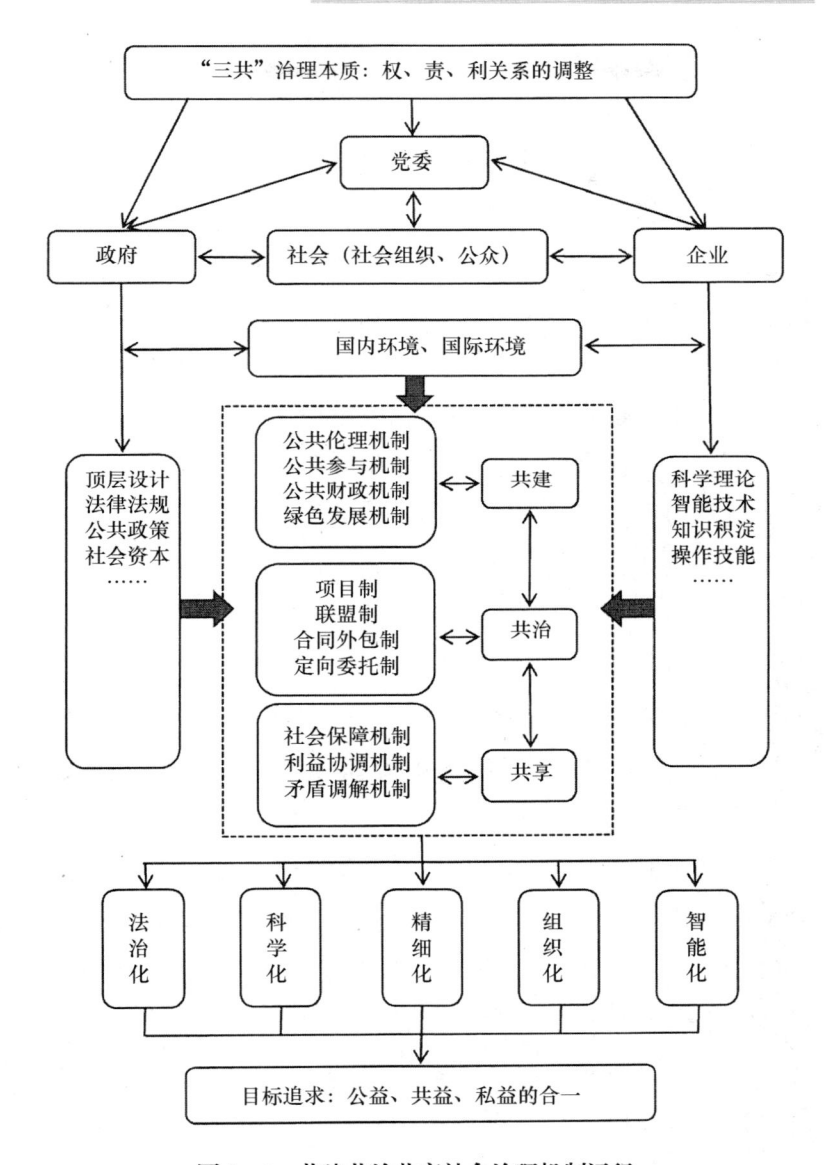

图 9-1　共建共治共享社会治理机制运行

资料来源：陈晓纯、陈文婕：《习近平国家治理思想下"三共"社会治理格局：概念框架与运作机制》，《湖南大学学报》（社会科学版）2018年第5期。

与机制指公民、企业和社会组织等通过各种途径与方式参加公共政策制定与行政行为实施的过程的体制架构与制度安排。公共参与机制包含以下几个要素：一是诱因机制，即基于共同的利益、共同的目标以及共同的价值导向，治理主体有意愿也有动力参与到社会治理网络当中；二是参与渠道，治理主体可以通过诉求表达、舆论监督、信访安排、利益汇聚、社会论证等多种途径广泛参与社会公共事务，使政府行为与重大决策更加体现公民的意志和符合公众的意愿；三是反馈机制，即社会主体的参与并非象征性参与，而是其合理的诉求和建议能够进入政府的正式议程当中，并得到政府的反馈。

财政机制。物质资源的获取、使用和分配是共建共治共享社会治理的一项重要内容。所谓公共财政是指为满足社会公共需要而实施的一种收支管理行为，政府基于社会公共的需要，按照一定原则将其用税收方式汇聚的资财分配给包括政府在内的利益相关者。[1] 对于社会治理而言，政府并非是其财政来源的唯一主体，而是在吸引多元社会主体参与的过程中吸纳社会资金，从而扩大网络资源半径。另外，在物质资源的获取和使用分配过程中要兼顾公平和效率，降低政府成本，用最少的钱干最多的事。

公共伦理机制。共建共治共享社会治理的核心在于构建具有共识效应的制度体系。但制度作为一种后溯性的行为总结无法完全预测治理主体的所有行为。因此，公共伦理的嵌入和内化就显得尤为必要。"共建"的目的在于整合各利益主体，形成社会治理的网络共同体。这种诱因一方面来自对于个体利益的追求，另一方面也来自对于共同体利益、社会责任以及公共利益的追求。这一过程中，公共伦理所发挥的功能是不可违逆的，其通过公共价值的内化而规范和制约了游走于制度真空内利益相关方的行为。

---

[1] 华鉴婷：《基于公共财政视角的我国危机应急管理》，《法制与社会》2009 年第 11 期。

二 共治机制

协商对话。各利益主体间进行协商对话，进而达成共识是实现"共治"的重要工具。协商对话应包括以下要素：（1）平等的身份。各利益主体应拥有平等发声机会，每一主体的诉求都应进入共同体的决策议程当中，而不会因为不同利益主体掌有资源量的不同而把一部分利益主体排斥在对话之外。（2）对话规则。协商对话规则为不同利益主体的诉求表达、流程方式、对话博弈提供了制度保障，推进了不同利益主体协商对话的有序进行。（3）对话效力。每一利益主体的意志应该反映到共同体的决策结果当中，即每一利益主体应该具有同等的话语效力。

正式规则与非正式规则。所谓正式规则是指政府制定和执行的相关制度；非正式规则是指利益共同体经由内部协商对话而形成具有共识效应的规则体系。正式规则与非正式规则可能是相互补充和支撑的，也可能是相互竞争和抵牾的，而要实现"共治"就需要建立相互嵌入、相互配合、相互融入的正式规则与非正式规则体系。

合作联盟制。事实上，对于"共治"而言，合作意味着资源的适度依赖与交换，最终达到资源共享的状态。合作是建立在各利益主体相互信任的基础之上，它意味着各主体在价值上的互为认同、在目标上的互为统一、在行为上的互为耦合、在责任上的互为承担。

合同外包。新公共管理认为"合同外包"是降低政府成本、激发社会活力的一个有效工具。所谓合同外包制是政府通过谈判、竞投标的方式将一些公共服务或准公共服务转移到企业或非营利性组织，让其参与公共项目建设或特定公共物品的供给，形成政府主导、多元主体共同参与的模式。"合同外包"体现为政府与社会的深度合作，是实现社会"共治"的重要工具。

项目制。与项目制伴随的是灵活的组织形式，这也是"共治"网络所需要的组织形式。项目制顾名思义即组织的使命在于完成不同阶段的项目任务，而每一任务则需要具有不同资源禀赋的主体参与。而在公共部门，项目制是指在财政体制的常规分配渠道和规模之外，按照中央政府意图，自上而下以专项化资金方式进行资源配置的制度安排。[①] 项目制打破了官僚制固有的制度惯性，使得社会合作从过程导向转为结果导向，也让治理网络对外界环境的变化有了更强的适应性。

定向委托制。定向委托制适用于与政府有过长期的愉悦互动经验，且专业性较强的公共项目的委托。它是政府与其他社会主体进行互动的一种固定形式。定向委托制与合同外包制的区别在于没有导入市场竞争，而是通过指定的方式确定委托对象。定向委托制在某些情境下节省了治理行动的交易成本。

三 共享机制

利益分配机制。对于"共享"的社会治理而言，利益分配机制不是将市场规则嵌入社会分配当中，而是要在注重分配公平的同时兼顾效率，通过"共治"成果的分配来提升公共服务的公平感、可及性与可获得感。首先，利益分配是基于对公众需求的实际考察，在此基础上进行有针对性的精准分配；其次，"共治"的成果分配有别于企业的资本分红，而是在满足个体利益的同时，提升社会个体自我发展、自我满足和自我服务的能力；最后，"共治"的成果分配要求特别关注社会弱势群体，追求弱势群体的社会效用最大化。

矛盾化解机制。社会主体间的矛盾源自利益的冲突。故此，有效化解社会主体间的矛盾是实现社会治理成果"共享"的一项基础举措。利益主体间矛盾的化解应从以下几方面入手：一是甄别不同主体

---

① 周雪光：《项目制：一个"控制权"理论视角》，《开放时代》2015 年第 2 期。

的利益需求，分析不同利益主体的利益分殊与冲突所在；二是通过不断地对话协商来打破信息不对称，在不同利益主体间形成基本的理解；三是基于共识化的分配规则来确定分配原则，调节分配准则，使得利益在不同主体间形成相对均衡的配置格局。

社会保障机制。社会保障体现的是"共治"成果分配中的公平性以及对社会弱势群体的关注。社会保障是为了保障社会弱势群体的基本生存和生活权利，使得社会全体成员共享社会治理成果。社会保障机制的建立也应体现"共建共治共享"的基本思路。即从资金筹集、监督运营、保障服务都需要社会主体的广泛参与。值得指出的是社会保障机制一方面在促进社会公平，推进社会治理成果全民共享的同时，亦应培育社会弱势群体自我发展、自我符合和自我满足的能力。

第三节 共建共治共享社会治理的实现路径

共建共治共享社会治理格局的构建与实现需要审慎考察三个维面的问题：一是甄别不同社会主体的利益取向，进行利益整合，建立诱因机制，构建利益共同体网络；二是经由协商对话与合作互动形成具有共识效应的正式制度与非正式制度规则体系，进而推进网络主体的资源交换与共享；三是顾及公平与效率的同时，进行资源的分配，并进一步提升公共产品供给的公平性、可及性与可获得感。植根于中国情境，政府应该扮演着"元治理"的角色，即政府应该是利益分化的评估者，基本制度环境的制定者，多元主体的聚合者以及公共责任的主要承担者。在"共建共治共享"的社会治理格局中，政府与其他利益主体形成了一个依次向外辐射的"中心—边缘"治理图式。

一 构建共同体网络

"共建共治共享"基础点在于利益相关者的有机聚合,利益相关者自身所拥有的资源本身就是社会治理网络得以运行的主要助推力。那么,构建网络体系需要从以下两方面入手。首先是利益相关者的发现,主要有两种途径:一是基于刚性的制度规约来进行责任的赋予和义务的科以,从而清晰各主体的项目点和责任权力边界,进而形成具备正式组织形态和制度规则的利益集团。二是通过具体的情境事件诱发出潜在的利益共同体。这种利益共同体并非连续稳固的,其可能会随着事件的化解而趋于解散。三是通过大众传媒、意识形态、价值引导、利益分化和情境创设等弹性引导方式激发利益相关者自觉,从而形成利益共同体聚合网络。对潜在型和预期型利益相关者而言,这种方式尤为适用。仰赖于强制性规约手段主要运用于激活权利责任边界明晰、掌握主要资源、并能影响事件议程发展的利益相关者;弹性引导则适用于权利责任边界模糊、事件诱发效力较弱、享有周边资源利益相关者。

其次是利益相关者的聚合。利益相关者必须经由一定的诱因来实现共同体网络的构建和行为互动。这种诱因机制一般包括以下几种类型:一是基于共同体力量来实现个体利益;二是基于共同的价值目标来促进共同体利益,同时提升公共福祉;三是通过集体行动的收益分散化和成本富集化而发生"搭便车"行为。

二 建立共治规则体系

共治规则确定了不同利益主体职能配置、责任承担、对话规范以及资源交换程序,它是网络共同体中的个体经由协商后一致同意的产物。事实上,规则的建立和现实表征有赖于管理利益相关者有两种价值判断：减缓和激励。① 减缓意图降低不同利益集团的目标冲突，减少不同利益集团间的互动经验，进而将不同利益集团间零和博弈的负面效应降到最低程度。激励是一种主动的利益管理策略，它的核心在于发现不同利益主体间的目标交叉点，通过放大交叉点来推动不同利益主体的行为交互与耦合，并长此以往形成愉悦的互动经验和稳定的信任关系。

政府是"共建共治共享"社会治理的核心利益相关者，其一方面应是相关规则的主要制定者，另一方面也应通过发挥组织、协调和控制的功能来引导利益共同体内非正式规则的形成。政府的引导功能实质上就是"激励"，包括寻找利益相关方的利益契合点、提升其合作意愿、拓宽网络交互半径、建立基本的制度环境、搭建合作情境和平台、促进对话、培育主体间信任以及实现资源的适度依赖与交换。另外，约束规范机制实质上表征为减缓，其目标在于对治理主体的行为进行监督，最大限度地降低个体的理性行为导致集体非理性行为的发生风险。这一过程主要包括：各主体利益取向的合法性与合理性评估、利益主体行为的风险预测、任务发包、行为监督、绩效评估以及公共伦理的教化等。

每个利益相关者都有自身的特殊利益，我们没有理由相信有着各自利益取向的个体当其聚合为共同体网络后就变得大公无私地追求共同体利益。这也在一定程度上破坏了社会治理成果的公平性与可持续性。譬如权力与资本的联姻、政府寻租等。因此，政府监督与社会监督就显得尤为必要。又如，政府招投标过程中出现的不透明不公平弊象，政府购买服务的"内卷化"效应和对第三方评估的排斥等。再如，现代互联网技术的发展带来了自媒体的中兴，虚拟网络的非理性

---

① [美]爱德华·弗里曼、杰弗里·哈里森、安德鲁·威克斯：《利益相关者理论现状与展望》，知识产权出版社 2013 年版。

行为会导致整合社会的群氓狂欢和理性的坍塌，这就需要政府进行稀缺价值资源的分配，并在此基础上进行利益规则的重新界定。

三 推进共容利益机制

如前文所言，"共建"需要一个强大的诱因机制来聚合利益相关者实现行为的耦合与资源的交换。虽然共建者可能基于共同的价值指向和伦理自觉会实现自发的聚合，但如果长期缺乏承诺的兑现和可视的收益，单纯基于信念、情感和道德的行为便难以为继。故此社会治理的"共享"不仅在于"共治"成果富有公平和兼顾效率的分配，更在于培育一种共同体意识与公共利益的理念。

"共容利益"是一个复合概念，它既包括作为治理主体的价值共容，也包括作为制度规则的责任共容，还包括作为治理过程的资源共容，亦包括作为治理结果的利益共容。奥尔森指出，假如某一利益集团认为自身的利益与社会繁荣密切相关，在寻求自身利益和社会收入再分配时会比较节制，甚至愿意做出牺牲来支持有利于全社会的政策与行动，就是在追求共容利益；相反，当其存在强烈的以损害社会利益来增进自身利益的企图时，就是在追逐偏狭利益。[1] 毋庸置疑的是每个社会治理利益相关者都承载着自身的特殊利益："看不见的手"源自原子化个体对自身利益的追求，但是个体的理性行为又会导致市场的失灵和社会效率的下降；政府作为"元治理"者，也有着自身的利益承载，譬如预算最大化、官员晋升、政治锦标赛等；社会主体也会伴随着市场"志愿失灵"的情况而陷入专断独裁、部门利益的泥淖当中。然而，要打造"共建共治共享"的社会治理格局就应确立基本的社会价值观念，在合理配置社会稀缺价值资源的同时，实现理念、制度、资源和利益的共容，打破利益固化与基层固化，使全体成员共

---

[1] [美]曼瑟尔·奥尔森：《权力与繁荣》，上海人民出版社2016年版，20—21页。

享社会治理成果。

此外，利益补偿是"共容"利益机制的一项重要内容。利益补偿所体现的是对社会弱势群体社会效用最大化的追求。其具体指对社会治理中不同类型的利益受损的相关者给予针对性的补偿。市场经济强调的是效率，资源必然会向效率高的一方聚集，由此引发了急剧的贫富差距和社会不稳定，因此在注重资源配置效率价值的同时，更应看到实质性公平的价值所在。而这一"公平"需要利益补偿机制来实现。近年来，社会矛盾冲突呈不断上升态势，究其原因在于利益分配规则的失灵。要从根本上化解这一弊端，就需将利益补偿机制无缝嵌入利益表达、利益甄别、利益聚合、利益创造和利益分配的全过程当中。"利益补偿机制要求能够对不同利益相关者的利益诉求进行确认、选择和整合，对于利益受损者给予精准性补偿，从而减少社会不满和对抗"。①

共建共治共享的社会治理是在习近平新时代国家治理思想指导下，以党的领导为轴心，以政府元治理为基础，以市场、社会广泛参与为动力，以实现个体与共同体自由而全面发展为目标的社会治理新格局，它是国家治理能力与治理体系现代化的战略举措和现实表征。从共建共治共享社会治理的运行逻辑而言，"共建共治共享"本质上就是"利益相关者共同治理"，包括利益相关者的甄别、参与、协商对话、互动合作、资源共享与利益分配。"共建共治共享"经历了三个实践过程：一是利益相关者的聚合而构建的共同体治理网络；二是经由对话协商而形成的具有共识化效应的制度体系，在此基础上实现利益主体的互动合作与资源交换；三是在注重公平与兼顾效率的前提下，进行价值资源、物质资源的重新配置，从而实现社会治理成果的"共享"。

---

① 周进萍：《利益相关者理论视域下"共建共治共享"的实践路径》，《领导科学》2018年第8期。

第十讲

新时代社会治理发展的
挑战、趋势与因应

加强和创新社会治理,是人民安居乐业、社会安定有序、国家长治久安的重要保障。进入新时代,构建全民共建共享的社会治理格局,需要完善党委领导、政府主导、社会协同、公众参与、法治保障的社会治理体制。新时代社会治理面临着网络社会、多元社会、复杂社会的环境与挑战,需要处理好治理域、治理观与治理术的关系,科学研判社会治理的信息化、社会化、复杂化等发展趋势,走向网络社会的大数据治理、多元社会的参与式治理和复杂社会的整体性治理。

第一节 新时代社会治理的环境与挑战

社会环境决定社会治理形态,社会治理体系必须与社会环境保持动态平衡才能健康发展。我们处于什么样的时代,时代的环境特征是怎样的,只有对此做出正确中肯的研判,才能正确把握时代脉搏,从而提出正确的社会治理因应方案。随着全球化、后工业化社会的发展,我国也进入了以网络性、多元性、高度复杂性为特征的网络社会、多元社会、复杂社会,从而在治理域、治理观与治理术等方面给社会治理带来了挑战。

一 网络社会与治理域

随着互联网技术的发展，我国互联网得到了极大普及。网络技术正在深刻地改变着我们的生产与生活方式，对社会产生极大的影响。网络技术的出现标志着我们进入一个新的历史时期，简单来说就是"信息社会"。"而在与近代的工业社会比照中，则被称为'后工业社会'"[①]。网络技术、大数据、云计算等信息技术给社会治理提供了极大的便利，使社会治理实现信息化、精确化、智能化。同时也改变了社会治理的生态环境，倒逼着社会治理进行应激性变革。

进入互联网时代以前，社会信息在传播过程中受到很大的阻滞，人们获取社会信息的途径有限，难以了解政府在社会治理过程中的相关信息，双方存在严重的信息不对称。因此，公众对社会公共事务治理知晓度与参与度较低。网络技术打破了"信息孤岛"的困境，各个主体之间能够通过互联网实现信息共享，使信息资源得到更加优化的配置。尤其是我国进入自媒体时代以后，公众获取信息的途径实现多样化与便利化。公众更加热衷于在各类网络社区上讨论社会公共事务，他们对于参与社会公共事务有了新的要求。社会突发事件等公共性话题所造成的"影响波"因为网络而泛起更大的"涟漪"，社会治理不可能像以往一样是个"暗箱操作"的过程。伴随着网络技术的发展，公众要求以政府为主体的公共组织公开相关信息，从而催生民主参与的需求。相比以往，社会治理过程必须更加注重民主性、回应性以及合法性。如何回应这些需求，是我国社会治理面临的机遇与挑战。

此外，互联网为社会治理提供技术支持的同时也扩展了公共领域

---

① 张康之：《走向合作社会》，上海人民出版社2015年版，第39页。

的外延，从而为社会治理开辟了新的领域。一方面，网络信息技术在各个领域纵深渗透，不断塑造人们的"便捷性"观念，公众对获取公共服务的便利性有了新的需求；另一方面，政府等社会治理主体为了精简机构、节省治理成本，以及实现社会治理的精确化与智能化，也不得不在社会治理变革中融入网络信息技术。因此，在民众对服务便利性的需求与社会治理变革的双重作用下，以网络信息技术为基础的大数据治理、"互联网＋政务"治理等治理模式应运而生。这意味着社会治理已经从简单的"线下治理"走向"线上线下"双管齐下的新模式，而且在网络时代"线上治理"日益成为更加重要的社会治理领域。

二 多元社会与治理观

在社会治理的语境之下，所谓的"多元性"则是指社会中各因素异质而又共存的状态。在我国，多元性主要表现为阶层和群体的多元性、利益诉求的多元性以及个体的个性化等现象。与同一性、简单性相比，多元性给社会治理带来更大的挑战。这意味着在多元化的社会中，社会治理往往需要整合异质性、协调多样性，从而寻求不同因素在多元的环境中共生、共存、共进的状态。社会阶层的不断分化，个体意识的日益崛起，使得多元性在社会中表现得越加明显。

随着我国市场经济的深化改革，我国社会阶层结构发生了重大变化，农民工等新阶层群体不断崛起，"不同群体之间在财富、地位等资源方面差距存在扩大的倾向。"[①] 尤其是处于底层的民众，他们对于平等享有社会发展成果的呼声不断提高，他们要求在社会政策制定过程中有充分的话语权，以表达利益诉求。社会是否和谐，关键要看

---

① 杨继绳：《中国当代社会阶层分析》，江西高校出版社2011年版，第168页。

社会各阶层、各群体之间的利益与诉求是否得到恰当调和。在多元的社会中，治理过程不得不考量不同群体的利益以及协调他们之间的冲突，处理公平与平等问题。加之我国城镇化进程的推进，新的群体不断涌入城市，如何使其融入城市生活共同体，如何实现市民化，这些都对我国社会治理提出严峻的挑战。此外，伴随着社会进步，公民意识与个体意识逐渐兴起，人们的价值观念与生活方式不断趋于个性化，有着不同观念与生活方式的个体具有不同的社会服务需求。政府单一的公共服务供给与民众多样化的公共服务需求存在一定的矛盾与错位，"以往政府自上而下的单中心公共服务供给模式在一定程度上难以满足多元性、个性化的需求"[1]。而私营企业、非营利组织在社会治理、提供社会服务的过程中扮演着越来越重要的角色。

总而言之，我们需要清楚认识到社会的多元性特征，重塑治理观念，从而构建新的治理格局。兼顾群体多元、利益多元、需求多元，以社会治理体系的构建、社会政策的制定、社会服务的供给三大领域为重点，贯彻多元的社会治理观，为实现社会善治打下坚实的基础。

三 复杂社会与治理术

进入21世纪以来，全球迎来了全球化、后工业化的浪潮，我们已经进入了一个高度复杂性与高度不确定性的社会阶段。与农业社会、工业社会相比，后工业社会的复杂性与不确定性有过之而无不及。农业社会在许多方面都表现出单一性，因为地域的隔阂与分离，农业社会是一个低度流动性的社会。正是这种低度流动性使得农业社会具有确定性，社会生活中也表现出一种单一性、确定性。因此，农

---

[1] 何艳玲：《从"科层式供给"到"合作化供给"——街区公共服务供给机制的个案分析》，《武汉大学学报》2006年第5期。

业社会的治理对于治理体系与治理方式的技术性、科学性要求较低。进入工业社会后，社会中人口、物资等各要素流动性增强，这种流动性使得工业社会变得复杂起来，增添了不确定的因素。相比农业社会，工业社会确实增添了复杂性与不确定性，对社会治理体系与社会治理方式的要求也有了提高。但是，"工业社会的复杂与不确定性仍然是低度的，有了科学与技术，工业社会的复杂性与不确定性可以简化和确定化"①。我们可以依靠科学与技术，建立起制度化社会治理体系与方式，以不变应万变，从而实现有效治理。

然而，进入后工业社会以后，社会不再是低度复杂性，取而代之的是高度复杂性与高度不确定性。这种高度的复杂性与不确定性一旦超出已有技术与制度所能掌控的阈限，那么既有的社会治理体系与方式就会面临着挑战与失灵。同时，网络化与多元化也增加了社会的复杂性与不确定性，社会危机事件在网络性、多元性的前提下变得更加复杂与不确定。由于资源与力量的有限，以往以政府为主导的单中心社会治理模式的有效性逐渐被消解，单纯地依靠科学与技术难以解决具有高度复杂性与高度不确定性的社会问题。这就催生了治理术的变革，人们不断寻求组织模式的转变，走向部门联动与多方参与。私营企业与社会组织以及公民个人不断向公共领域进军，资源的依赖、精力的有限、利益的寻求等因素都不断促使政府、企业、社会组织等治理主体走向合作，形成"合作制组织"。近年来我国不同部门在社会治理过程中进行联合行动的迹象初露端倪，但由于制度未成熟与旧有模式惯性等阻碍因素，如何使合作走向成熟稳定，成为一种处理社会高度复杂性与高度不确定性的有效治理模式，是我们面临的重大挑战。

---

① 张康之：《走向合作的社会》，上海人民出版社2015年版，第187页。

第二节　新时代社会治理的发展趋势

一个时期的社会治理体系源于一定的社会环境与挑战，新的环境与挑战必定呼唤新的社会治理。社会治理的趋势与展望是在分析社会环境与挑战基础上对社会治理大走向所做出的判断。基于我国社会的网络性、多元性、高度复杂性和不确定性的分析，未来我国社会治理将不断趋于信息化、社会化、复杂化。

一　社会治理的信息化

网络化、信息化是我们所处时代的基本特征。信息技术的高速发展给社会增加了复杂性与不确定性，给社会治理带来巨大的挑战，但同时也催生治理技术与治理模式的变革。后工业社会以信息化、网络化、智能化为特征，相比工业时代，后工业社会各要素运转速度更为加快，增加了社会运转过程的不确定性与复杂性。我们在工业时代建立起的与之相适应的社会治理体系在不同程度上存在失灵现象。面临新的环境的挑战，重塑社会治理体系，使之与后工业时代相适应，是实现社会治理有效的必然选择。

面对后工业社会新环境的挑战，必须以信息化、智能化重塑社会治理体系，在社会治理各领域或环节中实现大数据治理。信息化是推动社会治理智能化的重要途径，以信息化为基础的社会治理智能化日益成为未来社会治理的重要发展方向。在现代社会的快速发展中，信息技术迅速渗透进社会的各个领域，一定程度上改变了我们的生产方式和生活方式。信息化的应用快速而广泛，成为社会各领域快速发展的重要助推力量。信息技术、大数据在公共管理与公共服务的提供、社会矛盾的解决、公共危机的处理过程中发挥着重要作用，日益成为我国社会治理不可或缺的要素。信息化及大数据使信息资源汇聚，使社会治理更加精准化和智能化。依托信息化的电子政务，在政府日常办公服务中得到了广泛应用与长足发展，通过互联网在社会治理过程中实现信息化与政务智能，不仅降低了社会治理的成本，而且还给公众获取相关服务带来了极大便利。此外，进入以信息化为特征的后工业时代，公众对社会公共事务的解决速度和对社会服务获取的便捷度有了极高的要求。因此，在社会治理过程中提供优质的公共服务，信息化治理无疑是我们的优先选择。

工业时代的奥秘是专业分工，而后工业时代的奥秘则是信息互通、服务融合、资源共享以及部门协作。进入后工业时代，社会治理过程中存在极大的复杂性与不确定性，社会风险多发，各类风险跨界性、关联性不断增强。没有哪一类社会问题不需要综合施策，社会问题的解决大都需要不同部门或区域之间的联动，才能有效解决。然而，我们面临着工业社会治理留下的条块分割与部门隔阂的挑战。工业社会中各部门之间囿于专业分工与技术局限，形成"信息孤岛"，各部门之间迫于空间与时间因素未能充分实现信息共享，难以形成协作伙伴。但随着我国互联网的不断普及，大数据与云计算在社会治理过程中扮演着重要角色，不同的社会治理主体通过互联网实现信息共享，打破以往"信息孤岛"困境局面，实现部门协作与区域联动，为社会善治打下坚实基础。在未来，互联网、大数据、云计算、人工智能等技术在社会治理过程中将得到广泛应用。

二　社会治理的社会化

社会治理的社会化是构建共建共治共享社会治理格局的必然要求，也是新时代社会治理的大走向。在具有网络性、复杂性、多元性特征的时代，人们的价值观念与利益诉求是多元关联的。"社会治理的广泛性、复杂性和独特性，决定了需要动员多元化的社会力量多层次协同发挥功能。"① 多元与合作是社会治理社会化的两个重要隐喻。随着我国市场经济的深化改革,传统的"单位人"已经演化为"社会人"。在计划经济时代,每一个人都镶嵌在单位之中,利益诉求相对来说较单一,各主体的利益也能通过单位得到很好的整合与调节。而市场经济境况下的"社会人"更多的是游离于社会之中,各阶层因职业、财富、权力声望而不断分化,利益诉求趋向多元。不同主体间的资源依赖、公民意识、民主意识的兴起,都推动着社会治理趋向社会化,使不同主体的诉求都得到充分表达。唯其如此,才能整合与调节多元利益之间冲突。社会治理社会化不仅是构建共建共治共享社会治理格局的内在要求,也是整合不断分化的利益和实现社会长治久安的必然选择。

首先,社会化意味着社会治理主体的社会化、多元化。具体而言,就是秉持共建共治精神,建立和完善党委领导、政府主导、社会协同、公众参与、法治保障的社会治理体制。社会治理主体的多元化,既有量的要求,又有质的要求。量的方面,社会治理除了政府外,"还需要吸纳企业、非营利性组织、公众个人等公共治理主体的参与,从而完善社会治理主体的结构"②。质的方面,实现社会治理的社会化,不仅仅是将社会力量作为辅助工具纳入治理主体结构,更重要的是各主体具有代表性和话语权的分享,使社会治理的参与上升到"参与阶梯"实质性参与阶段。我国社会力量相对于政府而言比较羸弱,在社会治理过程中更多的是强调党和政府的作用,社会力量及其培育受到一定程度的忽视。社会治理的大体逻辑就是政府"单中心"自上而下的"管控型治理",在此逻辑下社会不仅没有作为治理的力量得到充分发挥,反而单纯成为被管理的对象。随着我国经济与

---

① 范如国:《复杂网络结构范型下的社会治理协同创新》,《中国社会科学》2014 年第 4 期。
② 罗婕、桑玉成:《权力向上,治理向下:关于整体性治理的一种视角》,《学海》2018 年第 3 期。

社会的不断发展，社会力量不断强大，各阶层及不同个体利益诉求在分化与整合的张力下不断趋向多元，社会问题日益复杂化。在这种大环境下，只有将社会各主体整合到社会治理结构中加以调节，通过合作以应对复杂的社会症结，才能实现社会的善治。

其次，社会化还意味着社会治理归宿点的社会化，换言之，就是社会治理目的的社会化。党的十九大明确表示，要建立和完善共建共治共享的社会治理格局。所谓的"共享"就是社会治理目的的社会化，构成社会结构的不同主体在共建共治过程中共享社会发展的成果。社会治理的归宿点必须反映和依托公众的利益诉求，将社会中不同主体的利益作为社会治理的逻辑起点。在社会治理过程中将关乎公众普遍切身利益的要素作为社会治理的重要内容，社会保障、医疗卫生、养老服务、住房、公共教育以及社会救助等是维持社会良好运转的"保健因素"，是提升公众安全感、获得感、幸福感的重要领域，将成为社会治理的发力点。只有这样，才能使民众实现老有所养、病有所医、住有所居、学有所教、弱有所扶。因此，社会治理归宿点的社会化也是构建共建共治共享的社会治理格局的必然选择。

三 社会治理的复杂化

在高度复杂性与高度不确定性的后工业社会，社会问题越来越复杂且难以预测。"复杂性成为社会治理生态的基本特征，由此产生的社会的开放性和社会治理格局的多元化对传统的控制导向的政府社会管理模式提出了严峻挑战。"[1] 这就决定我们不可能沿袭以往社会治理的简单模式，需要我们摒弃以往社会治理简单的、线性的思维，从社会环境出发，寻求社会治理的变革。社会的复杂性、不确定性与风

---

[1] 郑家昊：《政府引导社会管理：复杂性条件下的社会治理》，《中国人民大学学报》2014年第2期。

险，一般来自人类社会与自然界，或是两者共同作用的结果。自然灾害、疾病传染、食品安全、交通安全、贫富差距、群体冲突、社会心理失衡等都是我们所面临的风险议题。总体而言，伴随着社会的复杂性与不确定性的增强，我国的社会治理将不断趋于复杂化。

一方面，社会治理的复杂化意味着社会治理过程更加注重系统化。在高度复杂性的社会里，社会问题往往不是以单一的形式出现，而是以多个问题的关联形式出现。如贫富差距易于滋生社会心理失衡，进而容易导致群体冲突等显现的社会风险。"复杂性时代需要复杂化的治理，传统公共治理遵循以控制复杂性为核心的简单性模式的治理逻辑，无法实现对复杂公共事务的有效治理……这是因为传统公共治理未能理解公共事务的复杂性。"[1] 社会治理的"简单性模式"在应对越来越复杂的社会问题时显得捉襟见肘。因此，社会问题的复杂性与传统社会治理"简单性模式"之间的矛盾，已经成为我国社会治理寻求变革需要面对的问题之一。社会治理的顶层设计、政策过程、具体实施必须更加注重开放性、整体性、系统性。唯其如此，才能对诸多关联性问题形成的"问题块"进行化解。

另一方面，社会治理的复杂化意味着社会治理方式的多样化。在高度复杂的社会中，往往需要通过多种方式来综合施策，才能解决日益复杂化的问题。从治理主体角度而言，社会问题具有复杂性、多样性，政府、企业、社会组织等不同治理主体在应对不同问题时各有优势，也各有不足。在社会治理过程中，面对不同的问题，存在政府失灵、市场失灵，也存在志愿失灵。因此，解决纷繁复杂、林林总总的社会问题，需要针对不同问题选择不同的主体或多个主体的协同。从治理手段而言，不同社会问题的解决方式不同，需要对立法、司法、行政、自治等手段进行不同的选择，以寻求实现复杂社会善治的最佳途径。

---

[1] 李宜钊、孔德斌：《公共治理的复杂性转向》，《南京农业大学学报》2015年第3期。

第三节　新时代社会治理的发展因应

新时代社会治理面临着网络社会、多元社会、复杂社会的环境与挑战，在科学研判社会治理的信息化、社会化、复杂化等发展趋势基础上，新时代社会治理的发展因应是走向网络社会的大数据治理、多元社会的参与式治理和复杂社会的整体性治理。

一　网络社会的大数据治理

进入网络时代，社会治理不断趋于信息化，而大数据是信息化最重要的意涵。所谓的大数据就是指利用各种网络信息平台获取的大量的、多样的且具有价值性与真实性的信息集合。社会的大数据治理则是指政府、社会组织、企业以及公民个人等社会治理主体依托网络技术，运用大数据来实现治理科学化、智能化、精准化以及便捷化的过程。大数据最初在商业领域发挥着重要作用，其经济价值日益得到人们的重视。近年来大数据在社会治理领域也越来越多地得到广泛的重视，其在公共服务需求精准识别、网络舆情分析、公共危机信息收集与传达等方面的价值不断得到释放与发挥。步入网络社会，实现社会治理信息化，社会的大数据治理是我们实现社会治理体系与治理能力现代化的因应选择。

大数据治理包括数据的收集与传输、加工与储存、共享与运用等环节，而网络平台与数据库是实现相关环节的重要空间载体。因此，实现社会的大数据治理，需要各个社会治理主体建立与完善相应的网络平台与数据库。在社会治理过程中，各级政府、社会组织、市场企业应该建立与完善自身网站，打造与公众的互动平台，并通过平台收集与分析来精准识别民众意见与需求，为自身决策的科学化提供更佳的信息支持，从而使公共服务的供给与社会问题的识别不断趋于精准化、科学化。此外，大数据治理的本质是通过数据的共享与应用来实现治理目标，因此政府、社会组织、市场企业需要共建大数据的分享平台，而不是将数据进行垄断并束之高阁。唯其如此，才能实现大数据价值的最大化，实现大数据治理的目标。总之，以大数据为特征的社会治理模式端倪渐显，建立与现实空间相适应的大数据治理体系是社会治理的必然选择。

二 多元社会的参与式治理

社会各要素的分化与个体意识的兴起使得社会日益趋于多元化，以往自上而下的治理已经不再适应多元化的社会环境，多元社会不断使社会治理走向社会化。在构建党委领导、政府主导、社会协同、公众参与、法治保障的社会治理体制的语境之下，只有构建参与式治理机制才能实现社会治理的社会化，从而整合多元社会的异质性与多样性以使各要素和谐共存。参与式治理是"政府的开放制度安排"①，是政府允许政策利益相关者分享权力、责任、资源的参与过程。参与式治理机制使社会治理由相对"封闭"走向相对"开放"，它吸纳了包括政府、社会组织、企业和智库在内的力量，政府以外的智慧在社会治理过程中得到彰显，对于社会治理的科学化、民主化以及多元利益的整合，具有重大意义。

制度缺失与公民社会力量薄弱是我国实现参与式治理的两大掣肘，构建与完善社会参与式治理当以此两者为重。政府应发挥"元治理"作用，制定并完善社会参与的相关制度，从制度层面赋予社会组织、企业、智库以及个人的参与合法性，使得社会治理过程的权力分

---

① Archon Fung, "Deepening Democracy: Institutional Innovation in Empwoered Governnance", *Public Administration Review*, Vol. 15, No. 2, June 2016.

享、责任共担、资源分配有法可依。再者，我国社会参与式治理囿于公民社会力量相对薄弱。诸如中国扶贫基金会、中国妇女联合会、中国人口福利基金会等非营利性组织大多由政府官方起创，"内卷行政化"较严重。而民间自发生成的社会组织因制度、基金、人才等方面的制约而步履维艰，在社会治理过程中参与度也较低。政府应秉承竞争择优原则积极向社会组织购买服务或给予财政补贴，颁布相关政策，营造宽松环境，鼓励社会组织发展，从而为构建参与式治理机制打下坚实基础。总之，完善相关制度，培育社会力量，破除参与困境，创新参与式治理是我们应对多元社会挑战的必然之路。

三 复杂社会的整体性治理

在复杂化的社会环境下，许多社会问题不再以简单的形式出现，实现对相互关联的问题的化解需要对其整体性治理。以往随着分工的盛行，公共部门的社会治理过程也采取分工的导向，分设机构，分门别类，实行专业化单一治理。这在一定程度上提高了专业分工社会的治理效率及有效性。但随着社会复杂性的不断增强，社会问题与矛盾的复杂性日渐凸显，专业化治理日趋"碎片化"，存在不同程度的失灵。面对复杂的社会环境，对社会问题采取整体性治理显得日益重要。作为新公共管理的新范式，所谓的整体性治理即以问题为导向，整合不同部门（包括政府本身不同的职能部门、不同行政级别或不同行政区域的部门、企业、非营利组织），构建不同程度的合作网络，运用各种方式对公共问题进行综合系统治理的过程。

在社会治理的语境之下，整体性治理包括以下不可或缺的三方面：首先，整体性治理意味着治理主体的整体性。"社会问题与矛盾的复杂性，单中心力量的有限，都需要存在资源依赖的不同社会治理主体走向合作，共同解决相互交织的问题与矛盾"[①]。如在跨区域河流污染治理过程中，既需要上级主管部门的监督与牵头、流经区域的不同行政单位之间的合作，也需要流域中各企业响应政策节能减排，更需要社会环保组织或公民个人的监督与举报。其次，整体性治理还意味着治理手段的整体性。单一的治理手段在应对问题复杂性的挑战时显得捉襟见肘。因此面对不同的社会问题，应综合施策，适应性地用行政、立法、司法以及宏观调控等手段的结合，多向度对其精准靶向治理。最后，整体性治理意味着治理客体的整体性。社会问题的复杂性与关联性意味着我们再也不能将其机械地分而治之，而应当系统看待，系统综合治理，从而实现"问题块"的化解。总之，因应复杂社会的挑战，社会治理将趋于复杂化，社会的整体性治理将是我们顺应时代走向社会善治所选之路。

第四节　结语

我国已经步入新时代，社会环境发生了巨大改变。对社会环境的综合分析，研判社会治理的新趋势，从而提出社会治理的因应之策，这对于实现新时代的社会善治具有重大意义。具体而言，我国社会显现出网络性、多元性、复杂性的时代特征，网络社会开辟社会治理的新领域，多元社会重塑社会治理观，复杂社会倒逼社会治理术变革。我国社会治理将不断趋于信息化、社会化以及复杂化，面对新的环境，大数据治理、参与式治理、整体性治理是我们因应时代环境走向社会善治的历史抉择。

[①] 张开云、叶浣儿：《多元联动治理：逻辑、困境及其消解》，《中国行政管理》2017 年第 6 期。

参考文献

一 专著类

曹荣湘：《走出囚徒困境——社会资本与制度分析》，生活·读书·新知三联书店 2003 年版。

丛鹏：《大国安全观比较》，时事出版社 2004 年版。

季艳霞：《政府经济学》，首都经济贸易大学出版社 2014 年版。

李培林、陈光金、张翼：《2018 年中国社会形式分析与预测》，社会科学文献出版社 2018 年版。

李易骏：《当代社区工作：计划与发展实务》，双叶书廊有限公司 2012 年版。

刘本旺：《参政议政用语集》，群言出版社 2014 年版。

毛寿龙：《西方政府的治道变革》，中国人民大学出版社 1998 年版。

闪淳昌、薛澜：《应急管理概论——理论与实践》，高等教育出版社 2012 年版。

吴燕怡：《基层行政协商研究》，云南大学出版社 2016 年版。

徐永祥：《社区发展论》，华东理工大学出版社 2006 年版。

杨继绳：《中国当代社会阶层分析》，江西高校出版社 2011 年版。

俞可平：《治理与善治》，社会科学文献出版社 2000 年版。

张康之：《走向合作社会》，上海人民出版社 2015 年版。

郑杭生：《社会学概论新修》（第四版），中国人民大学出版社 2013 年版。

周长城：《生活质量的指标构建及其现状评价》（社会蓝皮书），经济科学出版社 2009 年版。

周志忍：《政府绩效评估中的公民参与：中国地方政府的实践与经验》，人民出版社 2015 年版。

［德］乌尔里希·贝克：《风险社会》，江苏人民出版社 2004 年版。

［德］乌尔里希·贝克、约翰内斯·威尔姆斯：《自由与资本主义——与著名社会学家乌尔里希·贝克对话》，浙江人民出版社 2001 年版。

［德］斐迪南·滕尼斯：《共同体与社会》，商务印书馆 1993 年版。

［美］阿伦·利普哈特：《民主的模式：36 个国家的政府形式和政府绩效》（第二版），上海人民出版社 2017 年版。

［美］爱德华·弗里曼、杰弗里·哈里森、安德鲁·威克斯：《利益相关者理论现状与展望》，知识产权出版社 2013 年版。

［美］本杰明·雷德克利夫：《人类幸福的政治经济学》，中国人民大学出版社 2012 年版。

［美］丹尼尔·贝尔：《后工业社会的来临——对社会预测的一项探索》，商务印书馆 1985 年版。

［美］福克斯、米勒：《后现代公共行政——话语指向》，中国人民大学出版社 2002 年版。

［美］劳伦斯·巴顿：《组织危机管理》，清华大学出版社 2002 年版。

［美］理查德·C. 博克斯：《公民治理：引领 21 世纪的美国社区》，北京大学出版社 2018 年版。

［美］罗伯特·希斯：《危机管理》，中信出版社 2001 年版。

［美］曼瑟尔·奥尔森：《权力与繁荣》，上海人民出版社 2016 年版。

［美］辛西娅·休伊特·德·阿尔坎塔拉、黄语生：《"治理"概念的

运用与滥用》,《国际社会科学杂志》(中文版)1999年第1期。

[英]奥斯本:《新公共治理?——公共治理理论和实践方面的新观点》,科学出版社2016年版。

[英]戴维·奥斯本、特德·盖布勒:《改革政府》,上海译文出版社2013年版。

[英]齐格蒙特·鲍曼:《被围困的社会》,江苏人民出版社2006年版。

Sorensen E. & Torfing J., *Theories of Democratic Network Governance*, NewYork: Palgrave Macmillan, 2007。

二 期刊文献

包心鉴:《论治国理政新理念新思想新战略的现代化价值指向》,《中共杭州市委党校学报》2016年第2期。

鲍宗豪:《论马克思主义的社会需求理论》,《马克思主义研究》2008年第9期。

边燕杰、肖阳:《中英居民主观幸福感比较研究》,《社会学研究》2014年第2期。

陈刚、李树:《政府如何能够让人幸福?——政府质量影响居民幸福感的实证研究》,《管理世界》2012年第8期。

陈光、方媛:《论社区治理参与主体的利益追求与规制》,《武汉科技大学学报》(社会科学版)2013年第15期。

陈亮:《走向网络化治理:转型时期中国社会治理的复合困境及破解之道——基于"理念—主体—客体—介体"的系统分析视角》,《内蒙古社会科学》(汉文版)2017年第3期。

程惠霞:《"科层式"应急管理体系及其优化:基于"治理能力现代化"的视角》,《中国行政管理》2016年第3期。

陈伟东、李雪萍:《社区治理与公民社会的发育》,《华中师范大学学报》（人文社会科学版）2003年第2期。

崔绍亚：《构建共建共享共治的社会治理新模式》，《群众》2016年第10期。

董石桃：《公民政治参与权和政治发展———一种参与式民主的反思与构建》，《青海社会科学》2016年第5期。

范如国：《复杂网络结构范型下的社会治理协同创新》，《中国社会科学》2014年第4期。

范维澄：《公共安全体系发展与安全保障型社会》，《中国工程科学》2017年第1期。

冯玲、王名：《治理理论与中国城市社区建设》，《理论与改革》2003年第3期。

风笑天、易松国：《城市居民家庭生活质量：指标及其结构》，《社会学研究》2000年第4期。

傅宏、陈庆荣等：《老龄化社会心理问题研究和心理服务实践———以江苏为例》，《中国科学院院刊》2017年第2期。

高红：《城市基层合作治理视域下的社区公共性重构》，《南京社会科学》2014年第6期。

高文斌、樊春雷等：《普及心理科学与建设健康中国》，《中国科学院院刊》2016年第11期。

龚维斌：《打造共建共治共享的应急管理体系》，《社会治理》2017年第10期。

郭瑞斌、薛东前、暴向平、高艳：《西安市主城区客观生活质量空间格局研究》，《人文地理》2015年第5期。

韩喜平：《满足人民美好生活需要的理论指南》，《思想理论教育导刊》2018年第1期。

韩震：《论国家认同、民族认同及文化认同———一种基于历史哲学的分析与思考》，《北京师范大学学报》（社会科学版）2010年第

1 期。

何继新、杨鹏、高亚君:《城市社区公共物品多主体协同供给:现状评估及影响因素分析》,《吉首大学学报》2015 年第 4 期。

何艳玲:《从"科层式供给"到"合作化供给"——街区公共服务供给机制的个案分析》,《武汉大学学报》2006 年第 5 期。

胡晓芳:《公共性再生产:社区共同体困境的消解策略研究》,《南京社会科学》2017 年第 12 期。

胡圆圆、王远河:《现阶段我国公民的政治心理及认同建构》,《廊坊师范学院学报》(社会科学版)2011 年第 6 期。

华銮婷:《基于公共财政视角的我国危机应急管理》,《法制与社会》2009 年第 11 期。

黄嘉文:《居民幸福感:一项基于 CGSS2005 的实证分析》,《社会》2013 年第 5 期。

黄希庭、郑涌等:《关于中国心理健康服务体系建设的若干问题》,《心理科学》2007 年第 1 期。

黄希庭、郑涌:《中国心理健康服务:基于需求与服务关系的研究》,《心理与行为研究》2015 年第 5 期。

黄永明、何凌云:《城市化、环境污染与居民主观幸福感——来自中国的经验证据》,《中国软科学》2013 年第 12 期。

贾德荣、王国安:《努力打造共建共治共享的社会治理格局》,《中共山西省委党校学报》2018 年第 3 期。

蒋超、娄梦雪、胡维芳:《我国社会心理咨询服务现状及发展对策》,《常州工学院学报》(社会科学版)2013 年第 3 期。

江国华:《习近平"共建共治共享"治理理念的理论释读》,《求索》2018 年第 1 期。

姜晓萍:《国家治理现代化进程中的社会治理体制创新》,《中国行政管理》2014 年第 2 期。

金太军、姚虎：《国家认同：全球化视野下的结构性分析》，《中国社会科学》2014 年第 6 期。

李春华：《文化生产力：满足人民群众对美好生活需要的重要力量》，《思想政治教育研究》2017 年第 2 期。

李鸿阶、张元钊：《OECD 国家生活质量评价及其对我国的启示》，《福建论坛》（人文社会科学版）2018 年第 2 期。

李厚羿：《社会心理：历史唯物主义研究的新维度》，《理论探讨》2013 年第 6 期。

李磊：《习近平的美好生活观论析》，《社会主义研究》2018 年第 1 期。

李明：《大数据技术与公共安全信息共享能力》，《电子政务》2014 年第 6 期。

李明华：《作为社会意识的社会心理》，《现代哲学》2006 年第 6 期。

李宁宁、张春光：《社会满意度及其结构要素》，《江苏社会科学》2001 年第 4 期。

黎昕：《关于新时代社会治理创新的若干思考》，《东南学术》2018 年第 5 期。

李尧远、曹蓉：《全面风险治理：灾害防治模式的理想形态——兼论总体国家安全观的学术启示》，《中国行政管理》2008 年第 2 期。

李宜钊、孔德斌：《公共治理的复杂性转向》，《南京农业大学学报》2015 年第 3 期。

李宇、王沛、孙连荣：《中国人社会认知研究的沿革、趋势与理论建构》，《心理科学进展》2014 年第 11 期。

李越、崔红志：《农村老人主观幸福感及其影响因素分析——基于山东、河南、陕西三省农户调查数据分析》，《中国农村观察》2014 年第 4 期。

刘军强、熊谋林、苏阳：《经济增长时期的国民幸福感——基于 CGSS

数据的追踪研究》,《中国社会科学》2012 年第 12 期。

刘跃进:《不成立的"非传统安全"一词》,《华北电力大学学报》(社会科学版) 2014 年第 1 期。

刘跃进:《总体国家安全观视野下的传统国家安全问题》,《当代世界与社会主义》2014 年第 6 期。

刘奕:《公共安全体系发展与安全保障型社会》,《中国工程科学》2017 年第 1 期。

刘朝晖:《社会服务购买机制在高校心理危机管理中的应用》,《思想理论教育》2015 年第 7 期。

林安红:《多中心治理视野下社会中介组织与政府的关系解读》,《中南大学学报》(社会科学版) 2017 年第 4 期。

林南、王玲、潘允康、袁国华:《生活质量的结构与指标——1985 年天津千户户卷调查资料分析》,《社会学研究》1987 年第 6 期。

卢淑华、韦鲁英:《生活质量主客观指标作用机制研究》,《中国社会科学》1992 年第 1 期。

罗婕、桑玉成:《权力向上,治理向下:关于整体性治理的一种视角》,《学海》2018 年第 3 期。

吕小康、黄妍:《如何测量"获得感"?——以中国社会状况综合调查(CSS)数据为例》,《西北师大学报》(社会科学版) 2018 年第 5 期。

马广海:《论社会心态:概念辨析及其操作化》,《社会科学》2008 年第 10 期。

马捷莎:《论人的自我实现》,《黑龙江社会科学》2007 年第 1 期。

马庆钰:《共建共治共享社会治理格局的意涵解读》,《行政管理改革》2018 年第 3 期。

孟建柱:《深入推进社会治理创新、进一步增强人民群众安全感——学习贯彻习近平总书记关于加强和创新社会治理重要指示》,《社会治理》2016 年第 6 期。

莫征宇：《"群众路线"在社会心理服务类节目中的"分异"传播》，《传播与版权》2013 年第 7 期。

欧阳瑜华、刘海燕：《社会心态基本理论问题研究综述》，《理论探索》2014 年第 5 期。

潘建红、杨利利：《习近平"人民获得感思想"的逻辑与实践指向》，《学习与实践》2018 年第 2 期。

庞娟：《城市社区公共品供给机制研究——基于利益相关者理论的视角》，《城市发展研究》2010 年第 8 期。

齐卫平：《以获得感、幸福感、安全感满足人民向往美好生活的新时代需要》，《国家治理》2017 年第 4 期。

钱铭怡、陈红等：《国内六大区心理治疗和咨询管理状况的调查》，《心理科学》2008 年第 2 期。

饶彩霞：《我国公共安全体系风险与对策研究》，《江南社会学院学报》2013 年第 2 期。

人民论坛问卷调查中心：《新的美好生活，新的感受期盼——当前公众获得感幸福感安全感状况及影响因素调查报告》，《国家治理》2017 年第 4 期。

闪淳昌：《提高应急管理能力　健全公共安全体系》，《中国应急救援》2015 年第 1 期。

邵雅利：《习近平"人民获得感思想"的深刻意蕴与实践路径》，《理论导刊》2017 年第 9 期。

石孟磊：《社会心态研究述评：概念、结构与测量》，《江苏科技大学学报》（社会科学版）2016 年第 4 期。

史亚丽、柳礼泉：《近年来国内社会心态研究述评》，《西南民族大学学报》（人文社会科学版）2015 年第 9 期。

宋佳萌、范会勇：《社会支持与主观幸福感关系的元分析》，《心理科学进展》2013 年第 21 期。

宋洁：《大数据时代城市公共安全预警体系的构建》，《河南工程学院学报》（社会科学版）2015 年第 4 期。

宋尚桂：《我国大学心理服务宏观管理体制改革初探》，《山东高等教育》2014 年第 2 期。

孙留华：《90 后大学生政治认同感的影响因素分析》，《湘潮》（下半月）2010 年第 10 期。

孙萍、许阳：《公共政策议程设置研究现状梳理与评价》，《广东行政学院学报》2012 年第 3 期。

谭明方：《论"社会行为"与"制度文化"——兼论社会学的研究对象》，《浙江学刊》2001 年第 3 期。

王大为、张潘仕、王俊秀：《中国居民社会安全感调查》，《统计研究》2002 年第 9 期。

王道勇：《加快形成"一主多元"式社会治理主体结构》，《科学社会主义》2014 年第 2 期。

王广州、王军：《中国家庭幸福感测量》，《社会》2013 年第 6 期。

王俊秀：《中国社会心态：问题与建议》，《中国党政干部论坛》2011 年第 5 期。

王俊秀：《社会心态：转型社会的社会心理研究》，《社会学研究》2014 年第 1 期。

王俊秀：《社会情绪的结构和动力机制：社会心态的视角》，《云南师范大学学报》（哲学社会科学版）2013 年第 5 期。

王俊秀：《社会心态的结构和指标体系》，《社会科学战线》2013 年第 2 期。

王洛忠、李帆：《我国基本公共文化服务：指标体系构建与地区差距衡量》，《经济社会体制比较》2013 年第 1 期。

王绍光：《中国公共政策议程设置的模式》，《中国社会科学》2006 年第 5 期。

王莹、王义保:《社会公共安全治理中公众参与的模式与策略》,《城市发展研究》2015 年第 2 期。

吴春:《政府购买居家养老服务的探索与发展——以济南市历下区为例》,《理论学习》2014 年第 9 期。

吴海盛:《农村老人生活质量现状及影响因素分析——基于江苏省农户微观数据的分析》,《农村经济问题》2009 年第 10 期。

吴倬:《人的社会责任与自我实现——论自我实现的动力机制和实现形式》,《清华大学学报》(哲学社会科学版)2000 年第 1 期。

吴金芳、郭镜:《贝克风险社会理论及其对构建和谐社会的意义》,《合肥学院学报》(社会科学版)2006 年第 1 期。

吴卫东:《论和谐社会建设中心理健康服务体系的构建》,《继续教育研究》2011 年第 10 期。

席恒、雷晓康:《合作收益与公共管理:一个分析框架及其应用》,《中国行政管理》2009 年第 1 期。

习近平:《在党的十八届五中全会第二次全体会议上的讲话》(节选),《求是》2016 年第 1 期。

夏建中:《治理理论的特点与社区治理研究》,《黑龙江社会科学》2010 年第 2 期。

谢熠:《论转型期社会公平感的解释路径与研究取向》,《重庆科技学院学报》(社会科学版)2016 年第 11 期。

邢占军:《主观幸福感测量研究综述》,《心理科学》2002 年第 3 期。

邢占军、高红、王吉刚:《对我国居民政治生活质量评价的思考》,《西北农林科技大学学报》(社会科学版)2014 年第 1 期。

徐大真、徐光兴:《我国心理健康服务体系模式建构》,《中国教育学刊》2007 年第 4 期。

徐望:《国家文化软实力指标体系框架建构》,《统计与决策》2018 年第 13 期。

徐燕:《松江区心理健康服务体系建设的探析》,《中国民康医学》2017 年第 29 期。

徐映梅、夏伦:《中国居民主观幸福感影响因素分析——一个综合分析框架》,《中南财经政法大学学报》2014 年第 2 期。

许珍:《加强少数民族地区农民政治认同感的政策思考》,《湖北民族学院学报》(哲学社会科学版)2013 年第 5 期。

严国红:《论马克思主义对"社会心理"内涵界定的实质》,《甘肃理论学刊》2012 年第 4 期。

杨延圣:《人民美好生活需要衡量指标体系的构建——一个初步的分析框架》,《观察与思考》2018 年第 4 期。

杨宜音:《个体与宏观社会的心理关系:社会心态概念的界定》,《社会学研究》2006 年第 4 期。

易松国:《生活质量研究进展综述》,《深圳大学学报》(人文社会科学版)1998 年第 1 期。

尹广文、李树武:《合作中的伙伴关系:社会组织参与城市基层社区治理的关系策略研究》,《中共福建省委党校学报》2015 年第 10 期。

易永胜:《深圳社区矛盾调处机制研究》,《特区实践与理论》2012 年第 4 期。

俞国良、王浩:《社会转型:社会心理变迁影响社会舆论引导》,《西北师大学报》(社会科学版)2017 年总第 54 期。

于海涛等:《全球化时代的国家认同:认同内容及其对群际行为的影响》,《心理科学进展》2014 年第 5 期。

余潇枫:《公共安全体系建构需树立"总体公共安全观"》,《探索与争鸣》2014 年第 8 期。

余潇枫:《中国社会安全理想的三重解读》,《新疆师范大学学报》

（哲学社会科学版）2013 年第 5 期。

袁浩、顾洁：《社会公平感、政治效能感与政治信任——基于 2010 年中国综合社会调查数据的分位数回归分析》，《甘肃行政学院学报》2015 年第 2 期。

曾秀兰：《公民权利意识觉醒下社会管理之应变》，《广东社会科学》2013 年第 2 期。

翟绍果、谌基东：《共建美好生活的时代蕴意、内涵特质与实现路径》，《西北大学学报》（哲学社会科学版）2017 年第 6 期。

张晨、王生坤、张欢：《近年来我国城市化进程中的社区治理问题研究评述》，《中共南京市委党校学报》2010 年第 2 期。

张虎祥：《社区治理与权力秩序的重构对上海市 KJ 社区的研究》，《社会》2005 年第 6 期。

张开云、叶浣儿：《多元联动治理：逻辑、困境及其消解》，《中国行政管理》2017 年第 6 期。

张伟伟：《推进国家治理现代化的三条主线——治理主体、工具、客体研究》，《中共云南省委党校学报》2015 年第 4 期。

张艳涛、杨发玉：《论普列汉诺夫"社会心理"思想的当代价值——基于社会心理视角的分析》，《徐州工程学院学报》（社会科学版）2014 年第 2 期。

张忆雄、马佳、桂莹、李小平：《不同地区社区养老模式下老年人生活质量现状及其影响因素》，《中国老年学杂志》2014 年第 34 卷。

张昱、曾浩：《社会治理治什么》，《吉林大学社会科学学报》2015 年第 5 期。

张勇杰：《从多元主体到程序分工：公共服务供给网链化模式的生成逻辑》，《党政干部学刊》2015 年第 10 期。

郑方辉、卢扬帆、覃雷：《公众幸福指数：为什么幸福感高于满意度？》，《公共管理学报》2015 年第 2 期。

郑功成：《用共享发展引领社会治理》，《社会治理》2017年第2期。

郑杭生、黄家亮：《论我国社区治理的双重困境与创新之维——基于北京市社区管理体制改革实践的分析》，《东岳论丛》2012年第33期。

郑家昊：《政府引导社会管理：复杂性条件下的社会治理》，《中国人民大学学报》2014年第2期。

郑谦：《公共性视角下的公共物品供给主体之辨——多元化的困境分析》，《中共福建省委党校学报》2007年第3期。

郑卫东：《城市社区建设中的政府购买公共服务研究——以上海市为例》，《云南财经大学学报》2011年第1期。

中国经济实验研究院城市生活质量研究中心：《高生活成本拖累城市生活质量满意度提高——中国35个城市生活质量调查报告（2012）》，《经济学动态》2012年第7期。

钟开斌：《中国应急预案体系建设的四个基本问题》，《政治学研究》2012年第6期。

周长城、蔡静诚：《生活质量主观指标的发展及其研究》，《武汉大学学报》（哲学社会科学版）2004年第5期。

周长城、刘红霞：《生活质量指标建构及其前沿述评》，《山东社会科学》2011年第1期。

周进萍：《利益相关者理论视域下"共建共治共享"的实践路径》，《领导科学》2018年第8期。

周绍杰、王洪川、苏杨：《中国人如何能有更高水平的幸福感——基于中国民生指数调查》，《管理世界》2015年第6期。

周雪光：《项目制：一个"控制权"理论视角》，《开放时代》2015年第2期。

佐斌：《论儿童国家认同感的形成》，《教育研究与实验》2000年第2期。

左晓斯:《中国社会治理体系及其评价研究》,《社会科学》2016 年第 4 期。

[德] 乌尔里希·贝克:《从工业社会到风险社会(上篇)》,《马克思主义与现实》2003 年第 3 期。

[德] 乌尔里希·贝克:《风险社会的再思考》,《马克思主义与现实》2002 年第 4 期。

[英] 格里·斯托克、华夏风:《作为理论的治理:五个论点》,《国际社会科学杂志》(中文版) 1999 年第 1 期。

Archon Fung, "Deepening Democracy: Institutional Innovation in Empwoered Governnance", *Public Administration Review*, Vol. 15, No. 2, June 2016.

Bob Jessop, "The Rise of Governance and The Risks of Failure: The Case of Economic Development", *International Social Science Journal*, Vol. 50, No. 155, March 1998.

Bowles, Samuel, Gintis, et al., "Social Capital and Community Governance", *Economic Journal*, Vol. 112, No. 483, November 2002.

R. K. Mitchell, B. R. Agle, D. J. Wood, "Toward a Theory of Stakeholder Identification and Salience: Defining the Principle of Who and What Really Counts", *Academy of Management Review*, Vol. 22, No. 4, October 1997.

三 学位论文类

陈蓉:《社会安全福利法律制度研究》,硕士学位论文,重庆大学,2013 年。

高岩:《当代大学生社会安全感现状及对策研究》,硕士学位论文,沈阳农业大学,2016 年。

马婕:《唇腭裂患者家属的社会心理支持服务研究》,硕士学位论文,沈阳师范大学，2015年。

潘梅：《社会心理——一种基于历史唯物主义的阐释》，硕士学位论文，上海师范大学，2013年。

张艳煦：《论提升社会安全感的法治路径选择》，硕士学位论文，东北师范大学，2016年。

朱华桂、洪巍：《系统工程视角下的三大应急资源体系建设》，江苏省系统工程学会论文，2009年。

祝捷：《我国运动心理学家奥运心理服务模式研究》，硕士学位论文，武汉体育学院，2006年。

四　报纸文献

国务院：《中华人民共和国国家安全法》，《人民日报》2015年12月15日第10版。

习近平：《决胜全面建成小康社会　夺取新时代中国特色社会主义伟大胜利——在中国共产党第十九次全国代表大会上的报告》，《人民日报》2017年10月28日第1版。

俞可平：《衡量国家治理体系现代化的基本标准》，《北京日报》2013年12月9日第5版。

赵洪福：《社会心理服务体系建设的探索与实践》，《十堰日报》2017年9月21日第8版。

后 记

　　中国已经进入中国特色社会主义新时代，当前社会的主要矛盾已经转化为人民日益增长的美好生活需要和不平衡不充分的发展之间的矛盾，这一巨大转变既是当前社会治理实践的客观背景，也对近期及远期社会治理理论创新及其适用性提出了新的要求。加之，当前面临的公共事务日益复杂性、政府绩效赤字与信任危机、强势民主的扩散以及中国情境下的国家治理能力与治理体系现代化等现实背景，党的十九大报告在新形势下从推进制度建设的角度，提出了打造共建共治共享的社会治理格局的思路和要求。基于此，本书聚焦"共建共治共享"治理理念，以治理与善治、公共性理论和共享价值理论等为理论基础，着力探讨了"全民共建共享社会治理格局"中蕴含的理论与实践问题。

　　本书在对多元共建、成本共摊、责任共担、成果共享的社会治理格局进行系统分析的基础上，从公共安全、社会心理、社区治理以及人民政治权利等层面具体探讨社会治理格局的组成要件及实现机制，以社会治理制度创新为提挈，改革优化、创新提升社会治理的路径和策略，以期为共建共治共享的社会治理理论和实践提供对策建议。具体包括：有效化解人民内部矛盾，健全公共安全服务体系；培育自尊自信、理性平和、积极向上的社会心态，完善社会心理服务体系建设；推动社会治理重心向基层下移，实现政府治理、社会调节和居民自治的良性互动，规范社区治理体系建设；依法保护人民人身权、财产权、人格权，切实推动人民政治权利现实化；满足人民的美好生活需要，在基本公共服务领域不断提供并优化公共服务供给，促进基本公共服务均等化；以人民的利益为目的，不断满足人民对美好生活的向往，提高其获得感、幸福感和安全感；重塑多元主体治理理念和价值取向，通过构建多元治理的网络体系、建立共治规则，推进共容利益，共享治理成果；处理好治理域、治理观与治理术的关系，走向网络社会的大数据治理、多元社会的参与式治理和复杂社会的整体性治理。

本书共分为十讲，各讲的撰写人员如下：第一讲：雷晓康、邓鑫（西北大学）；第二讲、第九讲：马子博、雷晓康（西北大学）；第三讲：李尧远（西北大学）；第四讲：何易（西北大学）；第五讲：朱松梅（陕西省委党校）；第六讲：卢桂铭、拓云秀（西北大学）；第七讲：王树明（延安大学）、雷晓康（西北大学）；第八讲：任都甜（西北大学）；第十讲：翟绍果、刘入铭（西北大学）。雷晓康负责全书的最后编撰、校对工作。

本书在成书过程中，得到西北大学民政部政策理论研究基地合作单位、陕西省民生保障与社会治理研究中心的支持，并受到如下科研项目的资助，一并致谢于此：2018 年国家社科基金项目一般项目"责任保险参与政府应急管理成本分担的路径研究"（No. 18BFX048）；中央农办农业农村部乡村振兴专家咨询委员会软科学课题（2019 年度第 2 批）：《"十四五"城乡基本公共服务普惠共享实现路径研究》（No. 20190219）；2018 年陕西省软科学研究计划一般项目"基于博弈论的应急物资市场化平台及其保障措施研究"（NO. 2018KRM081）；2018 年度陕西省社科界重大理论与现实问题研究项目"新型城镇化背景下陕西省农村社区治理体系建设研究"（NO. 2018C073）；2018 年度陕西省社科界重大理论与现实问题研究项目"全面实行社会保障兜底脱贫研究"（NO.2018Z072）；2015 年"陕西高校人文社会科学青年英才支持计划"（第二批）"陕西省社会治理能力建设研究"；2017 年陕西普通高校一流专业"行政管理"建设项目；2018 年度西北大学哲学社会科学繁荣发展计划重大培育项目（重点项目）"织密扎牢民生保障网　发挥社会保障兜底作用研究"；2016 年西北大学哲学社会科学繁荣发展计划"优秀科研团队建设项目""应急管理研究及西北地区社会治理能力建设研究"；2019 年西安市莲湖区民政局科研项目"西安市莲湖区全国社区治理和服务创新实验区实验方案"。

作者感谢在成书过程中所阅读的参考文献的作者，你们的真知灼见是我们思想的起源。由于学识和水平所限，书中难免有疏漏和不妥之处，本书作者文责自负，恳请得到专家学者和广大读者的批评指正。

雷晓康

西北大学公共管理学院

2019 年 9 月 10 日

于西北大学新村